Symbolon
Buchreihe herausgegeben von
PETER ORBAN

Joseph von Görres

Hinter der Welt ist Magie

Herausgegeben
von
Helmut Werner

Eugen Diederichs Verlag

CIP-Titelaufnahme der Deutschen Bibliothek

Görres, Joseph von:
Hinter der Welt ist Magie / Joseph von Görres. Hrsg. von
Helmut Werner. – München: Diederichs, 1990
(Reihe Symbolon)
ISBN 3-424-01004-9

Umschlaggestaltung: Peter Strauss, Traunreut
Produktion: Tillmann Roeder, München
Satz: MECO Buchproduktion, Dreieich
Druck und Bindung: Franz Spiegel Buch GmbH, Ulm

ISBN 3-424-01004-9
Printed in Germany

Inhalt

Vorwort

Im Jahre 1836 erschien der erste Band der 3000 Seiten umfangreichen »Christlichen Mystik« von Joseph Görres (1776-1848); 1842 der vierte und letzte. Bis heute hat die Görresforschung zu diesem »hieratischen Block« mit seinen über 1500 Zitaten aus anderen Werken keinen rechten Zugang gefunden. Wie die Bibliographie zeigt, gibt es einige mehr oder weniger ausführliche Charakteristiken und Gesamturteile, die auch den nur einigermaßen mit der ganzen »Christlichen Mystik« vertrauten Leser nicht davon überzeugen können, daß die betreffenden Verfasser dieses Werk sehr genau kennen. Dies muß um so mehr Erstaunen hervorrufen, weil die Analyse der »Christlichen Mystik« durch den Umstand, daß sie keine Vorläufer und Nachfolger hat, erleichtert wird. Das Verständnis liegt ausschließlich in ihr selbst begründet. Am Vorabend von Görres 200. Geburtstag im Jahre 1976 hat Gerd Klaus Kaltenbrunner die Frage gestellt: »Wer kennt den Mystiker Görres, von dessen ›Christlicher Mystik‹ Ludwig Klages einst gesagt hat, daß ihr aus dem ganzen katholischen Schrifttum an Großartigkeit und Tiefe allenfalls nur noch die Dichtung Dantes an die Seite zu stellen wäre?«

Da die Entstehungsgeschichte dieses umfangreichen Werkes das Verständnis selbst nicht fördert und nur für die Biographie von J. Görres von Interesse ist, so will ich mich mit einigen Hinweisen bei der Beschreibung der Gliederung und des Aufbaus begnügen.

Die vier Bände der »Christlichen Mystik« gliedern sich in neun Büchern. Das erste Buch, mit dessen Niederschrift Görres 1836 begonnen hat, behandelt die »natürlichen Unterlagen der Mystik«. Der Autor bietet hier eine Art religiöse Anthropologie, eine typische Mischung von naturphilosophischer Psychologie und Physiologie, die mit einer mystischen Allegorie des Kreuzes verbunden ist. Aufgrund seines vorwiegend medizinischen Inhaltes verhält es sich neutral zur eigentlichen Mystik, die mit dem zweiten Buch beginnt. Die Bücher 2 bis 9 zerfallen in zwei große Abteilungen, deren erste – die Bücher 2 bis 5 – die christliche Mystik, und deren zweite – die Bücher 6 bis 9 – die dämonische Mystik behandeln. Die zweite Abteilung ist mehr als doppelt so groß wie die erste. Doch dieses gewaltige Werk ist unvollendet geblieben, denn Görres plante noch mehrere Bände, die sich mit der »höchsten und einigenden Mystik« beschäftigen. Nach diesem Plan wäre die christliche Mystik durch die dämonische unterbrochen worden. Diesem Aufbau der »Christlichen Mystik« – christliche und dämonische – liegt das Schema der menschlichen Persönlichkeit: Leib, Seele und Geist zugrunde.

Noch im Erscheinungsjahr des ersten Bandes veröffentlichte er den zweiten. Im folgenden Jahr hinderte ihn die Tagespolitik – Kölner kirchenpolitische Wirren –, an der er sich mit großer Leidenschaft und Anteilnahme beteiligte, an der Fertigstellung der restlichen Bände. Der dritte Band konnte deshalb erst 1840 erscheinen. Der vierte Band, ein Doppelband über Zauberei und Besessenheit, wurde 1842 veröffentlicht, nachdem sich Görres von seiner Universitätstätigkeit beurlauben ließ und zusammen mit seinem Sohn sich einem eingehenden Quellenstudium in italienischen Bibliotheken widmete. Aus Äußerungen des alternden Görres weiß man, daß ihm Zeit und Energie für den Abschluß dieses Riesenwerkes fehlten.

Den Inhalt des zweiten Buches bildet »der religiöse und kirchliche Grund der Mystik«. Dieses Buch enthält eine historische Betrachtung über die Entwicklung der Mystik bis ins hohe Mittelalter hinein. Im dritten Buch, mit dem der erste Band abgeschlossen wird, beginnt die eigentliche Theorie der Mystik. Zunächst erwähnt er die besondere göttliche Berufung der Männer und Frauen und erörtert dann die reinigende Askese im unteren, mittleren und höheren Menschen, den er gemäß der anthropologischen Dreiheit: Leib, Seele und Geist formt. Auch bei dieser Vorstufe der Mystik führt Görres zahlreiche Berichte über die »höchst wunderbare, mystische Einigung und Vermählung« an.

Der zweite Band behandelt die Mystik selber, und das vierte Buch die höhere Erleuchtung, d.h. die mystischen Phänomene niedriger Ordnung am unteren, mittleren und höheren Menschen. Das fünfte beginnt mit einem Kapitel über die Ekstase, die in drei Stufen abgehandelt wird: im geistigen, leiblichen und seelischen Menschen. Diese Art der Darstellung zeigt, daß Görres gemäß seinem anthropologischen Schema von den niederen Formen zu den höheren fortschreitet.

Der Inhalt des sechsten Buches, mit dem die zweite Abteilung über die dämonische Mystik beginnt, beschäftigt sich zunächst mit der Erbsünde, dann folgt ein Überblick über die Entwicklungsstufen der Dämonie vom Sündenfall bis zur Gegenwart, der weitgehend identisch ist mit der Geschichte der Häresien. Ein Kapitel des sechsten Buches ist den dämonischen Sagen und Legenden gewidmet, um die Existenz des Dämonischen in der Welt der Rationalität aufzuzeigen. In demselben Buch behandelt Görres unter dem Titel »physische und psychische Begründung der dämonischen Mystik« die natürliche Mystik, die er auch als »Physiologie der Mystik«, »natürliche Magie« oder »Naturmagie« bezeichnet. Sie gliedert sich in einen niederen und höheren psychischen Zweig, je nachdem der Mensch zu physischen Elementen oder den psychischen Elementargeistern in eine engere Beziehung tritt. Diese Form der Mystik bildet nach seiner Auffassung die »irdische Unterlage« sowohl der dämonischen und der christlichen Mystik. Auf dèr einen Seite hat er die natürliche Mystik als neutrale und selbständige Disziplin neben der eigentlichen – der christlichen und dämonischen – Mystik anerkannt, andererseits ist sie aber eine Vorstufe der dämonischen Mystik. Dies zeigt, daß er sich bezüglich des Begriffes und des Wesens der natürlichen Mystik noch nicht endgültig klar war. Am Schluß des sechsten Buches wird auf das wechselseitige Verhältnis zwischen versuchenden Geistern und den Heiligen eingegangen.

Am Anfang des siebten Buches gibt der Autor eine gedrängte Übersicht über den Ursprung und die beiden grundlegenden Arten der dämonischen Mystik im strengen Sinn. Ausführlich wird die »dämonische Verbreitung und Askese« beschrieben, wobei das anthropologische Ordnungsschema nicht mehr genau eingehalten wird. Das Buch endet mit dem Teufelspakt, der den Abschluß und das Ziel der dämonischen Askese bildet. Das achte und neunte Buch ist ganz dem Zauber- und Hexenwesen, also der Dämonie im eigentlichen Sinn des Wortes, gewidmet. Nachdem Görres zu Beginn des achten Buches die schwache Form von Besessenheit, die Umsessenheit, kurz gestreift hat, kommt er zu den Ursachen der Besessenheit, als deren wichtigste er die Temperamente ansieht. Sodann folgt die Beschreibung der Besessenheit am unteren, mittleren und höheren Menschen. Den Abschluß des Buches widmet er der Heilung durch die Kirche und Medizin. Im neunten Buch wird ein historischer Überblick über die Entwicklung des Hexen- und Zauberwesens und besonders der jüdischen Kabbala gegeben. Weiten Raum nimmt in diesem Buch die Schilderung des Hexensabbats ein, an dem die Ausstrahlungskraft der Zauberer und Hexen auf ihre Mitmenschen demonstriert werden kann. Eine ausführliche Abhandlung über die Hexenprozesse beschließt dieses Buch.

Trotz seines gewaltigen Umfanges kann die »Christliche Mystik« eine imposante und eindrucksvolle Architektonik nicht verleugnen. Das erste Buch, das neutral gehalten ist, bildet gleichsam eine Art Vorstufe und ist auf die christliche Mystik hingeordnet. Dieselbe Funktion bezüglich der dämonischen Mystik hat das sechste Buch, in welchem die natürliche Mystik begründet wird. Die christliche Mystik ist ansteigende, die dämonische Mystik ist absteigende

Mystik. Görres entfaltet seine Gedanken in beiden Fällen von der mittleren Natur, die er im ersten Buch christlich und im sechsten dämonisch deutet. Von da wird der Leser stufenweise zum Geist, zum Geist Gottes in der christlichen und zum Geist des Bösen in der dämonischen Mystik hingeführt. Von Görres wird die Mystik folgendermaßen definiert: »Die Mystik ist ein Schauen und Erkennen unter Vermittlung eines höheren Lichtes, und ein Wirken und Tun unter Vermittlung einer höheren Freiheit; wie das gewöhnliche Wissen und Tun durch das dem Geist eingegebene geistige Licht, und die ihm eingepflanzte persönliche Freiheit sich vermittelt findet.«

Die Mystik ist also mit anderen Worten »die höhere Potenz des Natürlichen«. Übrigens gebraucht Görres das Wort auch von anderen Wissenszweigen wie beispielsweise »mystische Botanik«, »mystische Diätetik«, »mystischer Naturprozeß« etc. Der Mensch kann sich aus den »Niederungen gewöhnlicher Verhältnisse« auf dreierlei Weise erheben, indem er die Kräfte und Fähigkeiten der menschlichen Natur steigert und intensiviert; entweder seitwärts in den Grenzen seiner Möglichkeiten zur Naturmystik oder aber nach oben zur christlichen oder nach unten zur dämonischen Mystik. Auf diese Weise umfaßt Görres die Totalität des Christentums: Himmel und Hölle, die beim Mystiker wie in einem Brennpunkt zusammengefaßt werden.

Schon ein flüchtiger Überblick über die große Zahl der benutzten Quellen und wörtlichen Zitate muß beim Leser Zweifel an der Realisierbarkeit von Görres Vorhaben wecken. Denn auch selbst eine übermenschliche Arbeitskraft könnte diese Viten, Legenden, Ordensgeschichten, Heiligenregister, Prozeßakten, Gespenstererzählungen, Hexenfrevel und dämonische Verbrechen nicht textkritisch und inhaltlich überprüfen. Schon nachdem die ersten beiden Bände erschienen waren, warf man Görres Nachlässigkeit und leichtfertigen Umgang mit den Vorlagen vor. Joseph Bernhart, der sich die Mühe machte, 220 Quellenangaben genau zu überprüfen, korrigierte dieses Bild, das man seither von dem Alterswerk Görres hatte. Er kommt nämlich zu dem Ergebnis, daß es mit der präzisen Angabe über Verfasser, Titel ihrer Werke und den betreffenden Passagen nicht gut bestellt ist. Was aber die Wiedergabe der Texte anbelangt, so kann man Görres keine Vorwürfe machen. Er gibt den Inhalt seiner Vorlagen auch dann sinngemäß getreu, manchmal sogar wörtlich, wieder, wenn er unvollständig oder ungenau zitiert. Übrigens ist er sich der Schwierigkeiten des Übersetzens durchaus bewußt und fügt daher freiübertragene oder wichtige Ausdrücke im Original bei. Gelegentlich bemüht er sich um Worterklärungen und nennt sogar die Hilfsmittel, derer er sich dabei bedient hat. Daß er hin und wieder auch die Irrtümer seiner Quellen übernimmt, ist bei dieser Unmasse verständlich.

Wenngleich man vom heutigen Standpunkt aus vieles an der Arbeitsweise Görres bemängeln müßte, so muß aber auch festgestellt werden, daß der 60jährige Görres mit staunenswertem Fleiß ein ausgedehntes, zum Teil entlegenes und sehr schwer zugängliches Material vor der vielleicht endgültigen Vergessenheit bewahrt hat. Selbst ein flüchtiger Blick in die Quellensammlungen und Anthologien der okkulten Literatur verrät, wieviel Material wir heute dem Sammlerfleiß J. Görres verdanken. Solange die Görresforschung noch keine eingehende und subtile Quellenkritik der »Christlichen Mystik« leistet, muß man sich vor einem abschließendem Urteil hüten. Mit Einschränkungen kann man aber sagen, daß die meisten Tatsachenberichte, die ja den größten Teil des Werkes ausmachen, selbst für heutige Vorstellungen unanfechtbar sind.

Helmut Werner

Himmlische Magie

Die Pauluslegende

Aus dem Leben des heiligen Paulus, den die Einsiedler als den ersten ihrer Genossenschaft verehren, erzählt der heilige Hieronymus:

Als im Jahre 253 die große Christenverfolgung des Decius auch in der Thebais wütete, entwich Paulus, damals 23 Jahre alt, aus der unteren Thebais in die Wüste. Allmählich mehr und mehr sich in ihr vertiefend, gelangte er endlich zu einem bedeutenden Berge und fand an dessen Fuße eine ziemlich geräumige Höhle, in ihrem tiefen Grunde mit einem Stein geschlossen. Er wurde dieses Steines, neugierig, was er verberge, endlich Meister, und als er ihn hinweggewälzt, fand er inwendig einen ziemlich geräumigen Platz, oben gegen den Himmel offen, und nur von dem weit ausgebreiteten Blätterschirme eines alten Palmenbaumes überschattet, an dessen Fuße ein kristallheller Brunnen aufquoll, dessen Wasser aber gleich daneben durch eine kleine Öffnung wieder in der Erde versiegte. An den Wänden umher aber fanden sich verschiedene im Steine ausgehöhlte Wohnungen, und darin waren noch Grabstichel, Amboß, Hammer und anderes Gerät aufbewahrt, das zum Geldmünzen gedient, denn dort hatten, wie in ägyptischen Schriften sich aufgezeichnet gefunden, falsche Münzer ihre Werkstätte aufgeschlagen, zu der Zeit, als Antonius bei der Kleopatra verweilte.

An dieser Stätte nun verbrachte Paulus seine ganze übrige Lebenszeit im Gebete und unter frommen Betrachtungen. Trank gab ihm die Quelle, Nahrung und Kleidung aber der Palmenbaum. Und so lebte er neunzig Jahre in dieser Einsamkeit, ohne eines Menschen ansichtig zu werden. Als er aber das 113. Jahr erreicht, da wurde dem heiligen Antonius, der auch schon 90 Jahre in einer anderen Wildnis gewohnt, in einer Nacht offenbart, wie in der innersten Wüste noch ein anderer Mann lebe, vollkommener denn er, und ihm wurde geboten, diesen aufzusuchen.

Mit Anbruch des Tages gibt sich der Heilige auf die Reise, ohne zu wissen, in welcher Richtung er ziehen müsse. Aber nach einer halben Tagfahrt in großer Sonnenhitze begegnet er einem Wundertier, halb Mensch, halb Pferd, das, um den Weg zur Wohnung des Gottesmannes befragt, mit der rechten Hand nach der Gegend deutet und dann die Flucht ergreift. Antonius setzt nun in dieser Richtung die Reise fort. Bald sieht er eine durstige Wölfin daherkommen und vor ihm in eine Höhle schlüpfen. Er wartet, bis sie wieder von dannen gegangen, betritt dann die Höhle und schleicht in ihr furchtsam fort, bis er ein fernes Licht bemerkt, und, als er schnell darauf losgegangen, an einen Stein anstößt.

Als Paulus das Geräusch vernommen, schließt er die Türe, und Antonius betet so lange vor ihr, bis der Alte sie öffnet. Sie umarmen sich nun, nennen sich freudig beim Namen, obgleich sie sich nie gesehen, und preisen Gott, der sie also zusammengeführt. Paulus befragt den Gast um der Welt Händel, ob man in alten Städten noch neue Häuser baue, wer die Welt regiere, und ob die Götter noch Verehrer hätten. Ein Rabe bringt ihnen Brot zur Nahrung. Sie essen und trinken, und nachdem sie die ganze Nacht gebetet, eröffnet Paulus dem Mitgesellen, daß seine Todesstunde nahe, und wie bitterlich dieser auch weint, läßt er sich nicht abhalten, alle Anstalten zu seinem Hinscheiden zu treffen.

Er stirbt dann wirklich. Antonius begräbt ihn mit Hilfe zweier Löwen und nimmt seinen Rock, aus Palmenblättern geflochten, als die einzige Erbschaft zu sich. Als er aber in seine Zelle zurückgekehrt, erzählt er seinen Jüngern den ganzen Verlauf der Sache.

In vielen wunderbaren Geschichten aus den ersten Jahrhunderten des Christentums offenbart sich die Macht einer reinen Seele über die reißende Natur. Der heilige Pachomius war, wie er selbst dem Palladius erzählte, um Versuchungen zu entgehen, nackt in eine Höhle hineingekrochen, wo, wie er wußte, ein paar Hyänen ihr Lager hatten. Als die Tiere am Abend zum Raub ausgingen, da berochen und beleckten sie ihn vom Haupte zu den Füßen. Er erwartete jeden Augenblick, daß sie ihn zerreißen würden, aber sie gingen, ohne ihn versehrt zu haben, davon, und er wurde die ganze Nacht nicht weiter beunruhigt.

Vom Altvater Theon ging die Rede, wenn er nächtlicherweile in der Wüste gehe, sei er von vielen wilden Tieren begleitet. Um ihnen das Geleite zu vergelten, pflege er dann wieder die Durstenden aus seinem Brunnen zu tränken. Dessen zum Zeugnis hat man jederzeit viele Fußtritte der Büffel, Gazellen und Waldesel um seine Zelle her gefunden.

Sulpicius und Cassianus hatten zwölf Meilen vom Nil in tiefster Wildnis an einem Berge einen Einsiedler besucht, dem ein Ochse mit einem Zugwerke aus einem ungemein tiefen Brunnen das Wasser zur Bewässerung seines Gartens schöpfte, der beide ernährte. Der Altvater führte am Morgen seine Gäste zu einigen entfernten Palmenbäumen, und da sie darunter einen Löwen fanden und deswegen erschraken, pflückte der Einsiedler eine Hand voll Früchte vom Baum, und das Tier kam, sie aus seiner Hand zu fressen und ging dann ruhig seiner Wege.

Dieselben fanden einen anderen, den eine Wölfin jedesmal zur Essenszeit besuchte, um die übrigen Brosamen seines Mahles zu erhalten, wofür sie ihm dann die Hand geleckt. Als aber einst die Wölfin den abwesenden Bruder um die gewöhnliche Zeit nicht gefunden, stahl sie in der Zelle von fünf Broten eines und ließ sich nun erst wieder am siebenten Tage sehen, sichtlich ihres Schelmenstückes bewußt und darum sich fernhaltend, bis der Einsiedler sie rief, sie mit den Händen streichelte und ihr doppelte Ration gewährte, wo sie dann ihre Besuche wieder fortsetzte.

Der Abt Paulus Helladius gibt einem Löwen sieben Monate lang täglich zweimal Brot und Erbsen zu essen, auf die Bedingung, daß er keinen Raub übe. Da er aber einmal mit blutigem Maule kommt, jagt er ihn mit einem Stricke fort, damit der Fleischfresser nicht auch noch das Brot der Väter verzehre. Der Abt Pardus, von Gewissensbissen geängstigt, legt sich einem Löwen in den Weg, der zur Tränke ging. Aber das Tier springt über ihn hin, ohne ihm Leids zu tun, gleichwie ein anderer, bei Tapsa wohnend, die Tiere in seiner Höhle bei sich hat, die das Fressen aus seinem Schoße nehmen.

Vom Vater Helenius aber wird erzählt, wie er einst ausgegangen, die Brüder in der Wildnis zu besuchen, und einige Lebensmittel mit auf den Weg genommen. Da ihm aber unterwegs die Last zu schwer werden wollte und er von ferne einige Waldesel sah, rief er einen herbei, belud ihn mit seiner Last, setzte sich selbst obenauf und ritt also zu den Zellen, die er heimsuchte. Bisweilen bedienen sich die Einsiedler der Instinkte ihrer wilden Nachbarn, um sich selbst vor Schaden zu bewahren, so jener, der bei Syene gesessen und nun in Kräutern und Wurzeln, die dort im Sande süß und wohlschmeckend gedeihen, sich mehr als einmal beinahe vergiftete. Bis er zuletzt einen Steinbock bemerkte, dem er ein Bündel derselben hingeworfen und der nun die heilsamen leicht herauszufinden wußte.

Die wildesten Ausbrüche tierischer Wut können dabei auch wieder den Männern der Wüste kein Erschrecken abgewinnen.

So führen 30 aus dem Volke ein wütend gewordenes baktrisches Kamel, das schon viele zertreten, an Stricken mit großem Geschrei vor den heiligen Hilarion. Die Augen des Tieres sind blutrot, sein Maul schäumt ohne Unterlaß, die Zunge ist ihm aufgeschwollen, und schrecklich ist sein

Brüllen und Schreien anzuhören. Der heilige Mann befiehlt, das Tier loszulassen, worauf die, so es gebracht, mit allen Anwesenden davonlaufen. Hilarion aber geht ihm allein entgegen und steht mit ausgestreckter Hand unerschrocken vor ihm da. Das Tier nun läuft auf ihn los, als ob es ihn verschlingen wollte, fällt aber jählings nieder und läßt den Kopf hängen, zum Erstaunen aller, die von ferne zusahen.

Der heilige Didymus tritt, ohne Schaden zu nehmen, auf Schlangen und Nattern, die der Hitze des Landes wegen überaus giftig sind, und Pachomius hält sogar eine der giftigsten an sich, ohne daß sie ihn gebissen hätte: Erzählungen, die an jene Psylli erinnern, denen, wie ehemals, so auch jetzt, eine geheimnisvolle Herrschaft über jene Tiere innewohnt.

Die Gesichte der Perpetua

Vor vielen anderen merkwürdig sind die Gesichte der heiligen Perpetua, die von ihr selbst umständlich im Kerker aufgeschrieben wurden.

Geboren gegen das Ende des zweiten Jahrhunderts in einer der Vorstädte Karthagos, von edlem Geschlechte, war sie im Jahre 202, etwa 22 Jahre alt, verheiratet, und hatte, als unter Geta die Verfolgung ausbrach, ein säugendes Kind. Die Eltern und ein Bruder lebten noch, ein anderer war gestorben. Der Vater hatte alles aufgeboten, um sie von der Taufe abzuhalten, sie aber läßt sich nicht abwendig machen, wird in die Christengemeinde aufgenommen, sofort ergriffen und mit einigen anderen in den Kerker geworfen. Hier steht sie furchtbare Hitze aus, das Kind verschmachtet beinahe an ihrer Brust, bis endlich der Bruder ihr größere Freiheit erkauft.

Darauf sagt der Bruder zu ihr: »Du bist schon in großer Gnade, so daß du eine Offenbarung erbitten kannst und dir gezeigt werde, ob wir zum Leiden kommen oder frei werden.«

Sie verspricht es ihm treulich, begibt sich ins Gebet und sieht nun eine goldene Leiter von wunderbarer Höhe, bis zum Himmel reichend, aber so schmal, daß nur immer einer allein hinaufsteigen konnte, an ihrer Seite aber sind Schwerter, Lanzen, Angeln, Haken befestigt, so daß, wenn einer saumselig im Steigen, nicht immer zur Höhe blickt, er davon zerrissen und verwundet wurde. Unter der Leiter aber liegt ein ungeheuerer Drache, der den Aufsteigenden Fallstricke legt und sie von ihr wegzuschrecken sucht. Es stieg aber Saturus zuerst herauf, der damals noch nicht gefangen lag, aber dieses Vorzugs genoß, weil er später sich freiwillig überlieferte. Er kam bis zur Höhe, und, gewendet gegen die Schauenden, spricht er sofort: »Perpetua, ich warte deiner, aber sieh zu, daß der Drache dich nicht versehre!«

»Er wird nicht schaden im Namen des Herrn«, erwiderte sie. Das Untier, als ob es die Heranschreitende fürchte, erhob sich langsam, sie aber, die erste Stufe der Leiter betretend, trat ihm auf das Haupt und stieg nun mutig weiter. Oben tut sich der Staunenden die unermeßliche Weite eines Gartens auf, und in der Mitte desselben sieht sie einen eisgrauen Mann sitzen im Gewande eines Hirten, der war groß und melkte die Schafe, und um ihn her standen viele Tausende Weißgekleideter.

Er erhebt das Haupt, und sie ansehend, sagt er: »Sei willkommen, Tochter!«, ruft sie zu sich und gibt ihr von dem Käse, den er gemolken, ein kleines Stück. Sie nimmt es mit zusammengefügten Händen und ißt, und alle, die herumstanden, sprechen: »Amen!« Auf den Laut dieser Stimmen erwacht sie sofort, noch essend an dieser, sie weiß nicht welcher, Art von Süßigkeit. Und wie sie dem Bruder erzählt, was sie gesehen, erkennen beide, daß ihnen Leiden bevorstehe. Sie haben in dieser Auslegung nicht geirrt, denn sie werden nach wenig Tagen verhört und verurteilt, den wilden Tieren vorgeworfen zu werden. Im Kerker hat sie darauf nach wenig Tagen das zweite Gesicht. Im Gebete kommt ihr plötzlich das Andenken ihres verstorbenen Bruders Dinokrates in den Sinn, und sie seufzt um ihn zu dem Herrn.

In der Nacht sieht sie darauf diesen Bruder aus einem finsteren Ort, wo viele beisammen waren, herausgehen, ganz erhitzt und lechzend vor Durst, mit schmutzigem Angesicht und bleich, mit der Wunde, die er hatte, als er, sieben Jahre alt, am Gesichtskrebs elend gestorben, allen Menschen ein Entsetzen. Zwischen ihr und ihm befand sich ein großer Zwischenraum, so daß die Geschwister nicht zueinander konnten. An dem Orte aber, wo Dinokrates weilte, stand ein Teich voll Wasser, der jedoch einen höheren Rand hatte, als der Knabe groß war. Dieser streckt sich aus, als ob er trinken wolle. Sie erwacht und erkennt nun, daß ihr Bruder leide, vertraut aber auch, daß ihr Gebet seinen Leiden abhelfen werde, und sie betet nun Tag und Nacht für ihn mit Seufzern und Tränen. Nun wird sie wieder hellsehend, und der Ort, den sie zuvor finster gesehen, ist ihr jetzt erleuchtet, der Bruder aber mit reinem Leibe, gut gekleidet und behaglich. Wo die Wunde gewesen, ist nur noch eine Narbe zurück. Der Teich hat jetzt einen niederen Rand, daß er nur bis zur Mitte des Knaben reicht. Es stand auf ihm eine Schale, mit Wasser gefüllt, und der Knabe fing an zu trinken, und die Schale nahm nicht ab. Er ging dann gesättigt vom Wasser weg, um nach Art der Kinder fröhlich zu spielen, und da sie erwacht, erkennt sie, daß er aus der Strafe entlassen war.

Am Tage vor dem Kampfe wird ihr nun das dritte Gesicht. Sie sieht den Diakon Pomponius im weißen Kleide mit Glöckchen behangen, der heftig an die Kerkertüre klopft, und als sie herausgeht, zu ihr sagt: »Komm, wir erwarten dich!« An seiner Hand geht sie durch rauhe, unebene Wege. Beim Amphitheater angekommen, führt er die Atemlose mitten auf den Kampfplatz, und sagt: »Fürchte dich nicht, ich bin bei dir und helfe dir streiten«, worauf er von dannen geht. Sie aber, aufsehend, gewahrt eine ungeheuere versammelte Volksmenge und wundert sich, daß immer noch kein Tier auf sie losgelassen wird. Da geht aber ein Ägypter von wilder Gestalt gegen sie heraus, um mit seinen Helfern gegen sie zu kämpfen; sie ihrerseits hat auch Hilfe: zwei Jünglinge kommen, ihr beizustehen. Sie nun, zum Kampfe entkleidet und mit Öl gesalbt, wird wie ein Mann, während der Ägypter seinerseits sich im Sande wälzt.

Bald findet sich eine Gestalt hinzu solcher Größe, daß sie über die Höhe des Amphitheaters hinausreicht. Ihr Kleid ist schön, unter der Brust der Purpur zwischen zwei Gürteln, mit Glöckchen von Gold und Silber besetzt. Der Kommende trägt einen Stab, wie ein Kampfherold, und einen Zweig, mit goldenen Äpfeln besetzt, und nachdem er Stille geboten, sagt er: »Dieser Ägypter, wenn er diese überwindet, wird sie mit dem Schwerte töten. Wenn sie aber ihn besiegt, wird sie diesen Zweig erhalten.«

Er tritt darauf ab, und der Faustkampf beginnt. Der Gegner sucht ihr die Füße zu fassen, sie aber schlägt ihm mit den Fersen das Angesicht, wird in die Luft gehoben und schlägt ihn immer so, als ob sie die Erde stampfte. Sie ersieht darauf ihre Gelegenheit, schlingt, Finger in Finger fügend, die Hände zusammen und faßt sein Haupt, daß er auf sein Angesicht fällt, worauf sie ihm den Kopf zertritt. Das Volk beginnt zu rufen und ihre Beschützer zu preisen. Sie aber geht zum Kampfherold und empfängt den Zweig, und er küßt sie und sagt: »Tochter, der Friede sei mit dir!« Sie geht nun im Triumph zu dem sanavirarischen Tore, erwacht und erkennt bald, daß sie nicht gegen Tiere, sondern gegen den Teufel streiten, der Sieg aber ihr zuteil werden würde.

Der heilige Andreas von Sali, der wahrscheinlich um 880 geboren, bis gegen 940 gelebt hat, wird in der Lebensbeschreibung, die Nikephorus von ihm hinterlassen, als ein Skythe bezeichnet, das heißt, als ein Angehöriger jener nordischen Völker, die über dem byzantinischen Gebiete in Europa oder Asien wohnten. Er diente als Sklave, und weil er in diesem Stande unmöglich dem Triebe nach einem ruhig abgeschlossenen, kontemplativen Leben, der sich seiner bemeistert hatte, nachhängen konnte, hatte Nikephorus ihm geraten, sich töricht zu stellen, ob er etwa auf diese Weise die Freiheit gewinnen möge.

Es gelang. Sein Herr hatte ihn ein Vierteljahr lang in einer Kirche an die Ketten legen lassen und ihn alsdann freigegeben. Nun zu seinem Ziele gekommen, beharrte er auf dem Wege, den er eingeschlagen, und ging fortdauernd als ein Tor in den Straßen von Byzanz um. Mißhandelt, gehöhnt, geschlagen, zertreten, im Kote geschleift, ließ er sich nicht abwendig machen, alles in Geduld und ohne ein Wort zu reden hinnehmend. Dadurch und durch die anderen Übungen, die er im stillen sich auferlegt, fand er sich bald in seinem inneren Leben gefördert und trat in den ekstatischen Zustand ein. Nikephorus erzählt, wie er ihn einst betend gefunden, hoch über der Erde schwebend, und berichtet viele der Gesichte, die ihm in solchen Zuständen geworden. Manche derselben erinnern an jene der heiligen Perpetua, die sich in ihnen nur fortgesetzt zu haben scheinen. Wie sie, empfängt auch er die Weihe zu seinem Kampfe, als er im Amphitheater zwei Reihen von Männern schaut, die einen schwarz-, die anderen weißgekleidet.

Ein riesenhafter Schwarzer fordert die Weißen zum Streite, und ein Engel erscheint sofort, drei Kronen tragend. Andreas wünscht sich eine solche und fragt, um welchen Preis sie feil sei. »Nicht um alle Schätze der Erde magst du auch nur eine erlangen«, ist die Erwiderung, »sie sind der Preis des Sieges.« Er tritt nun heraus und fordert die Kämpfer vor. Sie fassen sich, der Schwarze wirft ihn im Wirbel herum. Schon zagen alle, da erinnert er sich dessen, was der Kronentragende ihm gesagt, macht das Kreuzeszeichen und überwindet. Nikephorus erzählt weiter: Es sei eines Tages ein fürchterliches Unwetter, mit entsetzlicher Kälte und verwüstendem Hagelschlage, über Byzanz ausgebrochen, also, daß die Dächer unter der Last erdrückt worden. Wie er nun, als der Sturm vorüber, mit Teilnahme bei sich überlegt, welches Schicksal den Andreas möge betroffen haben, sei dieser morgens ganz fröhlich zu ihm gekommen, und da er ihn befragt, wo er die lange furchtbare Zeit zugebracht, habe er ihm erzählt, wie er ohne Obdach, Kleidung und Nahrung sich des Todes für gewiß gehalten. Zuerst habe er in die Zufluchtsstätte der armen Leute sich geflüchtet, die ihn aber wie einen Hund fortgejagt. Dann sei er unter den Portikus gegangen, zur Lagerstätte eines Hundes, ob er etwa dort einigen Schutz gegen den Frost finden möge. Der Hund habe ihn scharf eine Zeitlang angeschaut, dann von seinem Lager sich erhoben und sei fortgegangen, als wolle auch er ihn seiner Gesellschaft nicht würdig finden. Da habe er in Verzweiflung betend sich niedergeworfen, und sofort sei ein Engel im Lichtglanze ihm erschienen, der mit einem Lilienstengel ihn berührt, mit den Worten: »Weil du nicht von Gott gelassen, will auch er von dir nicht lassen; diese Berührung soll dir das Leben wiedergewinnen.«

Er habe sich darauf in einen schönen Garten versetzt gesehen, mit Bäumen und Blumen ohne Zahl, unaussprechlich schöner als alles, was die Erde besitze. Vögel in allen Farben hätten darauf gesessen, mit vielen Gesängen sein Ohr ergötzend, und er sei nicht satt geworden, einen nach dem anderen zu betrachten. Durch die Mitte des Gartens sei ein Strom geflossen, an den Ufern habe ein Weinstock sich so reich ausgebreitet, daß er alle Bäume wie mit einem Kranz umschlungen. Da habe nun, wie er ihn angeschaut, ein Windeswehen sich erhoben und die Bäume erschüttert, daß die Vögel hellauf zu singen angefangen. Andere Winde, vom Niedergange und von Mitternacht und Mittag hätten dann diesem, vom Ausgange, sich beigesellt. Ihm aber sei die Lust gekommen, auch die Gegend jenseits des Wassers zu besehen, und dort habe nun eine große Ebene ihn aufgenommen. Auf ihr hinwandelnd, sei eine überirdische Gestalt zu ihm getreten, die ihn auf die Höhe des ersten Himmels geführt auf der er ein großes Kreuz, von betenden Engeln umgeben, gesehen. Als er nun tief unter sich das Wasser erblickt, da habe ein Zagen ihn ergriffen, der Engel aber habe ihn zum zweiten Himmel hingeführt und sei dort anbetend zu einem zweiten Kreuz getreten. So geht der Zug vom Feuerhimmel zum Lichthimmel weiter, wie in der Comoedia divina, bis die Wandernden endlich den höchsten, mit einem Schleier umhüllt, erreicht. Die Hülle habe sich aufgetan und er habe im unaussprechlichen Glanze den Herrn gesehen, aber nur einen Augenblick, so lange er sein Licht an sich gehalten. Drei Worte aber habe er in dem Augenblicke zu ihm geredet. Da er darauf zurückgeführt worden, habe er, zu sich gekommen, in demselben Winkel des Portikus sich wiedergefunden. Das Unwetter aber sei unterdessen vorübergegangen und heiterer Sonnenschein habe ihn begrüßt.

Die Wunder des heiligen Bernhard

Als Aleth, die Mutter Bernhards von Clairvaux, diesen großen Heiligen des Burgunderlandes dem Vater Thesselin 1091 geboren, da hatte es ihr zuvor im Traume gedäucht, sie trage einen jungen, bellenden Welpen, weiß von Farbe, braun über dem Rücken. Als nun ein frommer Mann ihr dies Gesicht gedeutet: Der Kirche werde ein Wächter und Hüter, dazu ein beredter Verkündiger des Wortes geboren werden, hatte sie den Knaben ihr sofort geweiht. Ein Gesicht, das er in jungen Jahren in der Christmette gesehen, hatte ihn selbst früher in diese Bahn hineingewiesen, und an dem gutgearteten, blonden, zartgebauten Jüngling bewährte sich bald, daß die Deutung wahr gewesen.

Die erstaunungswürdige Macht, die ihm über seine Zeit gegeben worden, tat sich zum ersten Male kund, als er zum Eintritt in einen Orden den Entschluß gefaßt und die Seinigen darum getrauert, er aber erst den Onkel, dann nacheinander die Brüder, die Schwester, zuletzt selbst den Vater demselben Entschluß gewonnen, bald auch andere und andere, so daß zuletzt die Mütter ihre Kinder vor seinem beredten Mund verbargen, die Frauen ihre Männer von ihm abhielten und Freunde die Freunde, damit er sie ihnen nicht abwendig mache. Mit mehr als dreißig, die er also um sich versammelt, war er darauf 1113 in den strengen Orden der Zisterzienserreformation unter dem Gehorsam des Abts Stephan eingetreten, und die Eingetretenen insgesamt, er aber allen voran, hatten mit Mut den großen Kampf um die Ordensreform begonnen. Schnell war in dem jungen Manne der Geist stark geworden, was aber sonst zu herrschen pflegt, in die Dienstbarkeit hineingezwungen.

Die Sinne fanden sich so gebunden, daß er sehend nicht sah, hörend nicht hörte, noch auch schmeckend einigen Geschmack empfand. Was er von Nahrung zu sich nahm, was er sich von Ruhe im Schlaf gestattete, schien weniger genommen, um das Leben zu erhalten, als zugelassen, um den Tod abzuhalten. Unter Wachen und Fasten, Kälte und Arbeit war die Macht des Leibes bald gebrochen, ja, wie er später wohl bisweilen beklagte, in allzu großem Eifer zerrüttet, aber der Geist war um so lichter in ihm aufgeflammt, so daß er, indem er vom Höheren nehmend ersetzte, was das Untere versagte, selbst keiner leiblichen Anstrengung neben den anderen sich versagen durfte, obgleich es die Brüder um ihn dann bedünkte, als wolle ein Lamm im Pfluge gehen. So frühreif war dieser Geist, daß Stephan, schon in dem auf seinen Eintritt folgenden Jahre, den Vierundzwanzigjährigen selbst als Abt einer neuen Kolonie in das Wermuttal hinübersenden konnte, das er bald in jenes weltberühmte Lichttal umgewandelt. Dort mit den Brüdern in größter Armut lebend, so daß sie oft mit Suppe aus Buchenblättern sich begnügten, setzte er in sich und ihnen das Werk fort, das er in Zisterz angefangen. Immer abgezogener, einfältiger, ruhiger, milder gegen andere, wurde der Geist im Verhältnis, wie die Strenge gegen sich zugenommen, in ihm mächtiger. Worte der Weisheit wurden in seinen Mund gelegt. Die Wundergabe der Heilung und der Weissagung wurde ihm zugeteilt.

Die Lieblichkeit in all seinem Tun und Reden war wie ein Zauber, der seine ganze Person umgab, dem niemand zu widerstehen vermochte, so daß man Kinder auf dem Arm der Mütter nach seinen Händen reichen und sie zum Munde führen sah und junges, wildes Kriegsvolk, das zum Turniere eilend, bei ihm eingekehrt, sich in seine Genossenschaft aufnehmen lassen. Und er wucherte für diese mit seiner Gabe also, daß, nachdem Hütte an Hütte im einsamen Tale sich erbaut, es bald siebenhundert der Genossen in sich faßte, darunter Heinrich, der Bruder Ludwigs von Frankreich, der aus bloßer Neugierde hingekommen und sich nicht wieder loszureißen vermochte, mit ihm ein anderes Königskind aus Sardinien, viele Fürstensöhne aus Deutschland, Ritter und Zahllose aus allen Ständen. Von da zogen nun bald junge Schwärme aus in alle Welt, so daß unter seiner unmittelbaren Leitung sich achtundsechzig, unter der seiner Schüler mittelbar zweiundneunzig, andere gründeten. Und also fruchtbar war die Rebe, die er in die Erde eingesenkt, daß sie bis zur Reformation achthundert Ableger getrieben. Er selbst blieb mit allen Brüdern, die er ausgesendet, in einem fortdauernden geistigen Verkehr und schien um alles, was sich mit ihnen begab, ihre Bedürfnisse, ihre Anliegen, ihre Versuchungen und Beschwerden, sowie um ihr Leben und Sterben zu wissen. Seine Führungen hatten ihn aber keineswegs aufs beschauliche Leben beschränkt, er war auch mehr denn einer seiner Zeitgenossen aufs tätige angewiesen. In dies wurde er zuerst bei Gelegenheit der streitigen Papstwahl zwischen Innozenz II. und Peter Leonis eingedrängt.

Es war nicht schwer, bei diesem Schisma auszufinden, auf welcher Seite das Recht stehe. Bernhard hatte ohne Bedenken sich für Innozenz entschieden, und die Synode von Estampes war ihm beigetreten. Auf das Konzilium in Pisa berufen, wurde er von dort, auf den Wunsch der Mailänder, in ihre Stadt gesendet, um sie vom Schisma zu reinigen und zur Kirchengemeinschaft zurückzuführen. Auf sieben Meilen war alles Volk dem Kommenden entgegengeeilt, und es begann nun eine Reihe von Wunderwirkungen, die ihn durch diese Stadt über Pavia, Cremona auf allen Wegen begleiteten, die er durchzog, Kranken aller Art Gesundheit, Blinden ihr Gesicht, Lahmen den Gebrauch ihrer Glieder, Besessenen die Freiheit gebend. Als er heimkehrend die Alpen überstieg, kamen die Hirten von ihren Sennhütten, von fern und nahe, in Haufen zu seiner Straße hinabgestiegen, sich erfreuend, daß sie den heiligen Mann gesehen und seinen Segen erlangt. Gleiches geschah, als er, nach Aquitanien wandernd, dem dortigen Grafen, um ihn vom Schisma abzuziehen, in feierlicher Beschwörung den Leib des Herrn entgegengetragen.

Nochmals wiederholte sich das Gedränge von Wunderzeichen um ihn her, als er nach Deutschland gegangen, um dort auf Befehl des Papstes das Kreuz zu predigen. Von der Diözese von Konstanz an, die sein Fuß zuerst betreten, von Schaffhausen bis gegen Basel, Straßburg und den Rhein hinunter auf den Reichstag in Worms, nach Speyer, dann über Oppenheim hinüber nach Kreuznach, über den Hunsrücken gegen Koblenz, über Bonn nach Köln, von da nach Jülich, Aachen, Maastricht, weiter durch Belgien, Hennegau gegen Cambray, Reims, durch die ganze Champagne bis in sein Kloster zurück war es eine aneinanderhängende Kette von Wunderzeichen. Überall umdrängte ihn das Volk in ungeheuren Massen, in der Kirche, auf den Straßen, im Hause fand er sich von ihm umlagert. Von fern her wurden alle Kranken ihm zugeführt, daß er sie berühre, das Kreuzeszeichen über sie mache und den Segen über sie spreche. Oft war das Gedränge so groß, daß man ihm an ein Fenster hinauf die Kranken hob, die dann bisweilen, wenn sie nur den Saum seines Gewandes berührt, genasen, oft in solcher Menge, daß seine Reisegefährten, die ein Tagebuch darüber führten, mit der Feder der Wirkung des Segens nicht nachzukommen vermochten.

Bei jeder Heilung sang dann das Volk jauchzend auf: »Christ uns genade, Kyrie eleison, die Heiligen alle helfen uns!« Wurden ihm Lahme, Verwachsene und Gekrümmte gebracht und er richtete sie auf, dann war es, als ob er weichen Ton in jede beliebige Form dehne, alles Gebundene löste sich wie von seinem Hauch geschmolzen. Bisweilen ging ein kalter Schweiß der Heilung voraus. Doch war es nicht immer notwendig, daß er zugegen sei, um sie zu erwirken. Er selber schien jedesmal zu wissen, wenn sie geschehen und die Kraft von dem Worte oder der Bezeichnung ausgegangen. Keiner war mehr denn er verwundert über diese Ereignisse, und er erwog bei sich in seinen Gedanken, was doch alle diese Wunder bedeuten wollten, und warum Gott solches durch solchen wirke. Alles, was er zuletzt ergründen konnte, war, sie seien nicht zur Heilung des einen, sondern zum Heile der vielen gewährt, und nicht für die, welche sie wirkten, sondern für die, welche sie sähen und wüßten.

So war die ausnehmende Versuchung, ohne ihn zu berühren, an ihm vorübergegangen, und so vermochte denn auch anderes, sonst Gefahrdrohendes ihm nichts anzuhaben: nicht, daß man vielfältig zu kirchlichen Ehren ihn berufen wollte, nicht, daß auf den Synoden die geistreichsten Männer der Zeit, wie Peter Abaelard, Gilbert Porretanus, Peter von Pisa vor der Einfalt seines Wortes erlagen, nicht, daß die wütendsten Leidenschaften sich unter seinem Zuspruch zähmten, als er noch einmal von seinem Sterbebette sich erhoben, um die tödliche Fehde zwischen der Stadt Metz und dem benachbarten Adel auszutragen. Er blieb demütig, geduldig, liebreich bis zum Tode, und Liebe, Demut, Geduld war, was er in seinem letzten Willen seinen Klosterbrüdern als ihr Erbe zurückgelassen.

Die Weissagungen der Hildegardis

Die heilige Hildegardis, 1098 geboren, war mit acht Jahren im Kloster des Dysibodusberges beschlossen worden, wo sie unter der Zucht der frommen Jutta erwuchs. Schon in ihrer frühesten Jugend hatte, wie sie später dem Priester Vibert selbst erzählt, eine solche Fülle des inneren Lichtes sie durchgossen, daß sie bei seinem Anblicke in ihrem Herzen erzitterte; sie hatte damals aber keine Worte gefunden, um, was ihr begegnet, auszusprechen. Vom achten Jahre bis zum fünfzehnten mehrten sich die Gesichte, und sie sprach sich darüber in ihrer Einfalt aus, so daß die, welche sie reden hörten, sich wunderten, woher ihr das gekommen und wer es ihr in den Mund gelegt. Sie wurde nun ihrerseits gleichfalls aufmerksam und wunderte sich, daß, während sie innen in der Seele schaue, doch auch das Äußerliche ihr sichtbar bleibe und daß nichts Ähnliches von anderen ihr zu Ohren komme, weswegen sie denn ihre Gesichte vor den Menschen sorgfältig zu verbergen anfing. Viel Äußeres blieb ihr dabei unbekannt, der häufigen Krankheiten wegen, denen sie von der Mutterbrust her unterworfen gewesen und die sie zerrütteten und entkräfteten. Von ihren Zweifeln beunruhigt, hatte sie sich einst an ihre Pflegerin mit der Frage gewendet, ob auch s i e neben den äußerlichen Dingen sonst noch etwas erblicke; die aber wußte nichts zu sagen, weil sie nicht sehend war. Darüber wurde Hildegard von Furcht befallen und wagte nicht, ihren inneren Zustand kundzugeben, doch fuhr sie fort, von Zukünftigem manches mitzuteilen, wenn die Gesichte in Fülle über sie gekommen. Ließen sie aber wieder in etwas nach, dann kam ihr Scham an, weil sie sich wie ein Kind gehalten, sie brach wohl auch in Tränen aus und hätte lieber ganz geschwiegen, aber Jutta hatte manches aufgeschrieben und es einer anderen Schwester mitgeteilt.

Im Buche Scivias setzt sie diesen Aufschlüssen hinzu: Als sie zweiundvierzig Jahre sieben Monate alt gewesen, habe vom offenen Himmel ein feuriges Licht ihr Gehirn, Brust und Herz durchfahren, einer Flamme gleich, nicht brennend, sondern erwärmend, wie die Sonne zu tun pflegt, wenn sie einen Gegenstand erleuchtet. Von dem Augenblicke an habe sie das Verständnis und die Auslegung der Bücher, nämlich des Psalters, der Evangelien und anderer Abteilungen der heiligen Schriften alten und neuen Testaments, erlangt, ohne jedoch darum die Bedeutung der einzelnen Worte darin, die Teilung der Silben oder die Kenntnis der Beugfälle oder die sonstigen Regeln der Grammatik zu besitzen. Auch der Gesang und die Melodie zum Lobe Gottes und der Heiligen war ihr nun, ohne eines Menschen Unterricht, gegeben, denn Jutta hatte sie nur notdürftig die Psalmen singen gelehrt, und sie kannte kaum die Buchstaben.

Die Gesichte dauern fort. Ihre Seele, von Gott getragen, wie eine leichte Feder von der Luft, wird nach seinem Willen zur Höhe des Firmamentes erhoben, steigt in verschiedene Regionen der Atmosphäre auf und breitet sich auch im Raume über ihr in die fernsten Gegenden und Völker aus, und sie sieht das alles nun, je nach seinen Unterschieden, nicht mit äußeren Augen und hört es nicht mit ihrem äußeren Ohre, sondern tief in der Seele zu jeder Tageszeit wie in der Nacht, bei vollkommen wachen Sinnen, ohne alle Verzückung, bei ganzem Bewußtsein. Nun aber wird auch eine Stimme in ihr laut, die ihr gebietet, was sie sehe und höre, niederzuschreiben. Sie, aus weiblicher Geschämigkeit und Furcht vor dem Urteile der Menschen, zögert und wird dann von einer heftigen Krankheit niedergeworfen, so lange, bis sie ihrem Beichtvater sich entdeckt, worauf, als dieser ihr Gehorsam rät und sie zu schreiben angefangen, Kräfte und Gesundheit wiederkehren. Ebenso wird ihr im Gesichte der Rupertsberg bei Bingen gezeigt, und es ergeht ein Gebot an sie, mit den Schwestern, die das Kloster auf dem Dysibodusberge nicht länger fassen will, dahin auszuwandern: wie sie aber auch hier vor den Schwierigkeiten und dem Widerspruche der Menschen erschrickt, wird die Geißel der Krankheit abermals über sie geschwungen. Der Augen Licht schwand ihr dahin, und solche Schwere überfiel ihre Glieder, daß sie sich nicht aufrecht zu erhalten vermochte und in großen Schmerzen niederlag, so lange, bis sie den bisher verschwiegenen Namen des neuen Aufenthalts genannt, worauf sie ihr Gesicht, aber keineswegs die volle Gesundheit wiedererhielt. Dreißig Tage lag sie einst anhaltend danieder. In der Glut verdorrte ihr das Blut in den Adern und das Mark in den Gebeinen. Die Schwestern harrten ihres Todes. Sie aber sah im Gesichte eine Schar Engel, von denen, die mit dem Drachen gestritten. Einer aus dieser redete zu ihr: »Eia Adelar! Warum schläfst du in der Weisheit? Entringe dich dem Zweifel, und du wirst schauen! O Gestirn, scheinend im Glanze, alle Adler werden dich sehen! Die Welt wird trauern, die Ewigkeit aber jubeln. Darum, Morgenröte, erhebe dich zur Sonne!« Die Schar fiel bald mit lieblicher Stimme ein: »Botschaft der Freude! Noch ist die Zeit des Hingangs nicht gekommen, darum, Jungfrau, stehe auf!« Sogleich kam sie zu Sinnen, ihre Kräfte kehrten wieder, und sie gewann wieder leidliche Gesundheit. Es fügte sich nun alles mit der Einwanderung. Sie schrieb ihre Gesichte auf, wie sie dieselben gesehen, und in den Worten, die sie gehört.

Ein Vertrauter ordnete diese Worte nach den Regeln der Grammatik, ohne etwas hinzuzutun oder hinwegzunehmen. Und das Geschriebene wurde erst dem Erzbischof von Mainz, dann in Trier dem Papst Eugen III. vorgelegt.

Der heilige Bernhard hatte zuvor ihren Geist und Wandel aufs genaueste geprüft, und die Schriften wurden nun, nach geschehener Untersuchung, gutgeheißen. Ermutigt durch solchen Beifall schrieb sie nun das Buch Scivias, enthaltend ihre Gesichte, dann eine Auslegung der Evangelien, andere typische Deutungen der heiligen Schriften, dazu noch Mancherlei über die Natur der Elemente, des Menschen und der verschiedenen Kreaturen und worin sie dem Menschen nützlich seien. Was sich mit ihr begeben, hatte durch den Ruf sich schnell ausgebreitet, von allen Seiten sah sie sich bald von solchen angegangen, die kamen, um Trost, Rat, Unterricht und Hilfe bei ihr zu suchen. Sie aber las leicht in der Seele der Kommenden und wurde ihren Zeitgenossen bald im Reiche der Gnade, was die Alraunen des Heidentums den ihren im Reiche der Natur gewesen.

Vielfach wurde sie in Briefen angegangen, deren noch 138 vorhanden sind. Päpste (Eugen, Anastasius, Hadrianus und Alexander), Erzbischöfe, Bischöfe, Äbte finden sich unter der Zahl derer, die Briefe geschrieben und an die Antworten gerichtet sind. Ebenso Kaiser und weltliche Fürsten jeden Ranges. Unter den ersteren Kaiser Konrad und Barbarossa, der sich erinnert, daß er sie im Kaiserpalast in Ingelheim gesehen, sowie dessen, was sie ihm vorausgesagt. Sie aber erwidert, wie sie ihn im Gesichte in mancherlei Irrungen wahrgenommen, und fordert ihn zur Sorgfalt und Vorsicht auf, damit er den Herrscherstab führe nach Gebühr. Und wie diesem, so weiß sie jedem anderen ein warnendes, erhebendes, begeisterndes Wort zu sagen. Ihre Gesichte erscheinen durchaus in dem höheren prophetischen Stile des alten Testaments und der Apokalypse, in großen, symbolischen Bildern und starken Kontrasten ausgeführt.

Die sieben Todsünden erheben sich in Gestalt von ebensovielen Bestien: dort als Pfau, der bald zur Erde niederschaut, bald Gott lästert; nun als Schlange, die, Gift brütend, sich in ihren Ringen windet; nun als Schwein, das, im

Schlamme sich wälzend, Gott angrunzt, während der Geiz als Kamel die Schätze der Kirche davonträgt, die Gewalttätigkeit aber in Form eines Ebers daherwütet. Dann schaut sie wieder über der Finsternis, die die Tiere in sich beschließt, den Himmel, den Thron des Alten der Tage inmitten, von Licht umglänzt, von einem Regenbogen umgürtet, zur Rechten des Vaters einen Mann im Glanze der Jugend, darüber schwebend die Taube; und wie die beiden Gestalten abwechselnd umeinander aufleuchten, ertönen die Himmel von dem Gesange, und die vier prophetischen Tiere bewegen sich um den Thron. Da aber regt sich's und bewegt sich's in der Finsternis. Die Nacht qualmt auf zur Himmelshöhe und die Bestien erheben sich zum Sturme. Die Posaune ertönt und die Heere rüsten sich zum letzten Streite. Aber das Lamm kommt Erbarmen flehend zu dem Throne. Das gezückte Schwert wird wieder in die Scheide zurückgetrieben und der Erde eine neue Frist gegeben, deren Nacht das Auge der Seherin dann durchdringt, die in ihr verborgenen Schicksale bis in die fernsten Zeiten hinaus erkennend.

Der Blinde

Francus, geboren 1211 in Grotti bei Siena, hatte seinen Aufstieg zu einer höheren Lebensführung schon vor seiner Geburt der Mutter angekündigt, indem es ihr vorkam, sie trage ein furchtbares Ungetüm, das nur langsam und allmählich Menschengestalt gewinne. Als er einigermaßen herangewachsen war, hatten ihn die Eltern zum Studieren nach Siena gesendet. Weil er jedoch gänzlich untüchtig dazu sich erwies, aber sonst überaus stark und kräftig von Leibesgliedern war, hatte er sich zum Gerberhandwerk bestimmt und trieb dies, so lange der Vater lebte, ordentlich und fleißig.

Als dieser aber gestorben, brach das böse Naturell in aller seiner Gewalt hervor. Er gesellte sich zu Müßiggängern,

Spielern, Dieben, saß Tag und Nacht bei Würfeln, Wein und Mädchen oder streifte mit ihnen durch die Straßen der Stadt, jede erdenkliche Art von Unfug übend. Jahrelang besuchte er keine Kirche, sein Mund floß über in unflätigen Reden und Gotteslästerungen, nur Verwünschungen und Fluchen über alles, was heilig war, waren der stete Gegenstand seiner Gespräche. Nichts zu scheuen, niemand zu ehren, jedem alles ersinnliche Böse anzutun, schien die Regel seines Lebens, und nur die Gestalt noch unterschied ihn von einem reißenden Tiere. Als sich seine Mutter deswegen zu Tode gegrämt, war vollends der letzte schwache Damm gebrochen; er freute sich laut darüber, daß er der Alten jetzt entledigt sei, und verschwendete nun das Vermögen, das er erlangt, auf seinen Wegen in kürzester Frist. Im Kriege, den die Sienenser mit denen von Orvieto 1229 führten, hatten jene diesen das Schloß Santeano weggenommen, und da sie das genommene mit einer starken Besatzung belegten, wurde Franco, weil ehelos, hingesendet. Jetzt war vollends weder Maß noch Ziel seinem wüsten Tun geblieben. Hurerei, Ehebruch, Notzucht, Inzest teilten sich in ihn, er wurde Straßenräuber und Wegelagerer und zeigte sich ausgelernt in allen Künsten, die ihm hilfreich sein konnten bei der Ausübung dieser Untaten. Nun sah man ihn als Mönch oder Einsiedler daherwandeln. Dann erschien er blind am einen oder anderen Auge. Bärte sproßten und wurden abgelegt. Haar und Haut hatten nun diese, dann wieder andere Farbe. Er erschien bald lahm, bald hinkend, nun taub, dann noch stumm dazu, ein andermal töricht, krank, sterbend, ja selbst tot: alle Formen wußte er anzunehmen und schien jedesmal eine andere Art der Bosheit mit ihnen aufgenommen zu haben.

Über diesem Treiben war ihm endlich seine Zeit gekommen. Eines Nachts hatte er im Spiele nicht bloß all sein Geld, sondern selbst die Kleider auf dem Leibe verspielt. Da ihm nun nichts mehr übrig war, griff er wütend nach seinen Augen und rief: »Diese meine Augen, die mir Gott gegeben, setze ich zum Trotz und Hohne ein!« Kaum hatte er die Worte ausgeredet, da brannte es ihn wie Feuer in den Augäpfeln, die heftigsten Schmerzen überfielen ihn und das Gesicht verdunkelte also, daß er weder sah, wo er war, noch die Anwesenden erkannte. Er wurde nun aus dem Dienst entlassen, und da er nicht mehr arbeiten konnte, nicht betteln mochte und aus Scham mit den Menschen nicht mehr zu verkehren wußte, schlug er in sich, und die blinden Augen gingen ihm über seinen Zustand auf.

Nun begann er bittere Tränen zu vergießen, schlug sich an die Brust, raufte die Haare aus und flehte zu Gott um Erbarmen. Er verlobte sich nach St. Jakob in Compostell und hatte sich einen Reisegefährten an einem anderen seiner Mitgesellen, der gleichfalls reuig geworden, gewonnen; aber der Vater desselben war von Siena gekommen und hatte unter vielem Schelten gegen Franco ihn mit sich hingenommen. Dieser aber ließ sich dadurch nicht bestimmen, seinen Vorsatz aufzugeben; er, der Blinde, hatte den Mut, mit den letzten Trümmern seines verschwendeten Vermögens ausgerüstet, allein die weite Reise anzutreten. Unter vielen Gefahren und Verirrungen kam er endlich zum gewünschten Ziele. Als er dort angelangt war und im inbrünstigsten Gebete sich vor dem Altar niederwarf, fiel es ihm plötzlich wie Schuppen von den Augen. Schmerz und Brand in ihnen ließen nach und er wurde wieder sehend. Er ging nun nach Rom, besuchte alle Andachtsorte in ganz Italien, lebte dann viele Jahre in der Wildnis, in einer Hütte, die er sich selbst aus Steinen zusammengelegt, in vielen Versuchungen und Gesichten und in Büßungen, die ebenso über das Maß alles Gewöhnlichen hinausgingen, wie zuvor seine Ausschweifungen, wurde später in den Karmelitenorden aufgenommen, lebte dort in steter Übung aller Tugenden und doch in Strenge gegen sich immer zunehmend und starb endlich, eine der Zierden des Ordens, nachdem er dem Himmel mehr Seelen gewonnen, als er früher verdorben hatte.

Rosa von Lima, 1586 zu Lima in Peru geboren und zuerst Isabella, dann aber, als die Mutter über der Schlafenden in der Wiege eine Rose gesehen, Rosa, später mit dem Zunamen a Santa Maria genannt, zeigte sich ganz wie die Heilige von Siena geartet: in ihrer Gemütsart ruhig, lieblich, anmutig. Schon im dritten Jahre bewies sie die Leidensstärke, die sie in ihrem ganzen Leben ausgezeichnet, als ihr rechter Daumen zwischen den Deckel einer geschlossenen Kiste geklemmt wurde und sie nun den Schmerz mit einem Mute weit über ihr Alter hinaus verbiß und die Hand vor der herzueilenden Mutter verbarg. Sie zuckte nicht, als in der Folge der Nagel des Fingers abschwärte und der Wundarzt ihn mit einer Zange wegriß. Sie hatte sich vorgesetzt, in denselben Orden sich zu begeben, dem Katharina angehörte. Da inzwischen viele andere sie zur Genossin wünschten, versuchte sie es, damit es nicht scheine, als ob sie ihrem Sinne allzusehr folge, sich in ein anderes Kloster zu begeben. Als sie aber sich dazu aufmachen wollte, fand sie sich wie ein Fels dem Boden angewachsen. Sie suchte sich loszumachen und rief ihren Bruder zu Hilfe. Beide strengten aber umsonst sich an, sie wurde nicht eher gelöst, bis sie die Heimkehr freudig in sich beschlossen. Ein anderes Zeichen bestärkte sie in diesem Entschlusse. Aus dem Haufen der Schmetterlinge, die in wunderbarer Farbenpracht die Fluren von Lima durchschwärmten, kam einer, bloß schwarz und weiß aufs schönste gestreift, auf sie zu und umflog sie im Kreise, und sie nahm das für einen Wink von oben, daß der schwarz und weiße Habit des Dominikanerordens ihr bestimmt sei. In ihn gekleidet, wurde sie bald ein Wunder der Frömmigkeit und nahm alle Tugenden ihres Vorbildes an. Ja, ihr Beichtvater sah einst staunend, wie sie in Gestalt, Umriß, Ausdruck gänzlich in das Bild transformiert schien. Sie wurde nun auch bald ekstatisch, und ihr Zustände hoben damit an, daß sie weiß wurde wie Schnee, gleich darauf wieder im Andrange der Lebensgeister errötete, zuletzt im ganzen Antlitz leuchtete und funkensprühend strahlte. Man sah sie oft, wenn sie in einer gefüllten Kirche in einem Winkel unfern des Hochaltars niedergekniet, so stundenlang unbeweglich harren, die Augen auf den Altar gerichtet, keinen an ihr Vorübergehenden gewahrend, kein auch noch so plötzliches Geräusch vernehmend. Ja, wenn etwas unmittelbar gegen ihr Auge sich bewegte, blieb dies ungerührt und sie schloß nicht die Augenlider, als sei sie, dem Adler gleich innerlich in ihre Sonne schauend, nach außen gänzlich erblindet. Sie schien unbeweglich wie ein Fels, denn in welcher Lage sie im Anfange sich ins Gebet begeben, fand man sie nach Stunden, nach einem ganzen Tag und länger unverändert wieder. So blieb sie in der Kirche, wohin sie zum vierzigtägigen Gebete gegangen, wie versteinert vom Morgen bis zum Abend, ohne einige Bewegung und ohne etwas zu sich zu nehmen. So pflegte sie sich in ihrem häuslichen Oratorium vom Freitagmorgen bis zum Sonnabend, manchmal bis zum Sonntag einzuschließen und bat dabei inständig, sie diese ganze Zeit ungestört zu lassen, was auch vorfallen möge. Als man um den Grund dieser Bitte in sie gedrungen, gestand sie aufrichtig, sie könne in all dieser Zeit, wie unbeweglich geworden, nicht aufstehen, um etwa die Türe zu öffnen, wenn jemand daran klopfe. In dem letzten Jahre ihres Lebens kam durch die ganze Fasten hindurch mit Untergang der Sonne ein kleines Vögelchen mit wunderlieblicher Stimme zu ihrem Zimmer geflogen und setzte sich auf einen nahen Baum, dort gleichsam das Zeichen zur Anhebung des Gesanges erwartend. Rosa, wenn sie ihres abendlichen Sängers ansichtig wurde, rüstete sich ihrerseits gleichfalls, das Lob Gottes zu beginnen, und fordert das Vögelchen in eigenem Liede, das sie dafür gedichtet, zum Wettgesang auf. Sodann begann das Vöglein mit linder, leiser Stimme seinen Schlag, schwang sich dann, auf Tonesschwingen ansteigend, höher und immer höher, wirbelte darauf eine Zeitlang schwebend auf der Höhe der Töne, wie in Bogenlinien, und ließ dann, selbst schweigend, die Jungfrau an die Reihe kommen. Rosa fiel sogleich mit der süßesten, wohlklingendsten Stimme ein, mit wundergroßer Behendigkeit und Fülle Gottes Lob fortsingend. Hatte sie geendet, dann nahm das Vögelchen das Lied wieder auf, mehrte die Einschnitte, goß aus geschmeidiger Kehle nun schmetternde, wirbelnde, behende Laute, und nachdem es die Stimme bald gehoben, bald gesenkt und sie dann wieder in schnellem Übergange gebeugt, schwieg es plötzlich, als sei das Zeichen ihm dazu gegeben. Sogleich fiel die Jungfrau wieder ein, hob aufs neue zu jubeln an, hochpreisend die unaussprechlichen Vollkommenheiten des höchsten Wesens, nun gehoben vom Ungestüm des Geistes, dann wieder in Seufzern sich verhauchend, bis ihr Schweigen den Gegengesang wieder hervorrief. So wechselten beide in Gottes Lobe, und das nicht etwa nur gelegentlich und zufällig, sondern eine ganze Stunde lang, mit solcher Fuge und Ordnung, daß, wenn der Vogel sang, Rosa sich nicht rührte, und umgekehrt, wenn diese den Sang aufgenommen, der Vogel, aufmerksam zuhorchend, nicht einmal zwitscherte. Endlich um die sechste Abendstunde flog er dann, wie nach wohlvollbrachtem Werke, davon, um zu ihm am folgenden folgenden Tage zurückzukehren.

Columba von Rieti und Alexander VI.

Columba war 1467 geboren in Reate, der alten Urheimat der Aborigener. In frühester Jugend schon war der Geist über sie gekommen und hatte auf die Wege sie geleitet, die so viele andere vor und nach ihr gegangen. Jede Entsagung, jegliche Art von Bußwerken hatte sie früh geübt und war dadurch vor der Zeit zur Reife gelangt. Im zwölften Jahre war die geistige Verlobung bei ihr eingetreten, nachdem sie jede weltliche von sich abgewiesen, unter dem heftigsten

Widerstande ihrer Eltern und Verwandten, wobei sich die ekstatischen Zustände bei ihr häufig und immer häufiger eingestellt. Beim Eintritte ihres zwanzigsten Jahres hatte sie in den Dominikanerorden sich aufnehmen lassen, jedoch nur in freier Verbindung, ohne eigentliche Ablegung der Gelübde, nach der Weise der Tertiarier, außerhalb des Klosters mit anderen ihrer Art unter der geistlichen Leitung eines seiner Mitglieder lebend. In solcher Lebensweise wurde ihr eines Tages ein Gesicht gezeigt. Sie erblickte sich am Taufbecken der Kathedralkirche von Rieti, ihr zur Seite ihr Ordensheiliger samt der heiligen Katharina, die ihr auf einen vor ihr liegenden, breiten, geradeaus gehenden Weg deuteten, der an einer Dominikanerkiche endete, und sie vernahm zugleich die Worte: »Gehe aus von hier, um nicht mehr zurückzukehren, und komme zu dieser Kirche!« Sie sah verwundert zu den Heiligen auf, neigte sich vor ihnen, war aber furchtsam und wußte nicht, was sie beginnen solle. »Fürchte nicht«, war die Erwiderung, »der Herr wartet dort deiner. Zögere nicht, denn es dient zu deinem Heile; wir werden mit dir sein!« Sie faßte nun Mut und gab sich auf den Weg, sah aber bald niemand mehr als zwei Drachen, die ihr denselben verlegen wollten. Wie sie aber zum Herrn um Hilfe rief, griffen die Bestien sich untereinander an und ließen ihr freie Straße. Sie ging weiter, und bald drangen aus Waldesdunkel eine Menge greulicher Tiere auf sie ein. Füchse, Wölfe und andere, die sie nie gesehen, umgaben sie, aber ein großer Hund zeigte sich und verscheuchte sie durch seinen bloßen Anblick. Als sie, betroffen über die Gefahren, zu wanken anfing, erschienen ihr die beiden Heiligen, ihr Mut einsprechend. Und wie sie in ihrer Mitte gegen die Kirche ging, kam Raubgevögel an sie herangeflogen, als ob es ihr die Augen ausreißen wolle; sie aber, nun ermutigt, machte keine Bewegung, sie abzuwehren, lockte sie vielmehr auf sich heran. Wie sie aber nun miteinander der Kirche nahten, sah sie viel Volkes in den Türen stehen, beiderlei Geschlechtes, die stritten miteinander und sahen sie mit wilden, schreckenerregenden Augen an, als ob sie ihr den Zugang wehren wollten. Sie trat inzwischen ein in die Kirche und sah sie nun dicht mit Heiligen und Engeln angefüllt, die anbetend vor der Jungfrau mit dem Kinde sich neigten. Es war das Gesicht ihres ganzen Lebens, das ihr gezeigt worden. Sie verstand das gar wohl, und deutend die Kirche ihrer Vaterstadt auf den Anfang, die andere, zu der sie gewiesen worden, als das Ziel ihrer Laufbahn, urteilte sie, es sei ihr gesagt, wie dort dem Stammvater der Hebräer: »Gehe aus von deinem Geschlechte und aus deiner Heimat in das Land, das ich dir zeigen werde!« Und sie rüstete sich sofort zur Vollziehung des Gebotes. Sie deutete bald ihrer Mutter die Nähe ihres Hinwegganges an, und die erschrak über die harte Rede, die sie auf hervorstehenden Tod auslegte, besonders als die Tochter deswegen Messen lesen ließ. Als die Zeit herangekommen, hatte sie am Vorabend ihrer Fahrt sich ein Osterlamm bereiten lassen und zwölf ihrer geistlichen Schwestern dazu eingeladen. Sie hielt mit ihnen dann ein heiteres Mahl, wusch ihnen die Füße, alle Mysterien des Erlösers an jenem Abend bei sich überlegend, und entließ sie nicht eher, bis sie ihnen Lebewohl gesagt und sich in ihr Gebet empfohlen. Am folgenden Morgen kam sie um ihre gewohnte Stunde nicht zum Vorschein. Die Mutter wartete bis zum Mittag, ging dann sorgenvoll vor ihre Kammer, und da sie auf ihren Ruf keine Antwort erhalten, hob sie oben auf dem Boden ein Brett auf, das die Decke ihres Zimmers bildete, und sah nun das Zimmer bei verschlossener Türe leer. Als diese erbrochen war, fanden sie ihre Kleider in Kreuzesform auf dem Boden ausgestreut, gleich der abgelegten Schlangenhaut, von ihr selber war keine Spur zu finden. Die Nachricht von dem, was geschehen war, verbreitete sich bald im Orte. Neugierig lief das Volk herzu, und da sie die Eltern in Tränen fanden, konnte keiner von allen, die gekommen, des Weinens sich enthalten. Es schien allen unbegreiflich, wie sie bei beschlossenen Türen und

Stadttoren also nackt davongegangen, und die Sache wurde nur noch unerklärbarer, als man nach den genauesten Nachforschungen keine Spur von ihr gefunden. Es ging zwar die Rede, sie sei im Geiste zur Einsiedelei eines heiligen Mannes bei Spoleto geführt worden und habe dann, nach einer gehabten Unterredung mit ihm, sich entfernt. Eine Frau wollte auf der Landstraße sie gesehen haben, im Gefolge eines großen Hundes. Aber man kam auf nichts Gewisses. Sie selber erzählte in der Folge auf Befragen ihrem Beichtvater: Sie habe sich nach ihrer Gewohnheit dem Gebete hingegeben. Da sei sie, ohne daß sie wisse, wie ihr geschehen, ihrer alten Gewande entkleidet und mit anderen angetan worden, und so habe sie, wieder ohne zu wissen wie, auf der Straße sich gefunden. Als sie auf ihr nun einer Stadt, wahrscheinlich Spoleto, genaht, sei ihr ein Mann begegnet, der sie in sein Haus unfern der Landstraße zu Frau und Kindern eingeladen. Da sie ihm gefolgt, habe er sie in ein leeres Gebäude geführt, gegen die Fragende die Abwesenheit der Seinigen durch irgendeinen Vorwand entschuldigt und sei dann, sie einschließend, davongegangen, baldige Rückkehr versprechend. Es hatte aber gerade damals, in einem benachbarten Königreiche (Neapel), ein Geistlicher die einzige Tochter eines angesehenen Mannes entführt. Dieser hatte rund umher Steckbriefe der Entwichenen, mit großen Versprechungen für die Finder, nachgesendet. Das war einigen ausgelassenen jungen Leuten als eine günstige Gelegenheit erschienen, zugleich ihre Habsucht und ihr Lust an der Gefundenen zu büßen, und dafür hatten sie jenes Haus zu ihrem Hinterhalt, den Mann aber zu ihrem Späher gewählt. Columba, als sie sich allein gefunden, hatte sich ins Gebet begeben, vertrauend, daß ihr von oben Hilfe kommen werde. Der Mann kam bald mit allem zu einem Gelage Notwendigen zurück, mit ihm auch jene jungen Leute, die sogleich bei ihrem Anblick, weil Alter und Schönheit zusammentrafen, die Gesuchte in ihr gefunden zu haben glaubten. Sie redeten sie mit schmeichelnden Worten an und fragen sie nach der Heimat und dem Ziele ihrer Reise, und ob sie Claretta aus dem Reiche sei. Sie schwieg eine Zeitlang, als sie aber stärker in sie drangen, sagte sie: »Ich bin allerdings Clara, aber vom größeren Reiche, und gehe, wohin mich mein Meister berufen.« Die Jünglinge wurden durch diese Worte nur noch hitziger und erpichter, boten ihr Kleider und Geschmeide und baten und beschworen sie, daß sie ihnen hier in der Verborgenheit, von niemand gesehen, zu Willen werde. Der Ausdruck von Zucht und Würde, der in ihrem Antlitz lag, jagte ihnen indessen, ohne daß sie wußten, wie ihnen geschah, eine gewisse Scheu ein, und sie hörten eine Weile schweigend an, wie sie ihnen von den Höllenstrafen, von der Kürze der Lust und der harten Ahndung redete. Bald aber unvermögend, den Ungestüm ihrer Leidenschaften länger zu mäßigen, brachen sie mit den Worten auf sie ein: »Nun du an deinen Liebhabern dich gesättigt, lügst du Keuschheit und Enthaltsamkeit; aber lebendig oder tot mußt du unser sein!« Wie sie aber der Wütenden sich erwehrte, wurde sie unter ihren Händen wie Stein, und sie vermochten sie nicht von der Stelle zu bewegen. Blind indessen vor Lust und Eifer, wollten sie ihr die Kleider wegreißen. Da sie über diesem Bestreben ein Klingen an ihr vernahmen, wähnten sie, es sei Geld, und wurden nur um so hastiger. Wie sie aber ihr Brusttuch geöffnet, fanden sie ein Kruzifix, Reliquien und eine Geißel. Als sie bestürzt die Kleider ihr weiter durchschnitten, sahen sie sie mit einem Zilizium, dem härenen Bußkleid, angetan und um die Lenden mit zwei eisernen, drei Finger breiten Bändern gegürtet, während zwei einschneidende Eisenketten über der Brust sich kreuzten.

Vom Schrecken des Herrn geschlagen, flohen sie entsetzt von dannen und haben in kurzer Zeit, einer nach dem anderen, den Tod gefunden. Der Elende aber, der sie ihnen zugeführt, warf sich ihr zu Füßen, flehte um Verzeihung und geleitete sie bis in die Vorstadt von Trevi, wo er ihr Frauen zum Geleite nach Foligno gab und dann in der Folge sein Leben besserte. In Foligno kam sie ins Kloster der Clarissinnen, die, verwundert, wie sie hereingekommen, sich erkundigten, wer sie sei und von wannen sie gekommen. Sie sei eine Schwester, erwiderte sie auf die Frage und verschwieg alles andere. Wie sie die Jungfrau nun also schweigsam, dabei schön und anmutig, zugleich aber dem Gebete sehr zugetan befanden, stieg ihre Verwunderung, mehr noch, als sie keine Speise zu sich nehmen wollte. Sie meinten nun, nach der Frauen Art, ihr Herz leide vielleicht an Liebesnot, redeten ihr darum mit freundlichen Worten zu, lachten sie an, suchten mit Scherzen sie zu ermuntern und sprachen ihr zu, sich nicht verschmachten zu lassen. Da all ihr Zureden aber nicht fruchten wollte, lehnten sie, ihr freundschaftlich Gewalt antuend, das Haupt zurück und suchten ihr mit einem Löffel ein Konfekt von Anis beizubringen, das sie inzwischen ausspie. Doch saugte sie eines Tages, um ihnen zu Willen zu sein, an etwas Gemüse und trank Wasser dazu, redete aber sonst, mit ihnen zusammensitzend, von göttlichen Dingen, so daß alle in Tränen zerflossen.

Inzwischen war ihre Ankunft dem Podesta der Stadt bekanntgeworden, und der sandte einen zu ihr, um sie zu befragen, ob sie jene vielgesuchte Claretta sei. Lächelnd erwiderte sie, sie sei eine Clara, aber nicht jene, die sie suchten. In Wahrheit aber setzte sie hinzu, bin ich Columba von Rieti, und gehe, wohin mich mein Meister ruft. Es wurde sofort nach Rieti geschrieben, worauf ihr älterer Bruder mit einigen Gewaffneten herüberkam, willens, sie umzubringen. Er kehrte indessen, nachdem er sie vielfach mißhandelt hatte, wieder heim und ließ sie dort zurück, wo sie bald der Stadt ein Wunder galt. Die Nonnen beobachteten sie genau, bei Tage wie zur Nachtzeit, sahen sie aber immer wachend, betend und sich kasteiend. Und die Matrone, die sie in ihre Zelle aufgenommen, beteuerte, sie mehrmals anderthalb Ellen hoch in der Luft schwebend gesehen zu haben.

Ihr Orden tat nun Vorsehung für sie. Einige Ordensbrüder wurden abgesendet, und der Prior, der ihr früher den Habit zugeteilt, führte sie im Geleite einiger ehrbarer Frauen, da man übereingekommen, dem Rufe Gottes zu folgen, den Weg, den sie selbst angab. Sie kamen so nach Assisi, dann an die Tiber, wo sie von den Müllern aufgehalten wurden, und erreichten zuletzt Perugia. Dort fanden sie das ganze Volk aufgeregt. Alles strömte ihr, wie vom Geiste ergriffen, entgegen: »Die Heilige, die Heilige kommt, auf und ihr entgegen!« Männer und Frauen und Kinder in Haufen führten sie wie im Triumphe ein. Dort blieb sie nun allen durch ihre Einfalt, ihre Frömmigkeit und ihre Ekstasen ein Gegenstand der Verwunderung, und man beschloß, da auch andere Städte um sie buhlten, damit sie dort befestigt werde, ihr ein Kloster zu erbauen. Und es geschah, wie sie Rats geworden, und sie wurde Vorsteherin von etwa 50 Schwestern, die sich um sie versammelt hatten, nachdem sie im Jahre 1490 in ihrem 23. Jahre ihr Gelübde abgelegt.

Wenn in solcher Weise, durch die Begeisterung des Volkes, sich in so kurzer Zeit ihr Gesicht erfüllte, so war ihr darum die Zustimmung der Einsichtigen, selbst in ihrem Orden, nicht so leicht gewonnen. Ein zwanzigjähriges Mädchen, das in einer Zeit, der Alexander VI., durch seine Ausschweifungen verrufen, so nahe stand, einsam auf den Landstraßen wandelte, in verdächtigen Häusern Abenteuer bestand und für dies seltsame Tun und sein Entweichen aus dem väterlichen Hause keinen anderen Grund angab, als das Treiben des Geistes, der sich dieser seltsamen Führung angenommen, mußte bei allen, die tiefer gehend, von der leicht dem Irrtum unterworfenen Begeisterung der Massen sich nicht bestechen ließen, großes Bedenken erregen: am meisten unter einem klugen, scharfsinnigen, genau aufmerkenden Volke wie die Italiener.

Durchaus wurde sie daher von den älteren Geistlichen und den ersten Theologen mit Mißtrauen angesehen. Schon öfter gewitzigt, nahmen sie billig großen Anstand, dem, was ihnen gefahrdrohend schien, ohne Rückhalt sich hinzugeben. Sie wollten daher nichts wissen von ihr, betrachteten, was ihnen von ihr hinterbracht wurde, als verdächtige Neuerung und Aberglauben, erklärten sie für eine heuchelnde Vagabundin, die des Gewinnes wegen sich in der Welt umtreibe, glaubten nicht an ihre Enthaltsamkeit und suchten sich in glimpflicher Weise von ihr loszumachen, damit nicht etwa der Orden durch ihre Schuld beeinträchtigt werde.

Unter diese Zweifler gehörte auch ihr späterer Beichtvater und Lebensbeschreiber, Sebastian von Perusio, der, als er mit dem damals noch jungen Cäsar Borgia zugegen gewesen und mit ihm Zeuge, wie sie ein sterbendes, erblindetes Kind zum Leben und zum Augenlicht erweckt, da der Jüngling deswegen die Glocken läuten wollte, ihn beschwichtigte mit den Worten: »Nicht also. Diese Schwester ist eine Fremde, Zugelaufene, noch Neuling im Orden, und wir wissen nicht, wenn sie gleich sagen, sie enthalte sich des Essens, ob sie heilig sei. Arg ist des Menschen, besonders der Weiber Bosheit, viel sind der Täuschungen und Ränke, womit sie die Gemüter berücken und verführen: sehen wir darum wenigstens zehn Jahre zu, um ein sicheres Urteil über ihre Tugend und Heiligkeit zu fassen!«

Dieser Ansicht gemäß ließ man sie nun in all ihrem Tun und Lassen aufs genaueste beobachten, sandte ihr Leute von mancherlei Art, um ihren Geist zu prüfen und ihr Inneres zu erforschen. Ihr wurde vielfach, insbesondere vom Bruder Sebastian, der inzwischen ihre Seelsorge übernommen hatte, ins Herz geredet, nicht durch Lügen, Erdichtungen und ein leichtsinniges Leben sich die Verdammnis und dem Orden Schande zu bereiten. Sie antwortete auf alles mit Einfalt und heiterer Gelassenheit. Je tiefer er in ihr Gewissen drang, je mehr sie die innersten Falten des Herzens vor ihm entschleierte, mit um so größerer Freude, Überraschung und Erstaunen mußte er ihre Unschuld und Reine bewundern: er hatte nicht eine schwere Schuld an ihr gefunden.

Columba lebte unterdessen fort am Orte ihres Aufenthaltes, vom Volke umdrängt und als eine Heilige und Prophetin des Herrn verehrt. Sie unterrichtete, erbaute, betete, übernahm dräuendes Unglück, warnte gegen bevorstehende Gefahr und verkündete bisweilen Glück und Sieg. Es war, sieht man, damals in den italienischen Städten eine Art von Wetteifer, sich solche Sibyllen zu gewinnen, um in den verworrenen Zeiten, wo alles brach und riß und auseinander fallen wollte, sich eine Art von Halt zu verschaffen. Wie daher Perusia diese, so ehrte aus gleichem Grunde Narni die Lucia, Mantua die Osanna, andere Orte wieder andere.

Es begab sich aber im Jahre 1495, daß der Papst Alexander VI., aus Furcht vor König Karl von Rom flüchtend, nach Perusia kam. Ihr Ruf war, wie natürlich, zu ihm gedrungen, und nachdem er den Gottesdienst in der dortigen Predigerkirche abgehalten, hatte er nach ihr gesendet. Sie kam an der Spitze ihrer Schwestern. Kaum konnten die Hatschierer des Papstes durch das Gedränge ihr den Weg zum Throne des Kirchenfürsten im Chore öffnen. Als sie endlich dem Papste, umgeben von den Kardinälen, genaht, kniete sie nieder auf der Stufe seines Stuhles, faßte den Saum seines Gewandes, um ihn zu küssen, wurde aber sogleich unbeweglich, gleich einem Steine.

Alle ihre Mitschwestern wurden dem Papste vorgestellt und gingen dann ab, in der Ordnung wie sie gekommen. Sie beharrte immer noch in gleicher Stellung. Ihre Mutter, die man gleichfalls herzugeführt, wurde über sie befragt. Immer noch hielt sie den Saum des Gewandes so fest, daß die Gelenke ihrer Finger eher gebrochen als gebeugt worden wären. Der Papst mußte sich also gedulden, bis sie wieder zu sich kam. Es geschah endlich. Sie stand auf und wurde nun vom Papste befragt und ausgeforscht.

Sie antwortete auf alle Fragen mit Klugheit und in ihrer gewöhnlichen Einfalt und Bescheidenheit. Wie der Papst aber tiefere Dinge berührte, wurde sie abermals ekstatisch und stand nun da, einer Marmorsäule gleich. Alexander, erstaunt, wendete sich nun wie drohend gegen ihren Beichtvater, der in der Nähe kniete, und sagte: »Hüte dich und wisse, ich bin der Papst, darum sage mir über diese die reine Wahrheit!« Sebastian gab ihr nun mit lauter Stimme, so gut er wußte und konnte, Zeugnis, und Cäsar Borgia, der zugegen, bestärkte dies sein Zeugnis durch die Erzählung, die er von dem früheren Unglauben des Zeugen an ihre Heiligkeit machte.

Zu sich gekommen, antwortete sie wieder, wie sie zuvor getan, und wurde dann vom Papste gelobt und mit geistlichen Gaben entlassen.

Sie, wieder zur Ruhe gelangt, fuhr in ihrer Lebensweise fort, wirkte manche wunderbare Heilungen, sah viel Kommendes im Geiste vor und schaute ebenso im inneren Lichte in die räumliche Ferne. Von Rom aus ließ man indessen, zwischen Glauben und Unglauben immer schwankend, von Zeit zu Zeit über Kommendes sie befragen.

Da begab es sich eines Tages, als der päpstliche Schatzmeister sie des Papstes wegen erforschte, daß sie in der Peterskapelle an der Erde sitzend ihm in Gegenwart Sebastians ihre Gesichte auslegte: Dabei redend und dräuend und zürnend mit solcher Kraft, daß Schrecken über die Hörer fiel, als sie mit Nachdruck die Gerichte verkündete, die hereinzubrechen im Begriffe seien. Nie hatte man die milde Jungfrau so gesehen wie damals, als sie der Geist wie im Sturme angeweht. Es war zu der Zeit, als Spanien und Portugal Gesandte nach Rom sendeten mit der Aufforderung an den Papst, seinen und seines Hofes Greueln endlich Schranken zu setzen, als Mord und Krieg über ganz Italien ausgingen und Alexander selbst, da jüngst unter Blitz und Donner das Gemach über ihn zusammengebrochen, nur wie durch ein Wunder mit dem Leben davongekommen.

Es war aber auch die Zeit, wo Savonarola in Florenz mit Kraft und Mut und eindringender Beredsamkeit, aber auch mit einem allzu ungebändigten Ungestüm, gegen jene Zuchtlosigkeit sich erhob und ein Opfer der aufgeregten Parteiwut fiel. Das mußte bei Hofe eine üble Stimmung gegen jede Art von Begeisterung und Begeistigung, und Mißtrauen gegen die ganze Sibyllenschule hervorrufen. Und so wurde neuerdings der Verdacht auch gegen Columba, diesmal aber mehr gegen ihren Beichtvater, rege.

Er mußte nach Rom wandern und dort schriftlich und mündlich über ihren ganzen Wandel und all ihr Tun Rechenschaft ablegen, dann aber auch sich selbst darüber ausweisen, wie er es mit ihr gehalten und welches seine eigenen Grundsätze in ihrer Führung seien. Er tat alles mit Freimütigkeit und Geschick, und wurde, vom Papst beschenkt, in Frieden entlassen.

Aber von der Jungfrau ließ man darum noch nicht ab. Ihr wurden von Rom aus Späherinnen gesendet, die sie aber bald im Geiste erkannte und nun leicht ertrug. Falsche Kranke schlichen sich ein zu ihr unter dem Vorwande, Heilung bei ihr zu suchen. Sie selbst wurde, als dies nicht zum Ziel geführt, von ihren Oberen abgesetzt und mit geistlichen Strafen belegt.

Schon seit langem hatte sie geweissagt, daß sie bald nach ihrem 33. Jahre sterben werde. Jetzt, als im Jahre 1501 diese Zeit herangekommen, wurde ihr der Himmelfahrtstag als der Tag ihres Hinganges anberaumt. Sie bereitete sich dazu im Verlaufe der Faste aufs beste vor, hatte unterdessen viele Verzückungen und Gesichte, ging am Auferstehungstage zum letztenmal zum Abendmahle und legte sich dann nach wenigen Tagen nieder, um nicht wieder aufzustehen. Die Ärzte wurden herzugerufen, konnten aber über ihren Zustand und ihre Behandlung sich nicht vereinigen. Sie schwieg in großer Fassung, ließ sich das Sakrament geben, wurde verzückt und hatte viele Gesichte, deren einige sie den Umstehenden deutete:

Mord und Blutvergießen der Christen untereinander, Seuche, Sterben und Verderben vieler Völker.

Die Sterbende hatte nur allzu gut gesehen. Denn kurze Zeit darauf, nach Alexanders Vergiftung, hat Cäsar Borgia den Streit um die Nachfolge angehoben, der ganz Oberitalien in Flammen setzte, und den der kriegerische Julius II. nur mit Strömen Blutes löschte. Sie aber lag in ihrem Zilizium dreiunddreißig Tage auf nackten Brettern, in all dieser Zeit nichts denn Wasser genießend, einmal nur kostend von einem Sirup, den man ihr geboten, dazu einigemal an Orangen oder Kirschen saugend, und nur durch die Eucharistie von Zeit zu Zeit gestärkt und durch liebliche Visionen aufgerichtet.

Während des Verlaufs der Krankheit quollen aus dem Boden ihrer Stube und zwischen den Brettern ihres Bettes Scharen von Ameisen mit roten Köpfen auf, die emsig sie umirrten; sie selber deutete sie auf das fremde französische Kriegsvolk, das die Kirche bedrängen und dann weggenommen werden solle.

Die Gesichte nahmen zu, je näher sie ihrem Ende rückte. Kurz nur war der Kampf mit dem Versucher. Sie starb, heimgesucht von dem, den sie liebte, zur Mitternacht vor dem Tage seiner Auffahrt, den Kommenden freudig begrüßend. Das Auge der Toten blieb geöffnet und das Angesicht gerötet, als ob sie in sanften Schlaf gefallen. Alle Glieder waren geschmeidig und in allem so anzusehen, als ob sie in Ekstase läge.

JOHANNES VON GOTT

Als der heilige Johannes von Gott einst über Feld ging, begegnete ihm ein überaus schönes Kind, das im Bauernröcklein barfuß einherging und wegen des rauhen Weges sich die Füße gar übel verletzte. Johannes hatte großes Mitleid mit dem Kleinen, wie er so erbärmlich daher ging, zog deswegen seine Schuhe ab und sagte: »Liebes Kind, mein Herz wendet sich um, wenn ich dich also gehen sehe, darum ziehe lieber diese meine Schuhe an, ich kann leichter barfuß gehen als du!« Das Kind nahm die Schuhe an und versuchte, ob es darin gehen könne, weil sie ihm aber gar zu groß waren, gab es sie ihm zurück, sprechend: »Ich kann in deinen Schuhen nicht gehen, gib sie aber einem anderen, welcher größer ist und ärmer denn ich!« Johannes war betrübt und sagte: »Eia, du gebenedeites Knäblein, weil dir meine Schuhe nicht dienen können, so mag dir wohl mein Rücken dienen und ich will dich aus Liebe des Weges tragen.« Er nahm nun das Kind auf den Rücken und trug es die Straße daher. Wie er aber eine Weile fortgegangen war, wurde das Kind so schwer, als wenn's ein großer Mann wäre, und drückte ihn so hart, daß im am ganzen Leibe der Schweiß ausbrach. Gleichwohl ging er fort mit seiner Last, so gut es gehen wollte, und das Kind wischte ihm den Schweiß mit der Hand von der Stirn.

Er kam endlich an einen Brunnen und war so müde, daß er nicht weiter fortgehen konnte. Deswegen wollte er ein wenig ruhen und seinen Durst aus dem Brunnen löschen. Er setzte deswegen das Kind unter einem Baume nieder und ging dem Brunnen zu. Nach einer kleinen Zeit hörte er das Kind ihn rufen, und als er sich umwendete, sah er in seiner Hand einen Granatapfel, in dessen Spalt ein kleines Kreuz stand. Das Kind hatte auch ein so schön leuchtendes Angesicht, als ob's ein Engel wäre, und sprach zu ihm mit lieblicher Stimme: »Johannes, zu Granada wird dein Kreuz sein!« Mit diesen Worten verschwand die Erscheinung.

Johannes stand eine Zeitlang voll Erstaunens, dann brach er in Tränen aus, darum, daß er das Kind nicht erkannt und daß es so bald von ihm gewichen. Es war das Bild seines ganzen Lebens, das ihm hier also vorgekommen.

Er ging nach Granada, wurde dort durch die Predigten des Avila aufs tiefste ergriffen und spielte nun, um für seine Sünden durch Demütigung zu büßen, eine Zeitlang den Toren in jener Stadt, wurde deswegen ins Irrenhaus abgeliefert und dort so lange furchtbar mißhandelt, bis er glaubte, er sei nun genug, und die angenommene Larve der Torheit von sich tat. Er diente darauf den Kranken eine Zeit lang in jenem Hause, und hier kam ihm der Gedanke, selber ein Hospital zu gründen, um in ihm dem Berufe seines Lebens ganz und gar nachzuleben. Er begann damit, daß er auf dem nahen Berge Reisig sammelte und es in die Stadt zum Verkaufe trug, wovon er sich selbst und andere ernährte. Es gelang ihm bald, ein leerstehendes Haus zu mieten. Darin nahm er soviel Arme auf, als es fassen mochte. Was sie bedurften, gewann er ihnen bald durch sein flehend Wort, das der Menschen Herzen bis zum tiefsten Grunde im Mitleid zu bewegen wußte. Der Segen war über all seinem Tun. Je mehr die Mittel wuchsen, um so mehr erweiterte er die Anstalt und breitete sie auf jede Art von Dürftigkeit und Bresthaftigkeit aus. Auf seinem Rücken schleppte er selber die Kranken herzu, daß er oft unter der Last zusammenbrach. Tag und Nacht sorgte er rastlos für seine Pflegebefohlenen. Kein Undank, keine Mißhandlung vermochte seinen Eifer zu hemmen. Nicht eigene Not und drückender Mangel konnten ihn abhalten. Wo die Almosen nicht ausreichten, lieh er Geld, um ihren Bedürfnissen zu genügen, und immer fand er dann solche, die für ihn einstanden.

Einst war im königlichen Spitale bei Gelegenheit eines Gelages, das die Vorsteher gaben, Feuer ausgebrochen, und die Flammen hatten so schnell um sich gegriffen, daß, als die Leute herzugeeilt, niemand sich, der Wut des Feuers wegen, in die Nähe des Gebäudes wagte und man davon redete, von der Alhambra aus ein Mittelgebäude mit dem Geschütze zu demolieren, um den noch unversehrten Teil zu retten. Johannes war auch unter den ersten herbeigeeilt. Als er die Wehklagen der Kranken von den Fenstern hörte, konnte er es nicht über sich gewinnen, müßig zu bleiben, und drang durch eines der ganz mit Rauch verhüllten Tore ein. Ohne Verzug schritt er innen zum Werke. Den Kranken, die noch gehen konnten, wies er die Wege, andere führte er, andere wurden getragen, noch andere bisweilen paarweise geschleppt. Die unteren wurden durch die Fenster herabgelassen. Alles mit solcher Kraft und Schnelle, daß alle, besonders solche, die seinen durch Fasten und Wachen geschwächten Körper kannten, darüber staunten. Als die Kranken in Sicherheit waren, rettete er vom Geräte, was zu retten war, überall vorn an und mit Besonnenheit die beste Vorkehr machend. Er nahm dann eine Axt und bestieg den Speicher, um den Flammen zu wehren. Während es ihm aber damit auf einer Seite gelang, brachen sie auf der anderen um so heftiger hervor. Eine halbe Stunde lang hatten die Anwesenden ihn aus den Augen verloren und ihn schon aufgegeben, als er auf einmal aus den Flammen hervorsprang, die Kleidung unverletzt, nur Augenbrauen und Wimpern verbrannt. Siebzig Zeugen haben den Vorgang eidlich beschworen.

In solchen Werken hatte er die zwölf letzten Jahre seines Lebens hingebracht, als ihn endlich, im Jahre 1550, am Fuße des Kruzifixes der Tod ereilte. Die Hospitaliter, nach ihm genannt, haben ihren Ursprung von ihm genommen.

Philippo Neri

Als Philippo Neri, geboren im Jahre 1515 zu Florenz, in seinem einunddreißigsten Lebensjahre am Pfingstfeste, wie es seine tägliche Gewohnheit war, wieder einmal recht eifrig um die Gaben des heiligen Geistes bat, fühlte er bald von solchen Flammen der Liebe sich entzündet, daß er nicht auf seinen Füßen zu stehen vermochte. Er warf sich daher sogleich an die Erde nieder und suchte, indem er sich die Kleider aufriß, dem entbrannten Herzen einige Kühlung zu verschaffen. Als er eine Zeitlang so gelegen und die Glut einigermaßen sich gemindert hatte, erhob er sich, und von ungewöhnlicher Freude erfüllt, fühlte er fortdauernd am ganzen Körper sich erschüttert, weil Herz und Gebein im Herrn sich erfreuten. Wie er nun aber, etwas ruhiger geworden, mit der Hand in den Busen griff, fand er die Brust über dem Herzen um die Dicke einer ganzen Faust erhöht, obgleich diese Anschwellung weder damals noch auch später ihm einigen Schmerz verursachte.

Er lebte von dieser Begebenheit an noch zweiundfünfzig Jahre fort, und die Erweiterung der Brusthöhle, die dem Herzen mehr Raum gegeben, blieb unverändert bis zum Tode. Fortdauernd bei guten Kräften, war er immer heiter und fröhlich, ohne Anwandlung irgendeiner Niedergeschlagenheit oder Traurigkeit; aber ein Herzklopfen trat von da an bei ihm ein, das ihn jedesmal anwandelte, wenn er betete, das Meßopfer darbrachte, predigte, die Sakramente spendete oder dergleichen übte. Dann wurde er am ganzen Leibe so erschüttert, daß es schien, als wolle sein Herz aus der Brust hervorbrechen. Stuhl, Bett, ja selbst das Zimmer und alles, was um ihn war, zitterte dann, wie von einem Erdbeben erschüttert. Einmal, als er in der Basilika des Apostelfürsten besonders inbrünstig betete, sah man ein massives Brett, auf dem er kniete, als habe es keinen Halt und kein Gewicht, erzittern. Umarmte er etwa, wie es oft geschah, einen der Seinen, der ihm lieb war, dann fühlte dieser den heftigen Anschlag seines Herzens und wurde selber, ohne zu wissen, wie ihm geschah mit Freude durchgossen und gestärkt, wie viele es erfahren und bezeugt. In dieser Tätigkeit des Organs erglühte aber nicht bloß seine Brust, sondern sein ganzer Körper aufs heftigste, so daß selbst, als er schon, entkräftet durch Enthaltsamkeit aller Art, das Greisenalter erreicht, der Entbrannte in Wintersmitte noch Kühlung zu suchen sich genötigt fand. Darum mußte man zur Nachtzeit, selbst im wildesten Winter, ihm Fenster und Türe des Zimmers, in dem er schlief, öffnen, mit einem Tuch oder Fächer ihm Luft zuwehen und dergleichen mehr vornehmen, um den Brand einigermaßen zu lindern und zu mäßigen. Manchmal mußte er sich mit kaltem Wasser den Gaumen ausspülen, den die von den Lungen aufschlagende Flamme erdörrt hatte. Darum öffnete er auch zur Herbstzeit immer die Kleider über der Brust. Wenn dann die Seinigen ihn erinnerten, das zu unterlassen, weil es ihm schaden könne, erwiderte er, daß dies des inneren Brandes wegen untunlich sei. In härtester Kälte ging er durch die schneebedeckten Straßen, seine jungen Begleiter, in ihre Mäntel gehüllt, bebten vor Kälte, er aber schritt wie gewöhnlich lächelnd neben ihnen, vom Froste unberührt. Es schien dabei wunderbar, daß er jenes Herzklopfen, was dessen Dauer betraf, völlig in seiner Gewalt hatte und durch bloße Intention des Gemütes zu beruhigen vermochte, wie er selbst dem Kardinal Fr. Borromäus, den er sehr liebte, versicherte. Darum hatten die Ärzte, die in seinen Krankheiten ihn betreut, diese Erscheinung für eine übernatürliche erklärt, und viele der berühmtesten Zeitgenossen, Andreas Cisalpinus, Antonius Portas und andere, stimmten ihnen in Abhandlungen, die sie über die Erscheinung geschrieben, bei. Er aber wurde, seit es ihm begegnet, nur eifriger und brennender in allen Liebeswerken und bisweilen vom Ungestüme der Liebe also ergriffen, daß er erliegen zu müssen schien und mit erstickter Stimme ausrief: »Laß ab von mir, o Herr, laß ab, denn menschliche Schwäche vermag nicht solchen Jubels Übermaß zu tragen!«

Krankheiten waren häufig in seinem Leben und wurden dabei oft so heftig, daß man ihm viermal die letzte Ölung gab. Aber die Heilung pflegte ebenso plötzlich einzutreten, wie das Kranksein, und der, welcher am Abend dem Tode nahe gewesen, wandelte am Morgen frisch und gesund umher und übte seine Verrichtungen, als ob er nimmer krank gewesen. Bald war es ein kurzes Gebet, das ihm die Gesundheit wiedergab, bald übten Reliquien heilende Kraft auf ihn. Die Ärzte konnten dabei gewöhnlich nichts anderes tun, als kühlende Mittel dem inneren Glühen der Lebensgeister entgegenzusetzen. Ein Jahr vor seinem Tode hatte ein heftiges Fieber ihn ergriffen. Nach wenigen Tagen sprach er nicht mehr und aß nicht mehr. Die Ärzte fühlten den Puls, erklärten, es sei um ihn geschehen, und zogen in ein nahes Zimmer sich zurück. Da hörten sie ihn rufen: »O, meine hochheilige Herrin, o, du Schönste, du Liebliche, o, meine gebenedeite Herrin!«

Als sie herzugeeilt, sahen sie ihn schwebend in der Luft über seinem Bette, die Hände bald ausstreckend, bald zurückziehend, wie jemand, der etwas enge an sich drückt, und dabei immer rufend: »Herrin, ich bin nicht würdig, ich bin nicht würdig!« Die Jungfrau war ihm erschienen und hatte ihm wieder Heilung gebracht. Als er, zu sich gekommen, die vielen Umstehenden erblickte, verhüllte er das Haupt in die Bettücher und weinte lange. Die Ärzte fühlten nach dem Pulse und fanden ihn gesund und heil. Er aber verließ am folgenden Morgen munter das Bett, und es war, als ob nichts geschehen. Nach seinem Tode machte die Eröffnung des Leichnams klar, was er bei seinem Leben verborgen gehalten. In Gegenwart vieler der Seinigen wurde sie am vierten Tage von den Ärzten Angelus Victorius und Joseph Zerla unternommen. Als man die Brust eröffnet hatte, fand man auf der linken Seite zwei der falschen Rippen, die vierte und die fünfte, gebrochen. Der Bruch war sichtbar auf der Vorderseite der Brust, wo die Rippen in Knorpel endigen; die gebrochenen waren so erhoben, daß alle urteilten, die Aufhöhung sei nicht bloß faustgroß, sondern noch darüber hinaus. Die Ärzte, nachdem sie das alles wohl betrachtet und reiflich überlegt, erklärten einstimmig auf ihren Eid, der Bruch, ohne irgendeinen äußeren Zufall hervorgebracht, niemals von einem Schmerze oder einer Entzündung begleitet, könne dem Verstorbenen nur in übernatürlicher Weise gekommen sein.

Sonst fand sich im Thorax nichts, was einen Mangel oder Zeichen einer Verletzung an sich getragen hätte. Das Herz erschien bei näherer Betrachtung sehr groß und muskelstark, über das gewöhnliche Maß hinaus. Die überfließende Kraft der glühenden Lebensgeister habe diese übergroße

Stärke in ihm hervorgerufen, erklärten Cisalpinus und Portas durch offenes Zeugnis. Die Lungenarterie, die aus der rechten Herzkammer das Blut zu den Lungen führt, damit es aus ihnen mit der Luft zur linken Kammer ströme, war doppelt so groß, als sie in der Regel zu sein pflegt. Im Herzbeutel befand sich kein Wasser, und die Ärzte urteilten, die Inbrunst der Betrachtung habe ihn verzehrt.

Das Dreikönigsfest

Die Zisterzienserin Ida von Löwen im Kloster Rosental bei Mecheln hatte in ihrer Jugend immer ein großes Verlangen getragen, dem Christkinde in leiblicher Gegenwart mit den Weisen ihre Gaben darzubringen. Es geschah aber, daß am Vorabend vom Dreikönigsfeste eine ihr befreundete Begine bei ihr übernachtete, um gemeinschaftlich mit ihr dann in der Morgenfrühe das Fest in der benachbarten Franziskanerkirche zu feiern. So gingen beide zu Bette, und die Begine schickte sich zum Schlafen an. Ida aber gedachte wieder ihres Wunsches mit Lebendigkeit, wurde immer tiefer in Gedanken hineingezogen und bald mit solcher Süße übergossen, daß ihr Herz das Übermaß nicht zu fassen vermochte, sondern buchstäblich überfloß. Alle Glieder ihres Leibes begannen allmählich anzuschwellen, so daß dieser, weit über das natürliche Maß hinaus, bis zum Monströsen auflief und eines ihrer Beine, berstend, noch lange hernach eine Wunde zeigte. Die Begine war verwundert, als sie ihre Bettgenossin so anschwellen sah; sie rückte immer weiter ab von ihr, um zu sehen, wo es mit ihr hinaus wolle, und drückte zuletzt, da sie beinahe die ganze Breite des Bettes eingenommen, im äußersten Winkel sich zusammen. Mit einem Male wechselte der Vorgang, die Angeschwollene fiel schnell zusammen und ließ den ganzen Raum, den sie zuvor eingenommen, jetzt selbst auf den kleinsten Ausdruck gebracht, leer zurück, so daß die Begine vor Entsetzen aufschrie und wie wahnsinnig ein großes Geheul aufführte, weil sie dergleichen in ihrem Leben nie gesehen.

Ida war unterdessen ihres Wunsches teilhaftig geworden, und wieder zu sich gekommen, zeigte sie sich die ganze übrige Nacht wie berauscht. An demselben Abend hatte sich das gleiche noch einmal wiederholt, als sie unter der Begleitung der Freundin aus der Kirche nach Hause gegangen und sie wieder der gleiche Wunsch erfaßt. Sie war mitten auf der Straße niedergestürzt und sogleich wieder in solcher Weise angeschwollen, daß die Begleiterin in ihrer Angst sie mit ihren Armen aufs engste umschloß, um das Bersten zu verhindern, und nur die Wehklage eines Bettlers, die Ida erweckte, sie von der Not befreite.

Katharina von Bologna

Über den Tod der Katharina von Bologna, der 1463, im neunundvierzigsten Jahre ihres Lebens, erfolgte, berichtet Illuminata Bembi, die dabei zugegen war, wie gleich nach ihrem Hinscheiden ihr Angesicht so schön und blühend geworden, ihr Fleisch aber so zart wie das eines Kindes, wobei zugleich ihr Leib zusamt den Tüchern, worin sie gestorben, einen gar lieblichen Geruch von sich gegeben, so daß alle darüber in Erstaunen waren. Als man darauf ihren Leichnam in der Kirche am Sakramente vorübertrug, sah man ihr Angesicht fröhlich lächeln und unverkennbare Zeichen der Freudigkeit von sich geben, worauf alle Gegenwärtigen sich an sie drängten und vom Anblick ihrer Schöne wie außer sich, ihr Hände, Füße und die Gewänder küßten. Ihr Grab wurde darauf bereitet, und als man den Leichnam ohne Lade in dasselbe gelegt, ging ein übersüßer Geruch aus von ihm, der die ganze Gegend erfüllte. Die beiden Schwestern, die in die Grube gestiegen, dauerte das schöne und glänzende Angesicht, und damit es die eingeworfene Erde nicht bedecken möge, breiteten sie ein Tuch darüber hin und legten ein ungehobeltes Brett eine Hand hoch über den Leichnam. Sie hatten es aber so ungeschickt angestellt, daß die hineingeworfene Erde doch über das Angesicht und den ganzen Leib herniederfiel. Da das Begräbnis vorüber, teilten die Schwestern aus Liebe und Andacht zu ihr, was sie im Leben gebraucht: Kleider, Mantel, Schleier und Strick, redeten dabei immerdar von ihrem heiligen Leben und ihren Tugenden und entbrannten noch mehr, als ihnen das Buch gelesen wurde, das sie geschrieben. Sie gingen häufig auf den Kirchhof, ihr Grab zu besuchen, weinten, beteten und lasen dort und spürten dabei immer in seiner Nähe eine lieblichen Geruch, so daß sie, weil weder Kräuter noch Blumen, sondern nur die nackte Erde dort zugegen, glauben mußten, er gehe aus dem Grabe hervor.

Bald zeigten sich auch Wunder, da manche, die krank das Grab besucht, ihre Gesundheit wieder erhielten. Darum fing es die Schwestern an zu reuen, daß sie ohne Sarg also in die Erde eingescharrt sei, und sie klagten es dem Beichtvater des Klosters. Dieser, ein verständiger Mann, fragte uns, berichtet die Erzählerin weiter, was wir denn tun wollten, und wir antworteten: sie herausnehmen, in einen hölzernen Sarg legen und dann wieder verscharren. Er war verwundert über dies Anhalten, denn der achtzehnte Tag nach ihrem Tode war herangekommen, und er meinte, sie werde schon in Verwesung übergegangen sein. Wir aber beriefen uns auf den Wohlgeruch, und er gestattete zuletzt ihre Erhebung, wenn beim Graben sich kein Fäulnisgeruch zeige.

Man ließ nun einen Sarg bereiten und ging noch denselben Abend ans Werk. Aber es entstand ein heftiges Unwetter mit Wind, Blitz und Hagel. Die Schwestern begaben sich ins Gebet unter vielen Tränen, und das Unwetter ließ nach. Aber die Dunkelheit blieb, daß nicht Mond noch Sterne sichtbar waren.

Da ging eine von uns heraus auf den Kirchhof und bat knieend Gott, daß er ein Zeichen gebe, ob das Werk ihm wohlgefällig. Sogleich wurde der Himmel heiter und die Sterne glänzten auf das Grab hernieder. Alle wurden wir nun mit Freude und Erstaunen erfüllt und gingen rasch ans Werk.

Als wir den Leichnam gefunden und das Gesicht aufdeckten, fanden wir es zerquetscht und entstellt, weil das darübergelegte Brett es eingedrückt hatte, auch hatten drei der Schwestern beim Graben sie mit dem Spaten verletzt. Wir hatten sie in die Lade gelegt, und sie sollte wieder begraben werden, aber wir wurden ganz wunderbar dazu getrieben, sie statt dessen einstweilen unter das Tor zu stellen. Dort nahm allmählich die eingedrückte Nase und das ganze Gesicht die vorige Gestalt an. Die Tote war weiß, schön, wohlbehalten, als ob sie lebte, die Nägel ohne alle Schwärze, und sie duftete dabei den lieblichsten Geruch aus. Als die Schwestern am Morgen zur Mette gehend, die Leiche dort fanden, staunten sie, weinend vor freudiger Überraschung und Andacht, und wie außer sich gesetzt durch den Wohlgeruch, ermüdeten sie nicht, sie zu berühren und zu küssen.

Als die Mette eingeläutet war, gingen die meisten zur Kirche, einige aber blieben bei der Leiche zurück, um sie zu begraben. Aber die, so sie zu diesem Zwecke aufgehoben, wendeten sich wie von einer Gewalt getrieben, trugen sie in die Kirche und setzten sie vor dem heiligen Sakramente, wo alle Schwestern sich befanden, nieder. Da sah man unverkennbar ihr Angesicht zwei oder dreimal wie im Jubel aufleuchten, während der Leib zugleich jedesmal im süßesten Geruche duftete, gleichsam in der Nachbildung dessen, was sie bei ihrem Leben vorgenommen, wo sie, beim Eintritt in die Kirche vor Gott sich niederwerfend, nicht satt werden konnte, ihm ihre Ehrfurcht zu bezeigen. Alle Schwestern wurden dadurch aufs tiefste bewegt. Der Geruch aber verbreitete sich durch Kirche und Kloster, hing sich an die Hände derer, die sie berührten, und niemand wußte, was es sei. Der Duft war nicht anhaltend, sondern ließ bisweilen nach, so lange, daß man ein oder das andere Vaterunser sprechen konnte. Er roch einmal wie Moschus, dann wie Violen, dann wie Näglein und wieder wie die kostbarste Würze, die man irgend finden konnte, ohne daß man zu sagen vermochte, was eigentlich wäre. Die Leiche war da und dort blutig, besonders an Haupt, Kehle und Beinen und Füßen, wo das Brett sie gedrückt. Jetzt, da sie zuvor ganz weiß gewesen, fing sie an die Farbe zu wechseln und gerötet zu werden, während aus allen ihren Gliedern ein überaus wohlriechender Schweiß sich ergoß. Abwechselnd wie eine glühende Kohle rot und dann wieder blaß, schwitzte sie die aromatische Flüssigkeit, die bald wie reines Wasser, bald wie aus Wasser und Blut gemischt erschien.

Wir, das alles sehend und anstaunend, riefen den Beichtvater herzu. Das Gerücht hatte sich in der Stadt schon ausgebreitet. Er kam, schon unterrichtet, mit dem trefflichen Arzte Meister Johannes Marcanova zum Kloster hingeeilt, und sie betrachteten und befühlten den Leib mit Aufmerksamkeit. Bald eilten noch mehr andere herzu: Geistliche, Ärzte, Weltliche und solche, die ein Urteil in der Sache hatten. Der Weihbischof bezeugte, er habe wohl dreihundert heilige Leiber gesehen, aber keinen von solcher Schöne. Der Legat erlaubte, daß er sieben Tage lang dem Volke am Fenster des Chores gezeigt werde. Alle sahen ihn rötlich und wohlgestaltet, dabei von Zeit zu Zeit die Farbe wechselnd. Der Bischof ließ darauf ein Mal in Form eines Altars erbauen, und sie wurde in ihm sofort, in Anwesenheit der Vornehmsten der Stadt und in aller Gegenwart, unter Hymnen und Gesängen beigesetzt und der Sarg mit zwei Schlüsseln verschlossen, deren einen der Beichtvater, den anderen das Kloster verwahrte.

Am nächsten Karfreitage gingen wir mit Erlaubnis den Leichnam besuchen, und nachdem wir die seidene Decke, die man darüber ausgebreitet, aufgehoben, fanden wir ihn ganz mit jenem Schweiße übergossen, der, wenn trocken, den allerbesten Geruch gewann. Als eine der Schwestern ein Stück Haut, da wo das Brett gedrückt, von den Füßen ablöste, floß sogleich Blut. In dieser Nacht sah man ihre Augen so eingefallen, daß kaum eine Spur von ihnen zu sehen war, da sie doch, als man sie beigesetzt, unversehrt waren, wie bei einer Schlafenden. Wir wurden deswegen sehr betrübt, schlossen den Sarg und nahmen den Schlüssel zu uns. In der Osternacht gingen wir wieder zu ihrem Grabe, und als wir aufgeschlossen, fanden wir das eine Auge schön und die Pupille offen. Nach kurzer Frist öffnete sich auch allmählich das andere, so daß sie am Morgen des Festes so schön war, daß sie zu strahlen schien. Sie war blühend wie eine Rose, mit offenen und klarscheinenden Augen. Sie wurde am zweiten Feste in diesem Zustande von den vorzüglichsten Geistlichen und Weltlichen der Stadt gesehen, die, vor Erstaunen darüber außer sich, Wunderbares von ihr erzählten. Drei Monate nach ihrem Tode floß, zu zwei verschiedenen Malen, eine ganze Schüssel Blut aus ihrer Nase. Sie wurde in der Folge, da ganz Italien zuströmte, um sie zu sehen, in eine eigene Kapelle auf einen Sessel, reich gekleidet, die Hände auf ihrem Schoße liegend, gesetzt, wo sie, durch ein eisernes Gitter, noch im vorigen Jahrhundert zu sehen war und wahrscheinlich noch zu dieser Stunde gesehen werden kann, einer Lebenden ähnlich, nur daß die der Luft ausgesetzten Teile gebräunt erdunkeln.

Gesang von oben

Über das Hören übernatürlicher Töne hat uns besonders Suso mancherlei Erfahrungen in seinem Leben aufbehalten. Als er bisweilen nach der Mette, seiner Gewohnheit gemäß, um einer kleinen Ruhe zu genießen, in seinem Gestühle saß, da gingen ihm seine Augen auf und niederkniend begrüßte er im aufgehenden Morgenstern die Königin vom

Himmelreich in solcher fröhlichen Begierde, wie im Sommer die kleinen Vögelein den lichten Tag begrüßen, und sprach alle die Worte des Grußes mit einem stillen, süßen Getöne in seiner Seele. Bald antwortete ihm der Widerhall. Denn als er wieder einmal in dieser seiner Ruhe gesessen, da hörte er etwas in seiner Inwendigkeit so herzlich erklingen, daß sein ganzes Herz bewegt ward. Die Stimme sang mit süßer Hellung und lautem Tone, da der Morgenstern aufging, diese Worte: *»Stella maris Maria hodie processit ad ortum.«* Dieser Gesang hallte also übernatürlich wohl in ihm, daß sein ganzes Gemüt erfreut ward und er fröhlich einfiel in sein Schallen.

Ein andermal, an der Fastnacht, hatte er sein Gebet gezogen, bis daß der Wächter den Morgen angeblasen, und dachte darauf: Sitze eine kleine Weile, ehe du den lichten Morgenstern empfangest! Und da ihm also eine kleine Weile die Sinne in Ruhe kamen, da erhoben die himmlischen Jünglinge mit hoher Stimme das schöne Respons: *»Surge et illuminari, Jerusalem!«* Und es erklang unmäßiglich süß in seiner Seele. Da sie kaum ein wenig gesungen hatten, da ward des himmlischen Getöns die Seele so voll, daß es der kranke Leib nicht mehr ertragen mochte.

Wieder war er, als er von Hunger und Kälte viel gelitten, zur Erholung in die Wärme gegangen. Da war es ihm, als habe vor dem Fenster der Zelle ein zwölfjähriger fahrender Schüler den lieblichsten Sang angestimmt. Er horcht hin: Drei Gesänge singt die Stimme, und wie er nun das Fensterlein geöffnet, ist die Gestalt an dasselbe hinaufgeschwebt und hat ein Körblein mit köstlichen roten Erdbeeren ihm angeboten. Nochmal kommen die himmlischen Jünglinge in sichtbarer Gestalt, geleitet von einem Meistersänger, zurück, und führen vor ihm den Reigen. Ihr Sang ist zugleich mit einem Tanz begleitet. Dies Tanzen aber ist nicht das gewöhnliche, sondern es ist ein Auswallen und Einwallen in den Abgrund göttlicher Vollkommenheit.

Das beschmutzte Gesicht

Dem heiligen Joseph von Cupertino wohnte, neben der Eigenschaft, fleischliche Sünden durch den Geruch zu wittern, auch die Gabe ein, die fremde Seele durch das Auge zu erkennen. Jene war in einem solchem Grade bei ihm ausgebildet, daß seine Ordensbrüder ihn, wenn solche Sünder ihm nahe gekommen, oft trostlos in seiner Zelle fanden, bemüht, durch Waschen und Reiben mit einem Schnupftuch oder auch durch den Tabak den Geruch wieder aus der Nase zu bringen. In Bezug auf die anderen pflegte er wohl seinem Abt zu sagen, daß einige Personen ihm so häßlich erschienen, daß es ihm unmöglich sei, ihre Gegenwart und ihr Gespräch zu ertragen. Und er führte dabei als Beispiele einen Eremiten und dann eine Frau an, die im Rufe der Heiligkeit stehend, Visionen haben sollte, was aber alles falsch war, wie sich auswies, als er vermöge dieser seiner Kenntnis ihr ins Gewissen geredet und sie zum Bekenntnisse gebracht. Einst hatte der Kardinal Fachonetti, von Senigaglia aus, durch einen seiner Reitknechte ihm einen Brief gesendet. Kaum war Joseph den Knecht ansichtig geworden, sagte er mit strenger Miene zu ihm: »Mein Sohn, du dienst einem so edeln Herrn und schämst dich nicht, mit einem so beschmutzten, unflätigen Gesicht zu gehen! Geh, wasche dich, damit nicht dein Herr, wenn er dich also sieht, Verdruß deinetwegen empfindet!« Der arme Mensch kam darüber wie außer sich; er wußte, daß er am Morgen das Gesicht wohl gewaschen hatte, und konnte nicht herausbringen, wie er es beschmutzt haben mochte, ohne etwas Unreines anzurühren. Als er eine Zeitlang darüber nachgedacht, kam er darauf, es möge wohl nicht vom Schmutze des Gesichtes, sondern von der Befleckung des Gewissens die Rede gewesen sein. Er machte daher, ehe er die Antwort abnahm, eine gute Generalbeichte und trat dann wieder vor den Heiligen hin. Dieser nahm ihn aus freudigste auf, liebkoste ihn und sagte: »So habe ich dich gewollt. Wie du ankamst, warst du ein solcher Unflat, daß ich dich nicht ansehen konnte. Jetzt, da du rein bist, kannst du kühn vor deinem Herrn erscheinen.« Ähnliches erzählt Pastrovicchi von ihm aus den Akten. Als ein Vornehmer ihm einen jungen Edelmann zugeführt, fragte er jenen: »Wer ist dieser Mohr, den du hergebracht? Siehst du nicht, wie schwarz er ist?« Er kehrte sich dann gegen den Jüngling, ihn ermahnend: »Geh, mein Sohn, wasche dein Gesicht!« Als der Gewarnte seinem Rat gefolgt, empfing er ihn mit den Worten: »Jetzt bist du schön, mein Sohn, wasche dich öfter! Denn gestern warst du so schwarz als ein Mohr!« – »Geh«, sagte er einem anderen in ähnlicher Lage, »wasche dein Angesicht, es ist mit Tinte besudelt!« Oder auch: »O, wie häßlich du bist! Geh, richte deinen Bogen zurecht!« – Also pflegte er das Gewissen zu nennen.

So erkannte er auch leicht, wenn ein Priester am Tage sein Brevier nicht gebetet. Er empfing einen solchen mehr als einmal mit den Worten: *»Breviarium clamat contra te de terra!«* Heuchler mochten ihn daher nimmer täuschen. Keine schlechte Leidenschaft und kein Laster konnte sich vor ihm verbergen; in ihrer Nähe fühlte er sich sogleich in seinem Inneren gestört und getrübt, und die Art dieser Störung sagte ihm an, welche Art von Sünde er vor sich habe. Er wußte daher den Leuten, die mit ihm verkehrten, immer das Treffendste zu sagen, wenn auch äußerlich ihre Verhältnisse ihm ganz unbekannt geblieben; denn er erkannte, was sonst nur ihnen und Gott bekannt geworden.

Als Battista Mozzi in seinem Noviziate eine Generalbeichte abzulegen willens geworden, beriet er sich deswegen mit Joseph, und dieser meinte, wenn er nicht jede seiner Sünden genau aufschreibe, werde er nicht zum Ziele seines Vorhabens gelangen. Der Jüngling tat, wie ihm geraten worden. Wie er aber zu Ende gekommen, wurde er bedenklich und verwirrt und nahm noch einmal seine Zuflucht zu Joseph. Dieser las mit ihm das Blatt durch, auf dem die Sünden geschrieben waren, und bemerkte dann jedesmal im Lesen: »Mein Sohn, diese Sünde, die du hier geschrieben, war nicht dieser Art, sondern also! Diese andere ist ausgelassen! Warum hast du hier nicht diese Sünde hingesetzt, die du an dem und dem Orte verübt?« Und so ändernd, zusetzend, hinwegnehmend, brachte er alles auf die rechte Wahrheit zurück. So machte der Jüngling eine gute und vollkommene Beichte, aber voll Erstaunen sagte er hernach zu seinem Novizenmeister: »Pater, Wunder! Wißt Ihr, daß Pater Joseph die Sünden, die ich in der Welt und an Orten, wo er nie gewesen, begangen, besser weiß denn ich?« Ähnliches begegnete auch anderen mit ihm, sowie er denn auch sogleich wußte, ob die, welche ihm nahten, ihn haßten oder liebten.

Ein Novize hatte unter der Terz an den Garten und seine Früchte gedacht. Dem wiederholte er lächelnd seine innerlichen Worte: »Heute will ich auf jenen Feigenbaum steigen, und da will ich einmal rechtschaffen essen!« Auch die g u t e n Taten anderer blieben ihm nicht unbekannt, und es freute ihn davon zu reden. So z.B., als er einer Frau, im Ausgang aus der Kirche gehend, dankte, weil sie in ihr für ihn gebetet hatte. Alle, die ihr Gewissen beschwert wußten, nahten ihm daher mit Ängsten.

Die Unsichtbaren

Im Leben Lidwinas ist aufgeschrieben, wie zwei Männer in Schiedam in der Nähe ihres Hauses sich entzweit und wie der eine den anderen, der ins Zimmer der Kranken sich geflüchtet, mit dem Schwerte verfolgt, um ihn zu töten. Der Wütende fragt die Mutter Petronilla zuerst, ob der Fliehende zugegen, und diese leugnet. Da das aber der andere nicht glaubt, dringt er zur Jungfrau vor, wiederholt die Frage, und diese sagt »Ja«, erhält aber dafür von der zornigen Mutter einen Schlag. Lidwina rechtfertigt sich gegen die Zornige, daß sie die Wahrheit gesagt, weil sie gehofft, diese werde den Fliehenden verbergen. In der Tat stand dieser vor dem Verfolger und er sah ihn nicht, und so mußte er unverrichteter Sache wieder abgehen.

Vom heiligen Lucian erzählen seine Akten, wenn er durch die Stadt gewandelt, sei er gesehen worden von solchen, denen er sich sehen lassen wollen, den anderen aber unsichtbar geblieben.

Als der König von Neapel sechzig Soldaten gesendet, um den heiligen Franz von Paula gefänglich vor sich zu führen, kniete dieser nieder vor dem Altare seiner Kirche und betete. Die Gesendeten suchten ihn zuletzt auch in der Kirche, gingen am Altare vor ihm vorüber, berührten ihn und stießen an ihn, aber sahen ihn nicht.

Violanta, die Gattin König Johanns von Arragonien, wollte aus weiblicher Neugierde durchaus das Innere der Zelle des heiligen Vincentius Ferrerius sich betrachten, und da sie es nicht von ihm erhalten konnte, zugelassen zu werden, ließ sie eines Tages die Türe mit Gewalt erbrechen. Sie sah nun alles, aber den Heiligen, der auch dort war, sah weder sie noch einer ihrer Begleiter. Sie fragte daher die Brüder, die sie in der Zelle fand, wo Vincenz sei. Diese erwiderten, sie habe ihn vor ihren Augen, und wunderten sich dabei überaus sehr, daß sie ihn nicht sehe. Sie wandten sich dann zu ihm und sagten: »Warum doch, bester Vater, stehst du nicht auf vor der Königin, die zu dir kommt, und sprichst nicht zu ihr?« – »Ihr wißt nicht«, erwiderte dieser, »nie habe ich Frauen den Zutritt in meine Zelle gestattet, auch selbst dieser nicht, ob sie gleich Königin ist. Weil sie aber den Eintritt erzwungen, will es Gott, daß, so lange sie innen bleibt, ihre Augen gehalten werden, daß sie mich nimmer sieht.« Die Königin geht nun sogleich heraus, Vinzenz folgt ihr, und sie demütigt sich vor ihm, bittet um Verzeihung des Geschehenen wegen und entfernt sich dann.

Als der heilige Hermann Joseph in Steinfeld seine Auslegung des hohen Liedes schrieb, hatte er sich, um nicht gestört zu werden, an einen einsamen Ort zurückgezogen. Hier seinem Triebe sich überlassend, wurde er vom Geiste schnell berauscht, daß er, seiner Schwäche nicht achtend, des Leibes ganz vergaß und nicht beim Essen erschien. Gingen nun die Brüder etwa hin, um ihn in seiner Einsamkeit aufzusuchen, und fanden ihn nicht an der Stelle, wo sie wußten, daß er zu sitzen pflege, dann sprachen sie wohl in ihrer Ungeduld ein hartes Wort über den, wie sie meinten, Abwesenden. Er aber, wenn er in der Folge sie getroffen, pflegte ihnen dann ihre Worte vorzuhalten und sie mit Milde von Zorn und Ungeduld abzumahnen. Wenn sie darauf sagten: »Wie hast du denn unsere unwilligen Worte gehört, da du nicht zugegen warst?« erwiderte er wohl: »Mir hat sie nicht ein anderer hinterbracht, sondern ich habe sie mit eigenen Ohren vernommen, und darum laßt, bitte ich, ab von dergleichen!«

Mehr als einmal geschah es, daß er in gleicher Art, obgleich anwesend, nicht gesehen wurde. Er war mit dem Bruder vertraut, dem der Dienst im Refektorium oblag, und hatte sich daher in diesem eine Stelle ausgewählt, wo er zur Sommerszeit nach dem Mittagessen, im Winter nach dem Nachtessen der Betrachtung ungestört sich hingeben konnte. Dort wurde er nun oft vom Bruder beim Türschließen nicht gesehen, so daß dieser vielmal höchstlich staunte, wenn er beim Öffnen den nicht fand, den er, wie er wußte, dort gelassen, und, abermals wiederkehrend, sich nicht minder verwundern mußte, wenn er den erblickte, den er nicht dort geglaubt, denn das Schloß war so beschaffen, daß es von innen nicht geöffnet werden konnte. Als er daher einmal die Türe schließen wollte und ihn wieder nicht sah, dabei aber dachte, er könne doch wohl auch jetzt wie gestern und vorgestern geschehen, zugegen sein, rief er laut: »Joseph, wenn du drinnen bist, zeige dich, damit du nicht eingeschlossen werdest!« Joseph schwieg. Da jener aber, nun herausgehend, den Schlüssel schon in das Schloß gebracht, rief er hinter ihm: »Schließe nicht ab, denn ich bin jetzt fertig, mit dir herauszugehen!« Der Bruder war voll Staunens und sagte: »So du künftig, wenn ich fortgehe, dich nicht kund tust, dann wirst du den ganzen Tag innen eingeschlossen bleiben müssen!« Er aber nach seiner Gewohnheit, was er nicht leugnen konnte, verhüllend, sagte: »Warum hast du mich denn nicht gesehen, ich habe dir ja gerade vor dem Gesicht gesessen?«

Es geschah überhaupt nicht selten, daß, nachdem die Brüder ihn in allen Winkeln des Klosters gesucht, er, wenn es ihm gefiel, zu ihrer Verwunderung mit einem Male zum Vorschein kam.

Ähnliches wird auch vom seligen Nevelo (gestorben 1280), Franziskaner in Faventia, berichtet. Er war gewohnt, in der dortigen Peterskirche lange dem Gebete obzuliegen, so daß sie ihn zuletzt heraustreiben wollten. Wie sie nun Anstalt machten, den Vorsatz auszuführen, war er nirgendwo mehr zu finden. Als sie aber später zur Mette gingen, fanden sie ihn wieder an seiner Stelle, in seiner Weise mit aufgehobenen Händen betend.

Ebenso berichtet die griechische Anthologie vom Presbyter Lucianus, der unter Maximinus gemartert wurde: wenn er durch die Straßen vom Antiochia gegangen, sei er, welchen er gewollt, sichtbar geworden, den anderen aber unsichtbar geblieben.

Ferngesicht

Als Elisabeth von Schönau einst mit den Schwestern unter einem völlig abgeschlossenen Gewölbe saß, sah sie draußen einen Regenbogen stehen. Die Schwestern gingen hinaus, um zu sehen, ob es sich wirklich so damit verhalte, und wunderten sich sehr, daß er der Schauenden durch die Mauern hindurch sichtbar geworden.

Dieselbe erzählte ihrem Bruder, wie sie bei der Einweihung seiner Kirche in Bonn, obgleich wohl 16 Stunden fern, doch zugegen gewesen. Sie beschrieb ihm alles, was sich dabei begeben, bezeichnete seine Kollegen, die Stiftsherren, die dabei zugegen gewesen, und gab an, was er selbst dabei getan.

Als der Lebensbeschreiber der Maria von Oignys fern von ihr in Paris geweiht wurde, erkannte sie, wie ihm zumute war, den Ort der Weihe, des weihenden Priesters Wesen, und schrieb es ihm, wie sie es gesehen, hinzufügend unter anderem: »Der junge Baum hat jetzt geblüht, seine Früchte aber hat Gott mir bestimmt.« Er verstand das damals nicht und begriff es erst, als er, der seine erste Messe in Frankreich abzuhalten sich vorgenommen, sie wirklich in Oignys in ihrer Gegenwart hielt.

Bei unzähligen anderen ist Ähnliches eingetreten; besonders das Meßopfer ist es alsdann, gegen das dies Hellsehen gerichtet ist: so daß die Mauern, die zwischenliegen, sich dem Blicke der Schauenden zu öffnen scheinen, und diese nun, was fern von ihnen vorgeht, leicht gewahren und besonders den Eintritt der Konsekration mit Klarheit erkennen. So ist es dem Franziskus von Dyrrachium geschehen, der von seiner Küche aus durch drei Mauern sah, was sich am Altar begab.

Ein andermal aber sind es auch wohl weltliche Dinge, aber im Bezug zur Kirche stehend, die im Ferngesicht aufgehen. So dem Papst Pius, der im Jahre 1571, mitten in einem Gespräche mit dem Schatzmeister Bussato und anderen, das er im Vatikan abgehalten, die Rede abbricht, ans Fenster des Zimmers eilend eine Zeitlang mit gegen den Himmel gehobenen Augen steht und dann, zurückkehrend, freudigen Angesichts zu ihnen sagt: »Wir müssen Gott danken, denn in diesem Augenblicke hat unsere Flotte mit der feindlichen gekämpft und sie gänzlich ausgetilgt.« Worauf er niedergekniet und unter vielen Tränen Gott seinen Dank dargebracht. Es war aber die entscheidende Schlacht bei den Echinaden zwischen der christlichen und türkischen Flotte, welche der Papst also gesehen.

Da ist fernerhin Abt Macarius von Würzburg, der in Rom am Tische Eugens III. den Turm seiner Kirche vom Nordsturme umgeworfen sieht und dem ein Weheruf darüber entfährt. Dann der heilige Lupus, der, in Sens zu Tische sitzend, im Geiste den Mann Gottes Winnebundus in die Stephanskirche eingehen sieht und nun, vom Tische aufstehend, ihm entgegeneilt. Weiter Godhard, der in großer Ferne den Tod seines Freundes Meinwerk, Bischof in Paderborn, vernimmt und alles zum Todesdienste rüstet. Wieder dann Lidwina, die genau die innere Einrichtung ferner Klöster den sie besuchenden Vorstehenden derselben erklärt, und der heilige Vinzenz Ferrerius, der bisweilen seine Predigten unterbricht, dies oder das andeutend, was sich ferne oder nahe begibt. Dann St. Brigida von Kildar, die, mit zwei Bischöfen wandelnd, nachdem sie sich die Himmelsgegend ihrer Heimat zeigen lassen, ihnen von der Schlacht erzählt, die jetzt dort geschlagen wird, und da die Bischöfe darüber erstaunen, ihre Augen bezeichnet, daß auch sie nun sehend werden und der eine selbst Augenzeuge ist, wie zwei seiner Brüder enthauptet werden. Wieder auch Joseph von Cupertino, der in die Ferne hinaus den Inhalt der Briefe spürt, die ihm geschrieben werden, in solchem Grade, daß, als einmal der Kardinal Rapaccioli in großer Beängstigung seinen Gemütszustand ihm schriftlich ausgelegt und nun den Brief eben absenden wollte, sein Sekretär ihm von der Post einen anderen des heiligen Mannes überbrachte, der Punkt für Punkt den seinigen beantwortet, so wie er ein andermal auch demselben alles und jedes, was er zu einer gewissen Stunde, fern von ihm in Terni in seiner Stube vorgenommen und gesagt, ausgelegt und erzählt: was der Kardinal später mit einem Eide erhärtet.

Im Leben des heiligen Dominik wird erzählt, wie er den blutigen Albigenserkrieg und den Tod, den Peter von Arragonien in ihm genommen, vorausgesehen. Ehe noch irgendeine Nachricht von diesen Albigensern in die Gegend von Lüttich gedrungen, wußte Maria von Oignys den Kreuzzug gegen sie vorher, denn sie hatte viele Kreuze vom Himmel auf die Menschen niedersteigen gesehen, und der Herr hatte ihr gesagt, daß er diese Länder beinahe ganz verloren. Auch die Niederlage der Kreuzfahrer bei Mongausy hatte sie im Geiste vorhergesehen. Nicht minder vorschauend in die Zeiten zeigte sich der heilige Franz von Assisi, als er den neugeborenen Sohn des M. de Rubies, aus dem Geschlechte der Ursiner, in die Arme genommen und in ihm den nachherigen Papst Nikolaus den Dritten erkannt; oder die Jungfrau Oringa, die ein Kind in der Wiege weinen hört und seinen künftigen Tod am Galgen erkennt. Wieder ist es der heilige Antonius von Padua, der, so oft er einem Notarius, weltlich und fleischlich gesinnt in allem, begegnet, die Knie vor ihm beugt, und wie dieser ihn endlich zürnend deswegen angeht, die Antwort gibt: »Gern hätte ich mich dem Märtyrertum hingegeben; von dir aber ist mir offenbart, daß du ein herrlicher Märtyrer zu werden bestimmt bist.« Was dann wirklich sich in kurzer Zeit erfüllt, obgleich damals der Notar der Rede gelacht. Wieder ist es der heilige Franz von Paula, der mitten im Frieden für die Abwendung des drei Monate danach ausbrechenden Türkenkrieges seine Brüder beten läßt, oder Philippo Neri, der bei zweien seiner geistlichen Söhne, die an demselben Tage den Dominikanerhabit angenommen, die ganz verschiedenen Wege zum voraus bezeichnet, die sie durchlaufen werden. Dann auch Ignaz von Loyola, der im Herzog Franz Borgia den künftigen General seines Ordens erkennt, und Franz Olympius, der unter sieben ihm vorgestellten Söhnen der Markgräfin von Antio, wie Samuel den

David, so den herausfindet, der einst seinem Orden angehören wird.

Hierher gehört auch Johannes Sahaguntinus, der in Salmantica seine Predigt mit den Worten beginnt: »Ich begehre, meine Zuhörer, daß ihr Frieden und Ruhe haltet. Denn ich weiß, es wird sich Aufstand und Mord an dieser Stätte erheben; aber wer ihn zuerst anhebt, wird ein Mann des Todes sein.« Die Worte mochten nicht verhindern, daß kurz darauf die Schwerter aus den Scheiden gefahren und die Messer gezogen wurden. Aber bald setzt das Geschrei: der zuerst angefangen, sei erschlagen, dem Handgemenge Grenzen. Weiterhin Matthäus von Bascio, der, als er um 1552 in Urbino von der Kanzel die Gotteslästerer straft, auf ein im Chore aufgestelltes Kreuz hindeutend, zu ihnen sagt: »Seht ihr diesen Gekreuzigten? Wenn er einmal euch den Rücken wendet, dann wird großes Unglück über eure Stadt hereinbrechen.« Und es erfüllte sich, was er geweissagt, als jenes Kreuz vor Alter zusammengebrochen und man es nun außen über dem Portal der Kirche aufgestellt.

Auch dem heiligen Joseph von Cupertino ist solch ein weit reichend Auge zugeteilt, und mit ihm schaut er nicht bloß den völligen Verlauf seines eigenen Lebens voraus, sondern auch, wie unzählige Beispiele vorliegen, den Lebenslauf anderer. Da er einst einem vielverschrienen Weibe begegnet, spricht er in dieser Kenntnis zu ihr: »Gott will dich haben. Lasse diesen eitlen Aufzug und liebe Gott, Magdalena!« Und sie bewährt später die Wahrheit der Anrede, da sie sich bessert und den Namen Magdalena annimmt. Als die Mutter einer Braut, der er einen Sohn vorgesagt, ihn voller Freuden bittet, er solle in diesem Falle das Kind aus der Taufe heben, läßt er ihr sagen, sie müsse eine bessere Rechnung machen, er werde dann nicht mehr am Leben sein. Und es geschieht, wie er gesagt.

Der heiligen Rosa von Lima war derselbe Geist gegeben. Sie saß einst im Garten, den Schoß mit Rosen gefüllt, und ergötzte sich, von ihm getrieben, die Rosen Gott darbietend, sie untereinander in die Höhe zu werfen. Ihr Bruder, der hinzugekommen, hielt es für ein Spiel und wollte mit Anteil nehmen. Aber seine Rosen fielen wieder zur Erde nieder, während die ihrigen schwebend blieben in der Luft und dort die Kreuzesform mit einem Kreis umfangen bildeten. Sie wußte das Bild zu deuten auf die Jungfrauen, die nach ihrem Tode in Lima in ein Kloster der heiligen Katharina von Siena sich einigen würden.

Merkwürdig ist die Weissagung, die im 12. Jahrhundert die heilige Hildegardis in ihrem Heptachronon niedergelegt, um in ihr jene Zukunft von Kirche und Reich zu verkünden, deren Erfüllung unseren Tagen vorbehalten gewesen. Es spricht aber die Seherin also:

Und es wird geschehen, daß am Ende der fünften Zeit der Strick des schwersten Schisma und der größten Verwirrung über den ganzen Klerus und die Kirche geworfen wird, so daß sie aus ihrem Orte und ihrer Stätte verjagt werden. Und wie der katholische Glaube, von den Tagen seines Stifters her, allmählich sich ausgebreitet und durch viele Stufen angestiegen, bis er endlich in der Wahrheit und Gerechtigkeit durchleuchtend erglänzte, so wird er in diesen Tagen weibischen Leichtsinns ebenso stufenweise von Recht und Ordnung und Satzung abfallen. Zu dieser Zeit werden auch die römischen Kaiser, in der Kraft der königlichen Würde, worin sie vorher das Reich gefaßt und regiert haben, herabsinken und geschwächt werden in ihrer Glorie also, daß durch Gottes Zulassung die Herrschaft in ihren Händen allmählich abnimmt und verfällt, weil sie selbst schmutzig und lau und knechtlich und unrein in ihren Sitten werden und in allem eitel und unnütz. Sie werden zwar vom Volke noch Achtung und Ehrfurcht verlangen, aber sie werden das Glück des Volkes nicht suchen und können deswegen auch nicht von ihm hochgehalten werden. Darum werden alsdann auch Könige und Fürsten vieler Völker vom römischen Reiche zu seinem größten Nachteil abfallen. Denn jede Landschaft und jeder Volksstamm wird sich ei-

nen eigenen König vorsetzen und sagen, der weite Umfang des römischen Reiches gereiche ihm selbst mehr zur Last als zur Ehre. Und die Herrschsucht und Gier wird dieser neuen Fürsten Herz also verblenden, daß sie nicht werden tun wollen nach der Wahrheit, die sie erkannt, noch auch von anderen vernehmen die Dinge, die sie nicht wissen. Und wenn auf diese Weise der kaiserliche Szepter geteilt ist und nicht wieder ergänzt werden kann, dann wird auch die Inful der apostolischen Ehre zerrissen werden. Weil nämlich die Fürsten wie die übrigen Menschen, geistlichen und weltlichen Standes, in der Kirche keine Religion mehr finden, darum werden sie ihr Ansehen auch gering schätzen und sich andere Meister oder Erzbischöfe oder wie sie dieselben sonst nennen mögen, in den verschiedenen Provinzen vorsetzen, so daß der Papst also in seiner vormaligen Würde herabgekommen sein wird, daß er kaum mehr Rom und einiges Wenige in der Nähe unter seiner Inful behält. Dieses aber wird teils durch Kriegseinbrüche also erfolgen, teils durch die gemeine Einstimmung der geistlichen und weltlichen Völker, indem alle untereinander sich dazu auffordern, daß jeder weltliche Fürst sein Reich aus eigener Macht festige und beherrsche. Viele Menschen werden darauf zu den Gewohnheiten und der Disziplin der Alten sich zurückwenden; aber die Zeit wird nicht fern sein, wo jener Sohn der Verderbnis und Verruchtheit offenbart werden soll, der sich erhebt über alles, was Gott genannt wird: bis dieser ihn endlich mit dem Atem seines Mundes tötet.

Sprachschöpferische Ekstase

In ihren Gesichten formte sich die heilige Hildegardis eine neue Sprache, indem sie, was sie dort geschaut, mit andern bisher ungehörten Namen belegt und sich dadurch ein eigenes, für diesen Zustand geltendes Idiom gebildet, von dem eine Art von Glossarium in ihren in Wiesbaden aufbewahrten Manuskripten sich vorfindet. In diesem heißt ihr z.B. Gott Aigonz, Engel Aieganz, heilig livienz, Erlöser Livionz, der Teufel Diueliz, Geist Ispariz, Mensch Iminois, ein Mann Jur, ein Weib Vanix, ein Patriarch Peuearrez, ein Prophet Korzinthio, ein Wahrsager Falschin, ein Apostel Sonziz, ein Märtyrer Linschiol, Beichtiger Zairziuer, Jungfrau Vrizoil, Witwe Jugiza, Büßer Panegizo, Elternvater Kulzphazur, Großvater Phazur, Vater Peueriz, Mutter Maiz, Stiefmutter Nilzmaiz, Sohn Scirizin, Erstgeborener Hilzsciriz, Kind Limzkil, Knabe Zainz, junger Mann Zimzial, Jüngling Beschiniz, Alter Malkuirz, Bruder Fronix, Schwester Miskila, Schwiegertochter Liaziz, Neffe Heniz, Gatte Forinz, Gattin Kaueia, Volk Loiffol, blind hochziz, taub nosinz, stumm scarpinz, hinkend kolianz, aussätzig pasizio, Zunge Ranzgia, Haupt Hoil, Vorhaupt Forischial, Hinterhaupt Ambila, Scheitel Frens, Schädel Fasinz, Gehirn Ceril, Haar Ornalz, Auge Luzeia, Pupille Fonix, Augapfel Luzpoinphia, Augenwimpern Luziliei, Augenbrauen Pilsemia, Träne Ugueiz, Ohr Oir, Nase Nascutil, Mund Moniz, Lippe Talzim, Backe Sinz, Zahn Malskir, Arm Branizel, Muskel Diskol, Hand Urzial, Finger Zirins, Rechte Beniscia, Linke Silizpa, Rücken Kimziol, Blut Rubianz, Eingeweide Virzeia, Papst Kelionz, Kardinal Karinz, Erzbischof Arrezenpholianz, Kleriker Scailo, Priester Scalzido, Diakon Zeninoz, Exorzist Scurinz, Dekan Telzion, Abt Abiol, Prior Spariz, Mönch Morizinz, Tempel Ophalin, Münster Monzchia, Kirche Crizia, Chor Praiz, Säule Kolinzia, Gewölbe Sinziol, Altar Stalicholz, Ziborium Blanzio, Glocke Cionuschol, Gemälde Phaliz, Haus Abiza, Kreuz Limzikol, Bild Milizamiz, Eucharistie Amozia, Kelch Uaschiro, Buch Libizamanz, Missale Kirzanzlibiz, Evangelienbuch Irzimziolibiz, Antiphone Buenz, Vers Braiz, Inful Paiox usw.

Betrachtet man diese Wortbildungen genauer, dann erkennt man allerdings an einzelnen einen Nachhall deutscher und lateinischer Benennungen: wie in Diveliz das

Wort Teufel, in Ispariz *spiritus*, in Iminois *homo*, in Jur *vir*, in Peueriz Papa, wie in Maiz Ma oder Mama, in Forisc-Hial das Vordere, in Ceril das *Cerebellum*, in Luzeia für Auge das *lucere* und *lux*, in Oir das Ohr, Moniz Mund, in Arrezenpholianz das Erz des Erzbischofs, im Libiz das *liber* noch deutlich durchscheinen. Bei weit den meisten aber verläßt uns diese Ähnlichkeit, und wir finden ganz fremdartige, aber in einer folgerechten Methode gefügte Wortbildungen, die als solche eigene Modalitäten der inneren, sie bildenden Kraft, voraussetzen. Das ganze Bildungsgeschäft aber, verbunden mit dem, was analog in dem Gebiete des Hellsehens, insbesondere bei der Seherin von Prevorst, sich hervorgetan, gewährt uns einen Blick in die ursprüngliche Genesis der Sprache, die, wie sie in einer Art von geistigen Vision sich zuerst gefügt, so später in einer Naturvision sich geteilt, in beiden Fällen aber als treues Bild des inneren Zustandes der Menschengattung sich ausgestaltet, wie die Tiersprache eine treuer Spiegel der inneren Zustände des tierischen Lebens ist.

KÜNSTLER UND MYSTIKER:

Maler

Unter den Malern, die Mystiker gewesen und denen man daher zugetraut, daß sie unter höherer Eingebung geschaffen, wird vor allen Johannes von Fiesole genannt, der 1455 in Rom gestorben. Er, der kunstreichste seines Faches in seiner Zeit, gehörte dem Dominikanerorden an. Geistreich zugleich und heilig, dabei seinen Mitbrüdern in großer Liebe zugetan, hielt er sich in all seinem Wandel also, daß man ihn den Englischen zu nennen pflegte.

Als er nach Rom berufen worden, um die päpstliche Kapelle auszumalen, lebte er am dortigen Hofe wie zuvor in seinem Kloster, in derselben Enthaltsamkeit und in den gleichen Bußwerken. Als der Papst Nikolaus V. endlich aufmerksam darauf wurde und wahrnahm, wie er nie seine Ordensfasten unterlasse, sprach er eines Tages zu ihm: »Heute will ich, daß du Fleisch essest, weil sonst dein Leib durch die viele Arbeit allzusehr abgemattet wird.« Johannes erwiderte unerschrocken: »Heiligster Vater! Solches haben meine Vorgesetzten mir nicht anbefohlen.«

»Wohl«, sagte der Papst, »so befehle ich es dir dann und dispensiere dich, denn ich bin der Vorgesetzte aller Vorgesetzten.« Kein Kruzifixbild malte er anders als unter Vergießung vieler Tränen. Die Bilder der Jungfrau oder das Kreuzeszeichen aber führte er immer kniend aus. Was er in Tugenden und Beispielen vorstellte, bemühte er sich in seiner Seele nachzubilden: So mußte die Vorstellung wieder Abbild dessen sein, was er in sich vorgeschaut. Kein Wunder, daß, als er die Verkündigung Marias mit großer Kunst, Zierde und sonderbarer Gnade gemalt, Michelangelo von dem Bilde geurteilt: Es sei menschlicher Weise unmöglich, ein so holdseliges Bild der Jungfrau zu gestalten, der Maler habe denn selbst das Urbild gesehen. In der Anmut und zarten Lieblichkeit, die alle seine Schöpfungen eigentümlich auszeichnet, läßt sich der Widerschein einer höheren Schöne nicht verkennen. Und von vielen anderen Malern älterer Schule, deutscher wie welscher Zunge, die es ihm darin gleich getan, darf man glauben, daß sie in dieser Schöne so viele ihrer Werke, die den Charakter von Visionen deutlich an sich tragen, ausgestaltet.

Jakobus, der Deutsche genannt, von Ulm gebürtig, war, um die heiligen Orte zu besuchen, im fünfundzwanzigsten Jahre nach Rom gegangen, hatte dann in Neapel Kriegsdienste genommen, diese aber, da ihm das Soldatenleben schlecht gefiel, wieder verlassen und nun nach Padua sich begeben. Dort hatte ihn ein edler und gelehrter Mann in seinem Hause aufgenommen und ihn einem Sohne gleich gehalten. Er war fünf Jahre dort geblieben, hatte aber dann, nachdem er zuvor, vor einem Kruzifix kniend, Gott gebeten, sein Führer zu sein, auf die Heimfahrt sich begeben. In Bologna gefiel ihm der Wandel der dortigen Prediger also sehr, daß er nicht abließ, bis diese ihn in seinem vierunddreißigsten Jahre in ihre Gemeinschaft aufgenommen. Er wanderte durch die Vorschule der strengsten Askese und wurde bald ekstatisch mit allen Formen der Erscheinungen, die diesen Zustand zu begleiten pflegen. Vorzüglich hatte er im Gehorsam vielfach sich durchgeübt, und dieser sein Gehorsam war aufrichtig, schnell, fröhlich und allezeit auf jeden Wink seiner Vorgesetzten bereit. Man erzählt von ihm unter anderem, daß, als einst sein Prior einem besuchenden Prälaten die Gebäude des Klosters gezeigt und ihnen Jakob von ungefähr begegnet, habe der Prior, um dem Fremden eine Probe dieser Selbstverleugnung an ihm zu geben, zu ihm gesagt: »Mein Sohn, eile und gib dich schnell auf den Weg nach Paris, um ein wichtiges Schreiben dahin zu tragen.« Jakob erwiderte: »Ich säume nicht, lieber Vater, und gehe gleich fort; aber ist mir nicht erlaubt, zuvor Hut und Stock in meiner Zelle zu holen?«

Dieser selbe Jakob war nun auch ein auserlesener Künstler, Bilder in Glas zu malen, die man wie bekannt, um ihnen Farben zu geben, in den Schmelzofen bringen muß. Einst hatte er ein überaus schönes Bild dieser Art in den Glühofen gelegt. Da hatte der Prior, um seinen Gehorsam zu prüfen, ihm geboten, seine schwarze Kappe zu nehmen und in die Stadt auszugehen, um Almosen zu sammeln. Jakob, obgleich er wohl wußte, daß das Bild zugrunde gehe, wenn er sich jetzt entferne, sagte doch kein Wort, sondern begab sich augenblicklich auf den Weg, um zu vollbringen, was ihm aufgetragen worden. Als er nun das Almosen beisammen hatte und es nach dem Kloster gebracht, sah er nach seinem Werkofen und fand das Bild nach Verlauf vieler Stunden also schön und zierlich und in allen Umrissen und Farben dermaßen vortrefflich, daß gar nichts daran auszusetzen war.

Als die heilige Katharina von Bologna, einst von tödlicher Krankheit befallen, schon die letzte Ölung erhalten und die Schwestern ihres Klosters deswegen im Gebete bei Gott um ihre Erhaltung flehten, wurde die Kranke plötzlich vom Geiste entrückt und sah in schöner Aue den Herrn auf einem glänzenden Throne sitzen, vor ihm aber einen stehen, der auf einer Laute immer nur die Worte spielte: *»Et gloria eius in te videbitur.«* Die Lieblichkeit dieses Gesanges war so groß, daß es schien, als wolle er ihre jubelnde Seele ganz vom Leibe scheiden. Der auf dem Throne aber faßte sie bei der Rechten, sagend: »Tochter, merke wohl auf, was dort gesungen wird!« Er eröffnete ihr dann, daß sie für jetzt nicht sterben werde. Sie kam zur Freude der Ihrigen wieder zu sich und wiederholte nun immerfort mit Jubel die Worte, die sie gehört: »Und seine Herrlichkeit wird von dir widerstrahlen.« Sie verlangte, daß man ihr eine Laute verschaffe, und da keine zu finden war, wollte sie beinahe verzagen. Sie wiederholte so lange immer wieder die Frage, bis man endlich die gefunden, die noch jetzt in ihrem Kloster in Bologna aufbewahrt wird. Sie hatte nie gelernt, das Instrument zu spielen, gleichwohl vermochte sie sogleich den Sang, den sie gehört, auf ihm sich zurückzurufen. Sie kam darüber oft außer sich, lag auf ihrem Bette wie gänzlich unempfindlich und fuhr immer fort, die Augen gen Himmel gerichtet, das Lied zu singen, so daß die Jungfrauen um sie her nicht anders meinten, als sie werde vor Freude sterben. Sie lebte von da an nur noch ein Jahr, währenddessen sie ein mehr himmlisches als irdisches Leben lebte.

Ihr schließt zunächst der heilige Hermann Joseph von Steinfeld sich an. Dieser hatte für die heilige Ursula und ihre Begleiterinnen eine große Verehrung gefaßt, und daraus war eine Art von vertraulichen Verkehr zwischen ihm und den Gefeierten, wie er in dergleichen Fällen immer eintritt, hervorgegangen. Sie waren ihm häufig erschienen, hatten ihm ihre Namen genannt, ihm mancherlei Geheimes bekanntgemacht und ihn in seinen Nöten und Sorgen oft getröstet. Um ihnen dafür seinen Dank und seine Liebe zu bezeugen, hatte er ihnen zu Ehren einen neuen Sang gedichtet, jene Hymne, die gewöhnlich als Anhang seinem Leben beigefügt ist, und die mit den Worten beginnt:

»O vernantes Christi rosae,
Supra modum speciosae,
O puellae,
O agnellae,
Christi carae columbellae.«

(»O Ihr, Christi Frühlingsrosen,
Über alle Maßen schön,
O Ihr Mädchen,
O Ihr Schäfchen,
Christi liebe Täubelein!«)

Als er das Lied zu schreiben angefangen, war ihm eine der Jungfrauen sichtlich erschienen und hatte vor ihm stehend, ihm aufs liebreichste und vertraulichste mitgeteilt, was geschrieben werden sollte. Auch sah er eine schöne Taube auf seiner Schulter sitzen, in der er gleichfalls eine der Jungfrauen erkannte, was ihm Veranlassung gab, in der Dichtung die ganze Schar »Tauben« zu nennen. Aber er wollte dem Liede auch eine Melodie beifügen, und das hatte mehr Schwierigkeit, aber es gelang doch auch zuletzt, und die Komposition war vollendet. Die Weise, wie es damit zugegangen, fragte sein Lebensbeschreiber, der mit ihm in demselben Kloster gelebt, seiner in dergleichen Dingen großen Schweigsamkeit in folgender Weise ab: Als ich einst, erzählt er, nachdem lange Zeit seither vergangen, mit ihm allein und vertraulich beisammen saß, da hub ich scherzweise an, ihm eine Art von Anmaßlichkeit vorzuwerfen, daß er es gewagt, Melodien zu den Geschichten und Gedichten zu komponieren, was doch sogar solchen, die der Musik wohl erfahren, eine sehr schwierige Aufgabe scheine. Gezwungen, das kleine gegebene Ärgernis wieder gutzumachen, und die ihm fälschlich schuldgegebene Fehle zu entschuldigen, eröffnete er, der von sich schlechterdings keine Unwahrheit zu reden vermochte, die bisher verschwiegene Wahrheit. »Nicht ich allein habe den Sang komponiert, sondern die heiligen Tauben haben mir dabei geholfen,« sprach er, mich bedeutend. Als ich nun nach der Weise dieser wunderbaren Offenbarung fragte, fuhr er fort: »Da ich, nachdem die Worte des Liedes niedergeschrieben waren, verlegen um die Melodie, mich auf meinem Bettlein niederlegte, da hörte ich, wie ein Chor der Jungfrauen, über mir in der Luft schwebend, mir die Melodie vorsang, die ich dann, wie ich sie von ihnen gelernt, den Worten unterzusetzen mich bemühte.« Darauf ich: »Das aber scheint doch unglaublich und einem Märchen ähnlich, daß irgend jemand, wie geschickt er auch sei, einen einmal gehörten Gesang also dem Gedächtnis einpräge und ihn zudem auch niederschreibe.« Aufgeregt durch diese Worte und bemüht, dem Zweifelnden genug zu tun, löste er nun meine Verwunderung durch noch Wunderbareres, indem er hinzusetzte: »So oft es mir begegnete, daß ich ihren Sang vergaß und andere Noten niederschrieb, als ich Töne gehört, huben sie an, die Töne, die ich vergessen, über mir nochmals zu singen. Sie wiederholten das abermals und nochmals und so oft, bis die Klänge sich aufs beste meinem Gedächtnis eingeprägt und ich nun das Falschgeschriebene ausmerzte und, was sie mich gelehrt, aufs genaueste niedergeschrieben.«

Er begann dann jene Strophen des Liedes abzusingen, die ihm seine Lehrmeisterinnen in solcher Weise durch öftere Wiederholung eingeprägt, sie dem Horchenden mit solcher fröhlichen Heiterkeit vorsingend, daß über der Erzählung Seele und Antlitz ihm in wunderbarer Fröhlichkeit bewegt wurden.

Von vielen der älteren Kirchenlieder, die, während so viel anderes gewechselt und gewandelt, in ihrer Größe, durchdringenden und erschütternden Gewalt, Würde, Schöne oder reizenden Anmut und Lieblichkeit so viele Jahrhunderte durchtönt, in ewiger Jugend immer dieselben an Wirkung und Gewalt beharrend, darf man glauben, daß sie ähnlichen Ursprung in einer vom höheren Geiste hingenommenen Seele gefunden. Selbst Palästrina hat ja bekanntlich von einer seiner besten Kompositionen ausgesagt, daß er sie vorsingenden Engeln nachgeschrieben.

Dichter

Cedmon, ein Angelsachse, war einfältig, ohne Unterricht, erhielt aber von oben die Gabe der Poesie. Er war einst bei einem Gelage, bei dem man übereingekommen, daß jeder um die Reihe singen müsse. Als die Zither, in die Runde gehend, nahe bei ihm war, stand er, wie er auch sonst wohl getan, inmitten des Gelages auf, ging in sein Haus und saß im Stalle unter dem Vieh, dessen Sorge ihm anvertraut war. Wie er dort zur rechten Stunde sich dem Schlafe hingab, sah er jemand bei sich stehen, der ihm mit Namen rufend sagte: »Cedmon, singe mir!« Er antwortete: »Ich kann nicht singen, darum bin ich ja vom Gelage weggegangen, weil ich nicht kann.« – »Und doch hast du«, erwiderte die Stimme, »was du mir singen könntest!«

»Was«, erwiderte er, »hätte ich zu singen?« – »Singe,« sagte darauf der Redende, »den Ursprung der Kreaturen!« Auf dies Wort hub er sofort an, zum Lobe des Schöpfers ein Lied zu singen, das er zuvor nie gehört noch gekannt. Wie er aber vom Schlafe aufstand, war alles, was er schlafend gesungen, noch in seinem Gedächtnis, und er fügte dem bald noch andere Worte gleicher Art bei. Als er am Morgen zum Gutsherren kam, dem er diente, erzählte er, was ihm begegnet, wurde nun zur Äbtissin Hilda geführt und mußte dort in Gegenwart vieler unterrichteter Leute seine Begebnis erzählen und sein Gedicht hersagen. Allen schien es, von Gott sei ihm die ungewöhnliche Gabe gekommen. Man erzählte ihm fortan irgendeine heilige Geschichte, und er brachte sie am anderen Morgen, in das beste Lied umgebildet, mit. Die Äbtissin beredete ihn, das Weltleben aufzugeben, und nahm ihn unter die Brüder ihres Klosters auf. Und nun sang er die ganze heilige Geschichte in wohlklingenden und sinnigen Versen, die große Wirkung auf die, die sie hörten, hatten.

Das erzählte Beda im 4. Buche, Kapitel 24 seiner *Historia Anglicana*. Ähnliches die Griechen vom heiligen Joseph, dem Hymnographen, gestorben 883, der in einer Vision durch den Apostel Bartholomäus die Gabe erlangt und durch die Gesänge, die er dichtete, bei seinen Zeitgenossen zu großem Rufe kam.

Jacopone da Todi, geboren in Umbrien, nicht allzu ferne von Rom, aus dem edlen Geschlechte der Benedettoni, hatte, in der Taufe Jakob genannt, später aus Selbstverachtung den Namen Jacoponi angenommen. Er war lange als Anwalt vor den Gerichten tätig gewesen; und regsam und lebendig, wie er war, auf Ehren und einen berühmten Namen gar sehr versessen, in allen Künsten und Schwänken seines Berufes ausgelernt, dazu den Aufwand liebend, hatte er sich mit ganzer Seele der Welt und ihrem Treiben hingegeben.

Da fügte es sich, daß durch den Einbruch der Sitze bei einem öffentlichen Schauspiele neben vielen anderen Frauen auch die seinige den Tod fand und die früher ungeahnte Frömmigkeit dieser seiner Gattin, die er bei der Gelegenheit entdeckte, ihn wie außer sich brachte und eine gänzliche Umkehr in ihm bewirkte. Er hatte mit einem Male in sich geschlagen und fing nun an, mit demselben Eifer, den er seither der Welt zugewendet, den Dienst Gottes anzugehen. Er entzog sich dem öffentlichen Leben, verteilte sein Vermögen unter die Armen, ließ sich unter die Tertiarier des heiligen Franziskus aufnehmen und trachtete fortan nur danach, sich selber zu überwinden, seiner Leidenschaften Meister zu werden und seine Vergehen zu büßen. Er sann deswegen, um das frühere Ringen nach Ruf und Namen zu bestrafen, nur darauf, wie er, als der verachtetste und letzte aller Menschen, allen zum Spott und Gelächter werden möge. Er tat und sprach deswegen Dinge, die darauf berechnet waren, ihn den Leuten lächerlich zu machen. Die Vorstellungen seiner Verwandten dagegen hatten ihn nur eifriger gemacht, und er ließ kein Mittel unversucht, das ihn der Welt recht vom Grunde aus verächtlich machen konnte. Er erreichte seinen Zweck. Die Knaben liefen ihm bald auf der Straße nach, ihn verhöhnend und verspottend. Er nahm alles unbewegt hin. Auch die Bürger machten sich eine Lust daraus, ihn im Gespräche anzugehen, einige versuchsweise, um ihn zu reizen, einige der ernsten Reden wegen, die er führte.

Dies Leben lebte er zehn Jahre fort, während dieser Zeit erstaunliche und unglaubliche Werke der Abtötung und Selbstüberwindung übend. Nach dem Ablaufe derselben schien es ihm, die längere Fortsetzung solcher Lebensart möge Gefahr bringen und es sicherer sein, sich unter der Hut des Gehorsams zu halten. Er beschloß daher, sich in den Orden des heiligen Franziskus aufnehmen zu lassen. Es kostete große Mühe, bis ihm dieses gelang, weil die Brüder Bedenken hatten, einen Mann, der überall als ein Tor geachtet wurde, zuzulassen. Sein Gesang über die Verachtung der Welt, den er ihnen brachte, machte sie indessen anderen Sinnes und verschaffte ihm Zutritt. All sein Bestreben war nun aufs neue dahin gerichtet, sich selbst zu erniedrigen. Er nahm zugleich die härtesten Büßungen auf sich, ließ sich die niedrigsten Verrichtungen im Kloster gefallen und brachte, was ihm an Zeit übrig blieb, im Gebete zu.

Wie weit er inzwischen auf diesem Wege vorgeschritten, war er doch von Versuchungen nicht frei geblieben. So hatte ihn eine unbezwingliche Lust nach Fleisch angewandelt, und er hatte sich damit gestraft, daß er in seiner Zelle den Gegenstand dieser Begier aufgehängt, dessen Gestank erst die eigene Zelle und bald auch die benachbarten erfüllte. Darüber hatte der Guardian zürnend ihn am übelriechendsten Orte des Klosters eingesperrt. Er aber nahm die Strafe mit solcher Freude auf sich, wie ein Geiziger, der einen Schatz gefunden, und sang von da aus, wie aus seinem Schlosse, mit heller Stimme Gottes Lob. Hier war es, wo er den Sang dichtete, beginnend mit den Worten:

»O jubilo del core
Che fai cantar di amore.«

Da er in solcher Weise sang, freudig darüber, daß er an einem der Bezwingung der Natur so günstigen Orte weilte, und einzig von der Liebe begeistert, da erschien ihm der, den er so liebte, und der seiner Freunde selbst an solchen Stätten nicht vergißt, mit freundlichen Worten ihm Trost zusprechend: »Werter Jacopone, weil du aus Liebe zu mir diese Unbill hingenommen und diesen Übelgeruch nicht scheust, darum bin ich dich zu trösten herzugekommen; begehre welche Gnade du willst, und sie soll dir werden.« Da der Diener des Herrn den erkannte, den er einzig liebte, da erwiderte er: »Das ist die Gnade, deren ich begehre, daß du mich an einen noch weit greulicheren und übelriechenderen Ort verstoßest, damit ich in ihm meine Sünden büßen mag, da der gegenwärtige dazu nicht beschwerlich genug ist.« Um dieser demütigen Antwort willen übergoß ihn Gott mit solchen Tröstungen, wie er sie nie zuvor empfunden, und er hatte seit diesem Gesichte solches Licht von oben und so große Zunahme in der Liebe, daß er immerfort, wie in Süße berauscht, sich selber zu überragen schien und fortan, einzig in Betrachtung himmlischer Dinge versenkt, sich um nichts anderes kümmerte. Durch sein Dulden und Sichselbsterniedrigen hatte er eine so hohe Stufe der Heiligkeit erstiegen, daß er über alle Übel und Plagen und Nöte, die irgend im Leben begegnen mögen, gänzlich hinausgerückt erschien und von ihnen nicht weiter berührt wurde. Zugleich war seine dichterische Ader fließend geworden und ergoß sich in jenem Reichtum liebeglühender Dichtungen, die die Sammlung seiner Schriften aufbewahrt.

Es war aber nichts, was ihm so nahe ging, als der beständige Anblick, wie Gott fortwährend in der Welt mit Unbill belohnt und immerfort beleidigt wird. Solchem Schauspiel mochte er nicht ohne tiefen Schmerz und Tränen zusehen. Einst befragt von einem Bruder, warum er also weine, erwiderte er: »Ich beklage, daß die Liebe nicht wiedergeliebt wird.« Der wärmste Eiferer zu Gottes Ehre und keine Gefahr und Beschwerde scheuend, wo es diese vor den Menschen zu verfechten galt, griff er darum die Laster nicht bloß derer, die ihm gleich, sondern auch jener, die über ihm waren, mit bewunderungswürdiger Freimütigkeit an, besonders wenn er wahrnahm, daß sie Gott nicht so ehrten, als sie sollten, wie er es selbst gegen den Papst Bonifaz VIII. bewies. Die Geschichte hat die Ereignisse, die dieses turbulente Pontifikat bezeichneten, aufbehalten. Den besseren Zeitgenossen mußte, was vorging, zu mannigfaltigem Ärgernis gereichen. Jacopone in seinem Eifer empfand, vor vielen anderen, tief die Übel, die dieser kräftige, aber ungebändigte Charakter der Kirche bereitet hatte, schon dadurch, daß er den guten Cölestin beredet, vom Stuhle herabzusteigen, und ihn dann im Gefängnis hatte sterben lassen, woraus viel Zwietracht und Unheil hervorgegangen. Das strafte er an ihm mit großer Freiheit, um ihn zur Einsicht zu bringen, daß er übel tue. Einige schreiben ihm deswegen das Wort zu: »Papst Bonifaz hat sich wie ein Fuchs ins Papsttum eingeschlichen, es wie ein Wolf geführt und wird es wie ein Hund verlassen,« womit er zugleich den grausamen Tod andeutete, der jenem vorbehalten gewesen. Er starb nämlich elendiglich im Kerker, und da man ihn, wie sie sagten, tot, die Hände aber angefressen gefunden, so ging die Rede, er sei vor Wut gestorben. Im Anfange seines Pontifikates zeigte er sich in geringeren Dingen dem Jacopone geneigt, so daß, als ihm gleich nach Besteigung des Stuhls geträumt, er sehe eine ungeheure, die ganze Erde umfassende Glocke, der aber der Klöppel fehlte, er ihn um die Deutung des Gesehenen befragte. Jacopone erwiderte: »Deine Heiligkeit soll wissen, du selbst seist diese Glocke, deren Größe die bis zu den Grenzen der Erde reichende Macht und Autorität des päpstlichen Stuhles bedeutet, daß der Glocke aber der Hammer oder die Zunge fehlte; da sieh zu, ob dir nicht der Herr den Mangel guten Werkes oder guten Beispieles, womit du die ganze Welt durchtönen solltest, vorhalten will!« Diese Deutung konnte dem heftigen Manne nicht gefallen, er hielt sich jedoch der Heiligkeit des Deutenden wegen noch zurück und wartete besserer Gelegenheit. Diese kam, als er, in tödlichem Hasse gegen die Colonnas entbrannt, sie in Präneste belagerte und, nachdem sie infolge langer Belagerung und großer Verluste ihres Heeres zur Unterwerfung gezwungen worden, die Stadt zerstörte. Jacopone wohnte derzeit ein halbes Jahr lang in Präneste, tadelte nun im Verlaufe dieser harten Belagerung das Tun des Papstes ohne Rückhalt und beklagte die unheilvolle und verwirrende Weise, in der das Kirchenregiment geführt wurde, auch nach seiner Art in Gedichten. Um die gleiche Zeit schrieb er das fulminante Gedicht gegen den Papst, das 58. in der Ordnung, das mit den Worten beginnt:

»O papa Bonifacio,
Molt hai giocato al mondo.«

Wenn es der Liebeseifer, in dem seine Seele brannte, gewesen, der ihm die rücksichtslosen Worte dieser Gesänge eingegeben, dann erglühte auch andererseits der Zorneseifer in der Brust des nichts weniger als sanftmütigen Papstes, und er ließ ihn in Präneste, mit Ketten gefesselt, in einen tiefen Kerker werfen und ihn für Lebenszeit auf Wasser und Brot setzen. Das erzählt er selbst im 55. Sange seiner Sammlung mit vieler Laune und schildert zugleich die Art und Weise, wie er im Kerker behandelt wurde.

Jacopone war zwanzig Jahre im Orden gewesen, da ihm dies begegnet. Er blieb so lange im Kerker, als Bonifaz lebte, vergnügt und zufrieden in aller Not und Beschwerde, die er zu ertragen hatte. Man erzählt, als einst der Papst, an seinem Kerker vorübergehend, ihn gefragt, wann er ausgehen werde aus dieser Haft, habe er erwidert; »Wenn du wirst eingegangen sein.«

Und es erging in der Tat also. Als der Papst in Anagnia gefangen wurde, war Jacopone befreit. Von der Zeit an war alle seine Sorge allein auf Gott und seine Liebe zu ihm gerichtet, und er entbrannte im Verlangen nach ihm also auf, daß er die Glut nicht länger mehr zu meistern vermochte und sie in den vielen Liedern ausströmte, die er, dem Schwane gleich, kurz zuvor, ehe ihm der Tod genaht, gesungen. Sie sind unter dem Titel *»Santi Cantici del beato Jacopone da Todi«* gesammelt und in verschiedenen mehr oder weniger vollständigen Ausgaben, in Rom 1558, am vollständigsten in Venedig, in einem starken Quartband erschienen. Da er, eben auch wieder der Selbstabtötung wegen, um seinen Versen ein schlechtes Ansehen zu geben, Worte aus allen italienischen Dialekten eingemischt, so sind sie bisweilen schwer verständlich. Aber sie atmen alle eine Glut, wie jene, die man dem heiligen Franziskus zuzuschreiben pflegt und die daher auch gar wohl, wie einige Kritiker seines Ordens meinen, größtenteils von ihm ausgegangen sein mögen.

Schmachtend in der Liebe und im hohen Alter ergraut, voll Verdienste, aber geschwächt durch die harten Prüfungen, die er bestanden, und die Büßungen, die er übernommen, verfiel er endlich in eine Krankheit, und da diese schnell stieg und die Brüder erkannten, daß er nicht viele Tage mehr zu leben übrig habe, rieten sie ihm, sich mit den

Sakramenten der Kirche versehen zu lassen. Als er erwiderte, die Zeit dazu sei noch nicht herbeigekommen, ermahnten sie ihn, die Sache nicht zu weit hinauszuschieben. Er aber blieb dabei, es sei noch Zeit genug für ihn übrig, er warte seines liebsten Freundes, des Bruders Giovanni von Alverna, aus dessen heiligen Händen er das Sakrament empfangen wolle. Darüber wurden die Brüder noch mehr geängstigt und betrübt, da sie glaubten, es sei nicht leicht möglich, daß Fra Giovanni, so weit entfernt, zeitig genug herzukomme, noch weniger wolle es die dringende Gefahr gestatten, ihn zu berufen. Aufs heftigste beunruhigt, drangen sie daher noch stärker in ihn, daß er sich zum siegreichen Hingange nach Gebühr vorbereiten möge. Er aber, der früher selbst den Freund in seinen Nöten getröstet, wie der 63. Gesang der Sammlung bezeugt, wußte, daß er kommen würde, ihm den Liebesdienst zu erwidern; und so, statt auf ihr Zudringen etwas zu entgegnen, sang er mit lauter Stimme das Lied:

»*Anima benedetta*
Dall' alto creatore,
Risguarda al tuo signore!«

Kaum hatte er geendet, da sahen die Brüder zwei der Ihrigen herangestiegen kommen, deren einer Fra Giovanni war, dessen Ankunft alle in die höchste Verwunderung setzte. Er eilte seinem Freunde beizuspringen, dessen naher Tod ihm im Gebete war geoffenbart worden, wie auch Jacopone von seiner Ankunft Kunde erhalten. Nachdem sie gegenseitig große Freude um ihr Wiedersehen empfunden, erhielt Jacopone aus der Hand des Bruders die heiligen Geheimnisse, denen er, entbrannt in Liebe, sein schönes Lied:

»*Jesu nostra fidanza,*
Del cuor somma speranza«

entgegensang. Nachdem er es beendet, ermahnte er die umstehenden Brüder, auf dem sicheren Wege der Tugend zu beharren. Dann hob er Augen und Hände zum Himmel, und nachdem er mit großer Inbrunst gesprochen: »Herr, in deine Hände empfehle ich meinen Geist!« wurde er aus dieser Welt hinweggenommen, gerade in der Nacht der Geburt des Herrn, als der Priester am Altare das Gloria anstimmte.

Der Volksprediger

Vinzenz Ferrerius, der die Gabe der Beredsamkeit vor vielen anderen im eminentesten Grade besessen und Wunderdinge damit gewirkt, hat von 1398 bis 1419 nicht bloß alle Provinzen seines Vaterlandes Spanien durchwandert, sondern auch, den anderen Ländern sich nicht versagend, zuerst Südfrankreich, das Gebiet der *Langue d'oc* durchzogen und dann über Savoyen und Burgund gegen Flandern, die Pikardie, Normandie, Poitou und die Bretagne sich gewendet. Darauf ist er durch die Lombardei gegen Genua gezogen und gegen Toskana hinunter, bis er, von seinem Könige abberufen, neuerdings über die Balearen nach Spanien umkehren mußte. Dann, als ihn Heinrich IV. von Lancaster nach England hinüber erbeten, besuchte er auch diese Insel und ging bis Schottland hinauf und nach Irland hinüber. Wohin er sich wendete, zogen ihm Fürsten, Bischöfe, Prälaten und der ganze Klerus unter Gesängen entgegen, und er ritt dann in aller Demut inmitten des Prachtzuges daher. Kam er dann in eine Stadt, so mochte in den Stunden, wo er predigte, kein Handwerker bei seiner Arbeit zurückbleiben, die öffentlichen Lehrer unterbrachen ihre Vorträge, und so groß war das Verlangen, ihn zu hören, daß kaum die Kranken zu Hause gehalten werden konnten.

Er selber war in seinem Werke rastlos bemüht. Nur fünf Stunden pflegte er dem Schlafe zu gestatten, dann las er

Messe und ging sofort ans Tagewerk. Er war immer und überall von großen Volksmassen begleitet: oft an 80 000, die gekommen, um ihn zu hören oder unter seiner Leitung Übungen anzustellen. Für die Bedürfnisse aller dieser Leute hatte er dann vorgesorgt durch Priester, die er aus verschiedenen Orden dazu erwählt und die Beichte saßen, den Gottesdienst abhielten, Bußzüge anordneten und die Almosen unter die Bedürftigen austeilten, während Notare im Zuge sich befanden, um bei Aussöhnungen, die er herbeigeführt, sogleich die nötigen Dokumente auszufertigen. Und so eindringend war sein Wort, daß man die Zahl der Lasterhaften im allgemeinen, die er bekehrte, auf hunderttausend berechnete, von denen manche zuvor in ihrer Zerknirschung vor allem Volke ein Bekenntnis ihrer Sünden abgelegt. Zahlreiche Klöster, Kirchen, Hospitäler, Brücken wurden an vielen Orten auf sein Zureden erbaut. Alle Städte, die er durchwandert, gaben Zeugnis von der Macht seines Wortes, um die Gemüter zu versöhnen. Nicht zu zählen waren die Fälle, in denen er den Lauf alter Blutrache unterbrochen und der blutigen Folge von Wechselmorden Grenzen gesetzt. Die Zahl der Buhlerinnen, Kuppler, Mörder, Seeräuber, Wucherer, Gotteslästerer, die er zur Erkenntnis ihrer Verbrechen gebracht, wird allein auf 40 000 angeschlagen. Und es war kein Wunder, daß er solche Wirkung hervorbrachte, denn mit der Heiligkeit des Lebens verband er jene gewaltige Beredsamkeit, die ebenso durch den Ernst des Inhalts, wie durch den Glanz des Vortrags gezeichnet war, so daß alle, durch seine Feuerreden angeregt, nicht einen Menschen, sondern einen Engel des Himmels zu hören glaubten, wie denn auch manche die Engel während der Rede um ihn geschäftig erblickten. Alles, was er vorbrachte, war auf die heilige Schrift und das Zeugnis heiliger Männer begründet, und da er alle diese Zeugnisse immer gegenwärtig im Gedächtnis hatte, überraschte sein Vortrag die Hörer durch seinen Reichtum, während er sie durch die einwohnende Kraft erschütterte. Sein Organ war dabei also beschaffen, daß es ihm ganz nach Willen gehorchte und nach dem Bedürfnisse des Augenblicks scharfe, ernste, weiche, immer ergreifende Töne ihm zu Gebote standen, so daß er kaum sprach, ohne seinen Zuhörern Tränen zu entlocken, dann aber, wenn er vom jüngsten Gerichte, von den Leiden des Herrn oder den Höllenstrafen redete, alles Volk in ein solches Schluchzen und Weinen ausbrach, daß er oft lange Zeit innehalten mußte. Vielen erschien das dabei an ihm wunderbar, daß, da die Zahl der Hörer meist so groß war, daß viele sehr weit von ihm stehen mußten, doch diese nicht weniger deutlich als die näheren ihn verstanden.

Auch ein anderes war ein Wunder an ihm: daß er, den alten Aposteln gleich, die Gabe der Sprachen hatte. Da er nämlich, wie wir gesehen, so viele Länder durchzog und immer in seiner Muttersprache, dem Dialekt von Valencia, redete, verstanden ihn doch alle, jung wie alt und beiden Geschlechtern angehörig, Wort für Wort, als sei er in eines jeden Vaterland geboren und rede in seinem Idiom. In Genua hörten ihn Griechen, Deutsche, Sarden, Ungarn und andere, die nichts als ihre Muttersprache kannten und doch am Ende der Predigt laut Zeugnis gaben, wie sie jedes Wort verstanden, als hätte er in ihrer Sprache geredet. In der Bretagne befinden sich viele, die man bretonisierende Bretonen nennt, deren einige zwar wohl Französisch reden, die aber in Masse, außer der eigenen nur ihnen bekannten Sprache, keine andere kennen: auch diese verstanden seine valenzianische Rede vollkommen, und sie wirkte vielfältige Frucht bei ihnen, eine Wirkung, die hier wie überall sich dadurch noch verstärkte, daß er seine Lehre durch viele und ausgezeichnete Wunder bekräftigen konnte. Viele Einsichtige unter seinen Zeitgenossen, wenn sie seine Gaben und die Löblichkeit und Frömmigkeit seines ganzen Lebens erwogen, wenn sie die um ihn sich drängenden Massen des Volkes betrachteten, das sich glücklich schätzte, ihn nur zu sehen, und überglücklich jeden pries, dem es gegönnt war, ihm die Hand zu küssen, wenn sie die Werke ins Auge faßten, die er wirkte, und die ungemeine Macht über die Gemüter, die ihm gegeben war – die er besonders damals bewiesen, als er furchtlos in der Dauphiné in ein Tal, nur von Räubern, Mördern und losen Gesellen bewohnt, die schon viele Prediger ermordet, gegangen und nach wenigen Tagen sie also umgewandelt, daß man das Tal, das zuvor Unflattal geheißen, Reintal nannte –, wenn sie die Wunderzeichen, die von ihm ausgingen, überlegt, urteilten daher: nach den Aposteln der frühesten Zeit des Christentums sei keiner gewesen, der ihm gleichgekommen, viel weniger aber einer, der ihn übertroffen.

Die Gabe der Heilung

Salvator ab Horta, in St. Columba de Forenza in Katalonien geboren, erhielt die erste Hälfte seines Namens (*»salvare«* = »heilen«) in einer Art von Vorahnung, die zweite aber bei seinem Eintritt als Laienbruder ins Kloster der Rekollekten in Horta. Er hatte im Noviziat strenge Askese durchgemacht und sich dabei durch Übung aller Tugenden der Liebe und Barmherzigkeit, gegen seine Ordensbrüder sowohl als gegen alle Weltlichen, in einer Erstaunen erregenden Weise ausgezeichnet. Eine Art von Instinkt im Volke schien die ihm einwohnende Gabe früh entdeckt zu haben, denn kurze Zeit darauf, als er aus dem Noviziat getreten, strömten schon die Kranken und Gebrechlichen in Horta zusammen, so daß einst zweitausend derselben in dem Orte sich zusammenfanden, die er alle, nachdem sie gebeichtet und zur Kommunion gegangen, durch den Segen im Namen der heiligen Dreifaltigkeit heilte. Gleiche Wohltat wurde durch viele Jahre hindurch anderen solchen Haufen zuteil, deren Zahl in der heiligen Woche zu vier-, beim Feste der Verkündung auf sechstausend gestiegen. In Valencia kamen auf dem Platze vor dem Kloster St. Maria von Jesu einst mehr als 10 000 Menschen, vom Vizekönig bis zum Tagewerker herab, zusammen, um seinen Segen oder Heilung durch ihn zu erlangen.

Man darf sich nicht einbilden, daß seine Ordensbrüder die Sache begünstigten; sie fanden vielmehr durch den Zudrang sich sehr belästigt, und als er noch in Horta sich aufgehalten und der Provinzial das Kloster visitierte, brachten sie ihre Klagen deswegen bei demselben an. Dieser, der seinerseits der Sache auch nicht traute, berief den Verklagten, um ihn zu prüfen, in das Kapitel der Brüder, und als er vor ihm niedergekniet, redete er mit Heftigkeit ihn an: »Ich hoffte dies Kloster in tiefem Frieden zu finden und muß es nun durch deine Schuld im allerunruhigsten Zustand sehen. Dich, dich Bruder Salvator frage ich, wer dich ermächtigt, solcher Lebensweise dich zu unterfangen. Schämst du dich nicht, von den Leuten die Worte allumher zu vernehmen: ›Laßt uns zum Heiligen in Horta gehen!‹, da sie doch lieber sagen sollten: ›Gehen wir zum bösen Geist, der die Brüder in Horta stört und irrt!‹ Ihr aber, ihr anderen Väter, bemerkt ihr nicht, wie er euch schändet, indem er sich's allein anmaßt, Wunder zu tun, als ob ihr nicht ebenso heilig wäret wie er? Aber ich werde sorgen, daß dein Name nicht ferner mehr genannt wird und mit deinen Mirakeln auch all das Laufen ein Ende nimmt. Für jetzt gebiete ich, daß dir die Disziplin gegeben werde, dann sollst du fortan nicht mehr Salvator, sondern Bruder Alphons heißen, und mit diesem Briefe wirst du zu Mitternacht ungesehen dich nach Kloster Reus begeben.«

Salvator erwiderte kein Wort, eilte sogleich zur Kirche, sich vor dem Altare der Jungfrau im Gebete niederwerfend, und ging dann zur bestimmten Stunde mit einem Laienbruder durch die Haufen, die das Kloster neuerdings umlagerten, barfuß davon, die ganze Reise im Gebet vertieft.

In Reus angekommen, empfing ihn der Guardian vor dem versammelten Kapitel mit den Worten: »Ich will diesen unruhigen Kopf, der durch seine Mirakel die Ruhe der

Brüder stört, an einen Ort bringen, wo er mir keine Unruhe machen soll.« Führte ihn dann zur Küche und schloß ihn mit den Worten ein: »Hier koche den Brüdern und wirke, wenn du willst, deine Mirakel unter Schüsseln und Töpfen!« Das Volk des Ortes aber, als der Morgen graute, geriet, ohne daß man die Veranlassung wußte, in Bewegung und stürzte, mehr als 2000 Menschen stark, aufs Kloster zu. Alle, besonders die Kranken, schrieen, daß man ihnen den Pater Salvator vorführe. Die Brüder, die nicht begriffen, wie die Sache ausgekommen, liefen bestürzt zum Guardian. Dieser eilte in die Küche. Während er aber dort den Knienden aufs heftigste schalt, erbrach das Volk die Türen, und der Guardian mußte sich entschließen, ihn der Masse vorzustellen, auf die Bedingung, daß alle ruhig in die Kirche sich verfügten. Er redete sie nun in seiner Art in wenigen einfachen Worten an, segnete sie im Namen des Vaters, des Sohnes und des heiligen Geistes und ging dann wieder zur Küche. Die Menge der Krücken, Binden und Stäbe, die die Geheilten in der Kirche zurückgelassen, bezeugten die Wirksamkeit des Segens. Der Guardian aber, als er sie sah, sagte: »Seht nur, mit welchem Gerümpel dieser Bruder die Kirche anfüllt und sie in einen Stall verwandelt!«

Eine Zeitlang war nun Ruhe. Bald aber, als das Volk den Weg zu ihm wieder gefunden, ging's in alter Weise. Der Provinzial versetzte ihn daher, in der Reihe herum, nach Barcelona, Saragossa und anderwärts hin. Überall wurde er schnell gefunden, erkannt und von den Kranken um Heilung angefleht. Wo er ging und weilte, war er wieder von ganzen Heeren von Gebrechlichen umgeben, die unter Zelten sich lagerten, so daß Daza, der Geschichtsschreiber des Ordens, die Ziffern derselben weder zu berechnen noch auszusprechen wagt, weil es allzu unglaublich scheinen würde. Um der Verehrung und dem Zudrange des Volkes in ganz Spanien, das die Gabe und die Heiligkeit seines Wandels wie durch Zauber an ihn zu binden schien, auszuweichen, war er zuletzt 1565 mit Peter Vinzenz Ferri, dem Generalvisitator des Ordens, nach Sardinien übergegangen und hatte sich nach Cagliari begeben, um im dortigen Kloster seine Wohnstätte zu nehmen. Dort blieb er derselbe, der er in Spanien gewesen: im Verkehre mit den Menschen offen, einfach, ohne Arg, gegen sich selber überstreng, nie eine Zelle bewohnend, weil er die Nächte im Gebete in der Kirche zubrachte und nur bei Tage zu kurzem Schlafe in irgendeinem Winkel des Klosters anlehnte, sonst die Zeit mit Arbeit in Küche, Garten, am Tore, mit Almosen- und Segengeben zubringend. Durch sein ganzes 47jähriges Leben die Reinheit unbefleckt bewahrend, oft hart versucht, in vielfältigen Verfolgungen überaus geduldig und ergeben, gegen Arme und Kranke barmherzig ohnegleichen, übereifrig in Bekehrung der Sünder, oft ekstatisch und besonders vor dem Bilde der heiligen Jungfrau in Gegenwart von Tausenden schwebend, vieler Gesichte gewürdigt, mit dem Geiste der Prophetie, der Kenntnis geheimer Dinge und zudem mit der Herrschaft über die Elemente ausgerüstet: so war er in seiner Einfalt das Wunder seiner Zeit. Drei Tote brachte er ins Leben zurück, nebst vier anderen, die schon in den letzten Zügen begriffen. Dreiundzwanzig Lahme wurden von ihm durch das bloße Kreuzeszeichen aufgerichtet. Dreihundert, die von Mutterleib auf stumm und taub gewesen, erhielten Sprache und Gehör wieder. Unzählige Besessene wurden von ihm befreit, obgleich der Prozeß deren nur elf namentlich aufführt: wie er auch zahllosen Blinden das Augenlicht zurückgegeben, obgleich die Akten nur dreißig dieser Fälle aufgenommen. Dieselben Akten erwähnen ein Mädchen, das mit dem Gesichte rückwärts gewendet geboren worden, und als er es mit dem Kreuzeszeichen bezeichnet hatte, sogleich in die rechte Richtung nach vorwärts gebracht wurde. Zehn und mehr tausend mit Brüchen Behaftete erhielten durch ihn ihre Heilung. Buckelige, Hinkende, an Krämpfen, Schwindel, Flechten, Stein, Krebs oder Elephantiasis Leidende, Kontrakte, Wassersüchtige, Asthmatische, Apoplektische, Krätzige, Epileptische, Skorbutische, Phtysische, Skrophulöse, Phrenetische und andere für unheilbar Erachtete, über alle Zahl hinaus, erhielten durch ihn ihre Gesundheit wieder. Nachdem zuletzt ihm, der so vieler Menschen Leben gerettet, die eigene Todesstunde offenbart worden, bereitete er sich aufs allerbeste zum Abscheiden und entschlief 1567 sanft, das Kruzifix mit brennendem Affekt ans Herz gedrückt, und noch nach seinem Tode wollten die Wunder nicht aufhören.

Der Wundergarten

Im Leben der heiligen Rosa von Lima wird erzählt, daß, als sie einst in der Morgendämmerung nach ihrer Weise in die kleine Einsiedlerhütte, die sie sich im Garten erbaut, gegangen, die Eintretende, da sie die Türe derselben geöffnet, die aufgerichteten Bäume, Sträucher und Kräuter mit den Worten: »Preise alles, was da auf Erden keimt, den Herrn!« zur Vereinigung im Lobgesange eingeladen. Sogleich hätten in einer Art von Einklang die Zweige sich bewegt, die Blätter seien aneinander gestoßen, ein allgemeines Säuseln habe sich im Laub erhoben, auch die kleinen Pflanzen hätten mit ihren Häuptern genickt, und Blumen, Dolden und Stengel hätten, wie zu einer allgemeinen Regung belebt, in eine lieblich lispelnde Hymne zusammengestimmt.

Hat die Begebenheit, wie hier erzählt, stattgefunden, dann ist es wohl jener dürstende Trieb nach dem Lichte, wie ihn die Pflanze als ihr eigenstes Leben in sich trägt, der hier mitgewirkt. Daher würde denn auch sich erklären, was mit den drei Rosmarinpflanzen sich zugetragen, die sie in ihrem Garten in Kreuzesform gebracht und die fröhlich bei ihr gediehen, deren eine aber, auf Bitte der Vizekönigin in den Hofgarten verpflanzt, sogleich gewelkt und abgestorben, dann aber in ihren Garten zurückversetzt, am vierten Tage schöner, denn sie zuvor gewesen, wieder aufgegrünt. Daher auch die drei Nägleinblüten, die ihr der Busch mitten im Mai, der Winterszeit in jenen Gegenden, in der Nacht vor dem Feste der heiligen Katharina von Siena, zur Ausschmückung ihres Bildes getrieben.

In die Hunderte geht die Zahl der Fälle im Leben der Heiligen, wo entweder dürre Stäbe zu Bäumen aufgegrünt oder lebendig grünende, vom Fluche getroffen, gleich dem Feigenbaum in den Evangelien, abgewelkt oder unfruchtbar geworden, dann aber wohl auch vom Segen wieder hergestellt, aufs neue ausgeschlagen oder auch Früchte angesetzt. Ebenso oft kommt vor, daß Bäume und Pflanzen zur ungewöhnlichen Zeit Blüten oder Früchte tragen, daß sie ihrer Gattung sonst nicht gewährte Heilkräfte erlangt, daß sie beim Tode der Heiligen zu trauern angefangen, oder umgekehrt, bei der Berührung ihrer Leiche aufgegrünt oder auch wohl aus ihren Grabstätten heraufgewachsen.

In ihre enge Zelle hatte der Schatten der nahen Bäume und die Feuchtigkeit des Bodens Scharen von Schnaken gelockt, um sich dort vor Sonnenhitze und nächtlicher Kälte zu bergen. Alle Wände waren mit ihnen bedeckt, in den Fenstern war ein beständiges Aus- und Einfliegen, die Hütte ertönte von ihrem Summen; aber keine berührte je die Jungfrau, wenn sie sich in ihr befand. Kam aber die Mutter oder sonst jemand, in ihrer Einsamkeit sie zu besuchen, dann fielen sie sogleich über die Eintretenden her, bohrten sich in sie ein, um ihr Blut zu saugen, und ließen sie mit Beulen bedeckt zurück. Wenn dann alle verwundert waren, daß der Bewohnerin von dergleichen nichts widerfuhr, da sprach sie lächelnd: »Als ich mich hier angesiedelt, habe ich mit ihnen einen Freundschaftsbund geschlossen, daß sie mir in nichts beschwerlich seien, sowie auch ich ihnen nicht schaden wolle. Und so bewohnen wir nicht bloß diesen Ort miteinander in aller Eintracht, sondern sie helfen mir auch tapfer nach Vermögen bei Gottes Lobe.«

Und es war wirklich also. So oft die Jungfrau bei der

Morgendämmerung ihre Zelle betrat, rief sie ihnen zu: »Eia, Freunde, auf zum Lobe Gottes!« Sogleich begannen sie mit lindem Einklang ein Surren, und in Kreise sich zusammenschließend, floß ihr Geschwirre in eins zusammen, und ihre Ordnung war so wohl geflochten und ineinandergefügt, als ob sie unter einem Führer ordentliche Chöre bildeten. War das vorüber, dann flogen sie aus zu ihrer Nahrung und wiederholten abends bei der Heimkehr nach der Aufforderung der Herrin denselben Sang. Ihr Summen erfüllte so lange die kleine Hütte, bis auf Rosas Zuruf alle verstummten und insgesamt unter dem Gesetze nächtlichen Schweigens behalten schienen.

Der Vogelheilige

Der heilige Joseph von Copertino bestieg häufig die Bäume, hauptsächlich, um dort ungestört seinen Betrachtungen sich hinzugeben. So geschah es häufig, daß er auf ihnen Nester, besonders von Stieglitzen fand, und die bezeigten alsdann nicht die mindeste Furcht vor ihm. Männchen wie Weibchen ließen sich von ihm greifen, und er konnte mit ihnen vornehmen, was er wollte. Wenn er im Garten bei der kleinen Kapelle, wo er Messe zu lesen pflegte, bisweilen betete oder betrachtete, dann umflogen sie ihn singend und schäkernd ohne das geringste Mißtrauen, und wenn er ihnen dann etwa zurief: »Singt, ihr Vöglein, singt recht lustig, habt keine Furcht, daß es mich verdrieße!«, dann erhoben sie ihre Stimmen noch höher und sangen noch lieblicher. Als er einst die Kirche von Grotella fegte und aus Demut den Unrat mit Händen wegtrug, kam ein schöner Vogel mit hellem und himmelblauem Gefieder, wie man ihn weder zuvor noch hernach dort gesehen, ihm auf die Hand geflogen, in der er den Kehricht hielt, als ob er etwas zu fressen suchte, und er ließ ihn, nachdem er ihn eine Zeitlang geliebkost, wieder fliegen. Sie schienen in allem auf sein Gebot zu hören und es aufs genaueste zu befolgen.

Fabiani Cerusico in Grotella, den der Heilige genau kannte, hatte einen Hänfling in einem Korbe vor seinem Fenster hängen, und eine Amsel kam auf den Korb geflogen. Joseph sah den Vogel und rief ihm: »Beim Gehorsam, fliege herein!« – Die Amsel flog nun auf das Fenster, und da sie es verschlossen fand, bemühte sie sich durch Schlagen mit den Flügeln und durch Picken mit dem Schnabel, es zu öffnen. Maria Leonelli, ein junger Edelmann ebendort, sprach ihm einst von seiner Jagd, und Joseph bat ihn, daß er ihm einen Vogel bringe, um ihn im Käfig zu halten. Der junge Mann war darauf nach Hause gegangen und hatte einen Hänfling mit dem Korbe abgehoben, um ihn ins Kloster zu tragen. Unterwegs aber stieß er zufällig irgendwo an, so daß die Türe sich öffnete und der Vogel davonflog. Bestürzt hatte der Jüngling ihn mit den Augen verfolgt, und da er gesehen, wie er auf einen nahen Maulbeerbaum sich niedergelassen, setzte er den Korb an die Erde und sagte mit vielen Tränen zu ihm: »Komm zurück! Komm wieder, Vögelchen! Pater Joseph möchte dich gern haben!« Wunderbar: Der Vogel machte einen Flug im Kreise umher und kehrte zum Korbe wieder, worauf er ihn vergnügt zum Heiligen hinübertrug.

Er hatte einst einem Distelfink die Freiheit gegeben, zu ihm sprechend: »Geh, genieße, was Gott dir zugeteilt! Ich für mich will nichts von dir, als daß du, wenn ich dich rufe, wiederkommst, um mit mir deinen und meinen Gott zu loben.« Der Vogel hielt sich von da im nächsten Garten auf, und so oft er rief, kam er zurück und half ihm singen. Er hatte lange einen anderen Vogel im Käfig, der ihm immer in der Morgenfrühe zusang: »Bruder Joseph, sprich dein Gebet! Bruder Joseph sprich dein Gebet!« Einst hing der Vogel, den er sehr liebte, im Korbe vor dem Fenster, und weil das Zimmer nach dem nahen Walde sah, kam ein Stoßvogel auf den Korb gefahren. Der Vogel, durch sein

Flattern und Schreien, rief seinen Herrn hinzu, dieser eilte hin, kam aber zu spät und fand den Vogel schon getötet. Wie Joseph den Stoßvogel sah, der noch den Korb umkreiste, rief er ihm: »Ei, du Dieb, du hast mir mein Vöglein umgebracht, du verdienst auch dafür umgebracht zu werden! Komm, daß ich dich töte!« Sogleich kam der Vogel, wie von höherer Macht gezwungen, und legte sich über den Korb, als sei er tot. Joseph gab ihm mit der Hand zwei oder drei leichte Schläge und sagte dann: »Geh nur hin, diesmal soll dir verziehen sein. Aber tu es nimmermehr!«

Den Klosterfrauen von St. Klara in Copertino versprach er einst ein Vöglein zu senden, das sie zum Lobe Gottes antreiben solle. Es geschah, wie er gesagt. So oft sie die Tageszeiten absangen, flog ein Waldvogel zu ihnen herein und sang gar lieblich. Aber dabei blieb es nicht. Als einst zwei Novizinnen miteinander zankten, flog der Vogel zwischen sie hinein, tat mit seinen ausgebreiteten Flügeln und Klauen sein Möglichstes, um sie zu beruhigen, und als nun eine der Streitenden ihn geschlagen und fortgejagt, flog er davon und kam nicht wieder, nachdem er fünf Jahre lang im Kloster also verkehrt. Die betrübten Schwestern klagten Joseph ihr Leid darum, allein er versetzte ihnen: »Es geschieht euch recht, warum habt ihr das Vöglein erzürnt und weggejagt!« Von ihren Bitten jedoch besänftigt, versprach er, es wieder zurückzusenden. Und in der Tat, auf das erste Zeichen im Chore kam es wieder an das Fenster, um zu singen, und lief noch zahmer denn zuvor im Kloster herum. Das Erstaunen mehrte sich noch, als die Klosterfrauen aus Kurzweil dem Vöglein eine kleine Schelle an den Fuß gebunden und es dann an einem Gründonnerstag und Karfreitag wieder aus dem Gesicht verloren. Wie sie sich darauf wieder an Joseph gewendet, sagte er: »Ich habe ihn zum Singen, nicht zum Läuten gesendet; er ist ausgeblieben, weil er in diesen Tagen das Grab gehütet, ich will aber machen, daß er wiederkehrt!« Wirklich kam er wieder und blieb noch lange Zeit bei ihnen.

Der Barfüßer-Karmelite Dominikus von Jesu Maria, geboren 1559 zu Calatayud in Aragonien, aus dem biskayischen Hause der Ruzzola, lebte schon in seinen Kinderjahren in vielfältigem Verkehre mit der unsichtbaren Welt und erlangte die Gabe der heilenden Hand. Bei der Ausrüstung der großen, unüberwindlichen Flotte gegen England sagte er den üblen Ausgang des Unternehmens voraus.

Um das Jahr 1613 hatte Maximilian von Bayern, als Dominikus in Rom lebte, Kenntnis von ihm erlangt und in einen Briefwechsel mit ihm sich eingelassen. Seinem Gebete verdankte er bald selbst die Herstellung seiner Gesundheit, sein Bruder Albrecht aber drei Söhne, die er aus früher kinderloser Ehe gewonnen. Max lud ihn daher ein, nach München herüberzukommen, mit dem Versprechen, den Barfüßern dort eine Kirche zu bauen. Erst 1620 aber konnte er diesem Verlangen Folge leisten und kam über die Alpen.

Er traf Deutschland in den Vorbereitungen zum Dreißigjährigen Kriege. Die Böhmen hatten Friedrich V. zum König aufgeworfen, und unter Maximilian hatte die katholische Liga sich gebildet und den Bayernherzog zu ihrem Oberfeldherrn ernannt. Ihr und Ferdinands Heer standen schon gerüstet, und zu dem bevorstehenden Feldzuge hatten eben beide den heiligen Mann vom Papste zum Beistand sich erbeten; und er hatte trotz seines schwachen Gesundheitszustandes sich sogleich willig gefunden. In Braunau war ihm während der Messe das erste Gesicht erschienen, das dem Herzog Sieg versprach, und er hatte, im Lager von Schärding angelangt, die Herzogin damit getröstet. Er weihte nun das Banner des Heeres, und ihm wurde bei dieser Gelegenheit das zweite Gesicht, bald auch in Linz während einer Ekstase das dritte, das die Vereinigung der kaiserlichen und Reichsheere gebot und gewissen Sieg vor den Mauern von Prag zu suchen befahl. Er setzte darauf zuerst die Vereinigung der Heere, die auch dem Herzog

Maximilian als die geratenste Maßregel erschien, im Kriegsrate gegen Buquoy und andere durch, die mit guten Gründen zu gesondertem Agieren rieten, zu Gorn dann gegen dieselben auch den Einmarsch in Böhmen und den Zug nach Prag, um mit einer Hauptschlacht den Feldzug zu entscheiden.

Unterdessen nahm er sich des Heeres mit brennendem Eifer an, besuchte die Soldaten, unterrichtete sie, ermunterte sie zur Tapferkeit, ermahnte sie zu einem religiösen Leben, vernahm ihre Notdurft, sprang ihnen bei in allem, wie er nur vermochte, und zeigte sich in Geistlichem und Weltlichem ihnen als ein Vater, in Worten wie in Werken, während er die Heerführer in geistreichen Reden zum Vertrauen, Eifer des Glaubens und zu christlicher Stärke zu begeistern wußte. Als beim Einzug in das wüstgelegte Feindesland Krankheiten im Heere einrissen, die, bald pestartig geworden, Tausende wegrafften, trug er alle Trübsal und Not mit dem Kriegsvolke, betete für dasselbe Tag und Nacht zu Gott, besuchte die Allerärmsten in Ställen und auf Heuböden mit Rat und Trost und Spendung der Sakramente, bettelte Almosen für sie und sprang ihnen mit Arzneien so viel er konnte und mochte, bei, während er zugleich auch den Herzog in seinen Sorgen zu trösten hatte.

Die böhmischen Festen fielen, wie er vorhergesagt. Er rettete durch zeitige Warnung das Heer vor einem gut berechneten, nächtlichen Überfalle. Vor Prag angelangt aber fanden sie den überlegenen Feind in der vorteilhaftesten Stellung, gewissem Siege entgegensehend. Noch einmal muß er im letzten Kriegsrate unmittelbaren Angriff, mit Max und Tilly gegen die Mehrzahl, durch die Macht seiner Beredsamkeit durchsetzen. Die Schlacht hat sich schnell entzündet, eine halbe Stunde hat sie unentschieden sich geschlagen. Da fällt Fürst von Anhalt mit seinen Reitergeschwadern in den rechten Flügel, nachdem er die deckende Reiterei vertrieben. Zwei Regimenter werden erst in Unordnung, dann in die Flucht gebracht. Die Ungarn rufen

Sieg, das ganze Heer der Katholischen wankt, und die andere Hälfte der Stunde der Schlachtdauer verläuft zu ihrem Nachteil.

Unterdessen hat Dominikus im Gebete mit Gott gerungen, und wieder wird ihm in der Verzückung Sieg zugesagt. Da eilt der Bayernherzog in großen Sorgen hin zu ihm und ruft ihn an: »Wie nun, Pater Dominikus? Die Unsern fliehen, und der Feind will siegen.« Da schrie der noch halb Verzückte mit vielen Tränen zum Himmel auf: »Verlasse mich nicht, o Herr, mein Gott! Weiche nicht von mir, Gott meines Heils! Eile, mir zu helfen, und führe mich recht in deiner Sache!« Darauf zum Herzog gewendet, sagte er: »Es ist nicht möglich, daß wir unterliegen, der Herr der Heerscharen, der Gott des Elias ist mit uns!« Er verlangte darauf ein Roß, und der 62jährige, durch die Askese gebrochene, mit Krankheit und Schwachheit beladene Mann ritt nun, einem Jüngling gleich, mit dem Herzog in das Gewühl der Schlacht. Das Kruzifix in der Hand, ein Bild der Jungfrau am Halse, dem die Reformierten mit dem Dolche die Augen ausgestochen, rief er mitten im Kugelregen und von manchen getroffen, aber nicht verletzt, den Kämpfenden Mut zu: »Euer, euer, ihr Streiter des Herrn, wird bald der Sieg sein! Gott hat sich aufgemacht, und die ihn hassen, vergehen wie der Rauch vor seinem Angesicht!« Zugleich betete er und flehte er laut auf zu Gott und der Jungfrau, sprach wieder Worte der Begeisterung, segnete das Heer, betete wieder, und wie er so, ein Beispiel lebendigen Glaubens und nicht zu erschütternden Vertrauens, inmitten des Gewühls allen sichtbar stand und sein Kruzifix Lichtstrahlen, vielen wahrnehmbar, um sich goß, mußte sein Erscheinen Wunder wirken. Der Ungestüm des Feindes war gebrochen, das Heer der Katholischen hatte sich ermannt. Mit 500 Pferden, die Tilly den Anhaltischen entgegenwarf, wurden diese zurückgetrieben und der jüngere ihrer Führer gefangen. Die Ungarn wurden in die Moldau gesprengt, die ganze Schlachtlinie der mit Mut Begeisterten bewegte sich vorwärts. In wenig Augenblicken war der glänzendste Sieg erstritten. Zahllose Gefangene waren in den Händen der Sieger. Prag ergab sich am folgenden Tage.

Wie Deutschland es dem Capistranus verdankt, daß der Halbmond sich nicht auf seinen Türmen erhob, so ist es dem Karmeliten dafür verbunden, daß seine eine Hälfte dem alten Glauben treu geblieben, wie Italien den Frieden, Frankreich die Glaubenseinheit ihm verdankt. Die siegenden Feldherren erkannten es willig an. Maximilian, Buquoy, Tilly kamen nacheinander, ihn auf dem Schlachtfelde umarmen und ihm ihren Dank zu bringen. Auch die Feinde taten indirekt dasselbe Bekenntnis, da sie den Verlust der Schlacht dem spanischen Zauberer zuschrieben, den der Bayernherzog vom Papst erhalten und mit sich führte, der ihnen Roß und Mann verzaubert und ihrem Heere unzweifelhaften Sieg abgebannt. Solche Kraft wohnte in ihm, daß lange nach seinem Tode Max von ihm zu sagen pflegte: »Licht ging aus von seinen Augen, und wir Fürsten mußten vor ihm zittern.«

Dominikus kehrte nun mit dem Herzog nach München zurück, wurde von da zum Kaiser Ferdinand nach Wien berufen und verweilte darauf nach der Rückkehr wieder eine Zeitlang in der Hauptstadt Bayerns, wo die Ekstasen dann ihren gewohnten Gang gingen. Von St. Joseph bis Maria Verkündigung, bezeugte der Herzog selbst, war er in solchem Zustande, daß man an allen seinen Reden merken konnte, er müsse beinahe anhaltend in Gott vertieft gewesen sein.

Am Tage der Verkündigung selbst begab sich in seinem Beisein folgendes: Die Herzogin hatte ein Bild der heiligen Jungfrau, in kunstreicher Weise aus Wachs bossiert, vor ihr das Christkind, und als sie nun miteinander in der Hofkapelle nach der Vesper das Bild betrachteten, gab die Herzogin dem mitanwesenden Dominikus das Bild des Kindes eine kleine Zeit zum Halten, bis sie an dem der Jungfrau einiges gerichtet. Er bat sie zweimal um Gottes willen, ihn dessen zu entheben, weil das kostbare Bild Schaden leiden könne. Die Herzogin aber, die nicht wußte, was er damit meine, bestand auf ihren Willen und gab es dem in einem Sessel sitzenden zum Halten. Sogleich wurde seine Seele gerührt. Er sprach nur die wenigen Worte: »*O quam amabilis! O quam desiderabilis!*«, brach darauf in einen Schrei aus und wurde sofort verzückt, das Gesicht und die offenen gegen den Himmel gerichteten Augen unbeweglich, aber die letzteren leuchtend und glänzend wie zwei Sterne, also daß die Anwesenden zugleich Verwunderung, Andacht, Furcht und Ehrerbietigkeit anwandelte. Beide Hände waren waren wie Marmor, und fest geschlossen umfaßten sie das Bild, so daß man mit keiner Gewalt auch nur einen Finger zu öffnen vermochte. Wie sehr ihn der Herzog bei seinem Namen rief, gab er doch kein Zeichen von sich, und die Verzückung dauerte nach seinem Zeugnisse zwei Stunden, bis sein Beichtvater Pater Petrus *a matre Dei* gerufen wurde und ihn durch den Gehorsam wieder zu sich brachte, wobei Dominikus, wie gewöhnlich, viel Blut auswarf und lange Zeit nichts anderes als die Worte *Verbum caro factum est* wiederholte.

Seine Rückkehr nach Rom durch Lothringen, den Rhein hinunter nach Belgien und durch Frankreich über die Alpen war durch die Wunderwirkungen, die er übte, die Friedenshandlungen, die er vollbrachte und den erstaunlichen Zudrang auf allen seinen Wegen nur mit dem Zuge des heiligen Bernhard vor so vielen Jahrhunderten zu vergleichen.

Ebenso war es, als er 1629 noch einmal nach Wien hinüberging, auf Geheiß des Papstes, um bei Ferdinand die Mantuanischen Händel zu vertragen und, wie er zehn Jahr früher vorhergesagt, dort zu sterben. Mit Freude hatte Ferdinand ihn aufgenommen und wurde nun am Weihnachtstage auch selbst Zeuge seiner Verzückungen. Er hatte seine drei Messen gelesen und sprach aufs Lieblichste von dem großen Geheimnisse, das an dem Tage gefeiert wurde. Da rief er auf einmal mit starker Stimme: »O, mein Gott!« und wurde in Gegenwart des Kaisers allen Sinnen entzückt. Ferdinand bemühte sich umsonst, ihn wieder zu sich zu bringen, er mußte seinen Beichtvater Alexander *a Jesu Maria* rufen lassen, der, nach einigem Verweilen, ihn wieder durch den Gehorsam zurückbrachte, worauf er so liebliche, süße, wunderbare Worte redete, daß alle Anwesenden in Tränen ausbrachen. Er verhandelte die Angelegenheiten, wegen deren er gesendet worden, im Laufe des Januars 1630, erkrankte dann am 29. dieses Monats, und die Krankheit hatte einen ebenso wundersamen Verlauf, wie sein ganzes Leben. Er hatte mit großen Schmerzen zu kämpfen, die ihm durch Tröstungen vergolten wurden. Bei seinem Versehen war Ferdinand selbst zugegen, die Absolution ihm reichend. Zuletzt lag er acht Tage lang, ohne Gebrauch einigen Sinnes, still und sanft, bisweilen im Angesicht so wunderbar aufglühend und mit solcher Lieblichkeit verklärt, daß viele seinen Zustand für eine fortdauernde Verzückung hielten. Am achten Tage, den 16. Februar abends, öffnete er noch einmal die Augen lieblich, sah alle Umstehenden, besonders den anwesenden Kaiser an und schloß sie dann auf immer.

Das unschädliche Feuer

Über die Macht der Verzückung berichtet Raimund im Leben der heiligen Katharina von Siena merkwürdige Tatsachen. Sie saß, erzählte er, einst in der Küche am Herde, den Bratspieß drehend und das Essen für die Hausgenossen besorgend, gab sich aber bald ihren Betrachtungen hin und wurde durch diese zur Ekstase geführt, wo dann natürlich der Bratspieß stille stand. Die Gattin ihres Bruders, Lysa, die ihren Zustand kannte, war indessen für sie eingetreten, und da sie das Essen fertiggemacht, war sie, um es aufzutragen, davongegangen und hatte sie am Herde sitzend in der Verzückung zurückgelassen. Als Lysa aber nun, nachdem die Hausgenossen sich schlafen gelegt, spät zur Küche zurückgekehrt, um zuzusehen, in welcher Weise es mit ihr enden wolle, sah sie zu ihrem Schrecken, wie die Verzückte, vom Stuhle gefallen, mit dem Gesicht inmitten der glühenden Kohlen lag, deren gerade eine große Masse sich zusammengefunden. Mit einem Schrei stürzte sie auf die Liegende hin und riß sie aus den Flammen heraus, gefaßt darauf, sie ganz verbrannt zu finden. Aber zu ihrem Erstaunen war keine Verletzung an ihr zu sehen, noch ein Geruch zu verspüren, ja nicht einmal irgendein Teil ihres Gewandes war mit Asche bedeckt. Wieder zu sich gekommen, ging sie davon, ohne daß eine Nachwirkung an ihr zu bemerken gewesen wäre.

Das war nicht das einzige Mal, daß dergleichen sich begeben; mehrere Male wurde sie, in Gegenwart vieler, durch unsichtbare Gewalt, ins nahe Feuer hineingestürzt. Wenn dann die Anwesenden sie weinend und schreiend den Flammen zu entreißen suchten, erhob sie sich plötzlich lächelnd aus ihnen, ohne daß ein Brand oder eine Verletzung an ihr sichtbar gewesen wäre, und sie sagte dann nichts, als etwa nur die Worte: »Fürchtet euch nicht, das hat Malatasca (so nannte die den Teufel) getan!« Als sie ein anderes Mal an einem Pfeiler in der Kirche, unter Bildern, vor denen viele Lichter brannten, kniete, war während ihren Betrachtungen eines derselben ihr auf den Kopf gefallen und erlosch zuletzt, nachdem es bis zum Ende ausgebrannt, ohne irgendeine Verletzung an ihrem Schleier zurückzulassen, wovon hernach ihre Gefährtinnen Lysa, Franziska und Alexia Zeugnis gaben.

Der Engel der Franziska

Über die Weise des Verkehrs mit Abgeschiedenen ist das Umständlichste, was im Leben der heiligen Franziska von

Rom von der Anguillaria, meist aus den Notaten ihres Beichtvaters Martinotti, sich aufgeschrieben findet.

Ihr, die im Ehestand lebte, war ein neunjähriger Knabe, Evangelista genannt, ein gutartiges, frommes Kind, an der Pest gestorben. Ein Jahr nach seinem Tode erschien ihr der Knabe, in der Gestalt und Kleidung, wie er auf der Welt gewesen, nur unvergleichlich schöner denn zuvor. Ihm zur Seite aber stand ein Jüngling, noch viel schöner denn er. Die Mutter erschrak zuerst, wurde aber bald überaus freudig, als sie das Kind nähertreten und sie ehrerbietig grüßen sah. Sie konnte sich nicht enthalten, die Arme nach ihm auszustrecken, um ihn zu umarmen. Da sie aber nichts zu fassen vermochte, ergötzte sie sich wenigstens an seinem Anblick und fing an, den Kleinen zu befragen, wo er sich in jener Welt befinde, was er treibe, und ob er auch dort der Mutter gedenke. Der Knabe erwiderte ihr: »Unser einziges Geschäft ist dort, in den unendlichen Abgrund göttlicher Güte hineinzuschauen und mit großer Freude und herzlicher Liebe seine Majestät zu preisen. Meine Stätte aber ist in dem zweiten Chore, diesem Jüngling, den du siehst, zur Seite, der viel schöner ist denn ich, weil er dort höher steht. Er ist aber dir von Gott, zum Troste auf deiner Pilgerfahrt, zum beständigen Gefährten geordnet, damit du ihn Tag und Nacht dir gegenwärtig sehest. Ich aber bin gekommen, um die Schwester Agnes mit mir dahin zu nehmen, damit sie mit mir die Freuden des Himmels genießen möge.«

Der Knabe blieb etwa eine Stunde bei der Mutter, vom ersten Aufdämmern der Morgenröte bis zu Sonnenaufgang, und verschwand dann. Die Schwester erkrankte darauf nach wenigen Tagen und starb, fünf Jahre alt. Die Lichtgestalt des Engels aber blieb fortan immer bei der Mutter. Er stand unausgesetzt zu ihrer Rechten, und sie bezeugte, daß, wenn sie ihn anzuschauen versuche, ihr nicht anders werde, als einem, der in die Sonne zu sehen sich bemühe.

Sie genoß aber seines Anblicks nicht bloß, wenn sie in ihrer Kammer dem Gebete oblag, sondern auch auf der

Straße, in der Kirche, in Gesellschaft mit anderen. Ließ sich in ihrer Gegenwart einer der Anwesenden etwa ein Vergehen zuschulden kommen, dann bedeckte er schamhaft mit beiden Händen sein Antlitz, und sie pflegte zu sagen, daß sie in diesem wie im hellsten Spiegel, zugleich die Würde des Wesens der Engel und die eigene Nichtigkeit mit solcher Evidenz anschaue, daß ihr solche Selbsterkenntnis früher nie zuteil geworden. Bei dreifach verschiedener Gelegenheit war ihr gestattet, ihn schärfer anzusehen: einmal, wenn sie betete, dann wenn sie von den unreinen Geistern gepeinigt wurde, endlich, wenn sie mit ihrem Beichtvater über ihn redete, der, wie er selbst aufgeschrieben, sie öfter unter dem Gehorsam verpflichtete, über Gestalt und Art ihres Schützers sich zu erklären, weil er sich selber dann mit Heiterkeit und Freude übergossen fühlte. Sie, dann Folge leistend, erzählte, wie es nicht ihr gewöhnlicher Schutzengel sei, sondern einer, der dem zweiten Chore angehöre, dabei von solchem Licht umgossen, daß sie bei seinem Scheine zur Nachtzeit, wie am hellen Tage, ihr Offizium zu beten vermöge. Angesicht und Auge hielt er immer gegen den Himmel aufgerichtet, was ihr den göttlichen Spiegel in Erinnerung brachte, den sie in ihren Gesichten schaute und in dem sie, in Liebe entbrannt, sich zu Gott erhob. Er erschien ihr immer jugendlich, wie ein neunjähriger Knabe, die Hände vor der Brust gekreuzt, das Haar kraus und goldgelb, auf die Schultern niederfließend. Er war gekleidet in ein schneeweißes Gewand, darüber ein Levitenröcklein, wie sie die Subdiakonen zu tragen pflegen, bald weißer als Schnee, dann himmelblau, zu Zeiten in Purpurröte glühend. Damit war seine ganze Gestalt bis zu den Knöcheln umkleidet. Die Füße aber waren sauber, auch wenn er mit ihr durch kotige Straßen ging. Sprach sie von ihm zu ihrem Beichtvater, dann wurde der Glanz seines Angesichtes gemindert, daß sie mit Augen ihn ungeblendet anschauen konnte. Ließ sie aber ab mit Reden, nach kurzer oder langer Frist, dann wurde es wieder leuchtend wie zuvor. Darum fing der Beichtvater mit Vorsatz oftmal von ihm zu sprechen an und fragte mancherlei über ihn. Dann sah ihn Franziska mit großer Freundlichkeit an, legte auch wohl, auf das Geheiß Martinottis, ihm die Hände auf das Haupt. Sie fühlte dann zwar nichts, aber ihr Antlitz wurde wie in einem seraphischen Feuer entzündet, so daß der Beichtvater großen Trost davon empfand.

Im Anfange, wo sie seiner Gesellschaft sich zu freuen begann, geschah es, daß, wenn sie beim Drange ihrer Hausgeschäfte oder bei dem vielfältigen Zuspruche der Leute einen Verdruß empfand oder in eine Unvollkommenheit fiel, der Begleiter sogleich von ihr wich, wodurch gewarnt, sie ohne Verzug demütig ihre Schuld erkannte, sie reumütig abbat und dann sofort wieder die vorige Freudigkeit fühlte, wenn er mit neuer Anmut zurückgekehrt. Drei- oder viermal geschah ihr das vor ihrem Beichtvater, der von sich selbst bezeugt, er habe in all ihren Schmerzen und Leiden kein besseres Mittel gewußt, um sie aufzurichten, als die Rede auf ihren Engel zu lenken.

Diese Weise, in der der Engel sie strafte, dauerte aber nur so lange, bis sie sich gänzlich in Gottes Willen hingegeben und es dahin gebracht, daß sie bis zum jüngsten Tage, wenn er es gewollt, unter häuslichen Sorgen und weltlichen Geschäften hätte hinbringen können. Gott wollte nämlich, daß sie diese Scheu vor dem Umgange mit Menschen und den allzu großen Hang zur Einsamkeit von sich tue. Der Engel war auch ihr Führer und Lehrer in aller Tugend und trug Sorge, daß sie nicht, von allzu großen Eifer hingerissen, in Bußwerken zu viel tue oder mit zu heftigem Ungestüm dem Guten zustrebe. Wollte er ihr irgendein göttliches Geheimnis offenbaren, dann bewegte er Augen und Lippen, und sie vernahm eine gar liebliche, wie von fernher tönende Stimme. Taten ihr die Dämonen irgendein Leid an, dann heftete er die sonst immer gegen den Himmel gerichteten Augen auf sie, und über diesem Anblick entwich alle Sorge aus ihrer Seele. Sie lachte daher von diesem Augenblicke an mit großem Heldenmute alle ihrer Anfälle. Bedrängten sie seine Schutzbefohlene etwa einmal allzusehr, dann trieb er sie mit einem bloßen Schütteln seines strahlenden Hauptes in die Flucht.

Die Stigmatisation des Franz von Assisi

Der erste, von dem man weiß, daß ihm die Gabe der Stigmatisation zuteil geworden, ist Franz von Assisi. Bonaventura und andere seiner Zeitgenossen haben darüber authentische Berichte aufbewahrt.

Der Heilige pflegte sein Leben unter praktische Wirksamkeit zum Heile des Nächsten und beschauliche Betrachtung zum eigenen Weiterkommen zu teilen und sich des letzteren Zweckes wegen von Zeit zu Zeit auf den Berg Alverna im Apennin zurückzuziehen, wo er dann, dem Erzengel zu Ehren, die vierzigtägige Fasten hielt, stetem Gebet oblag, von der Flamme höheren Affekts entzündet, oft und anhaltend ekstatisch wurde und, mit Gott redend, ihn in seiner Herrlichkeit, sich ihm gegenüber aber in seiner Nichtigkeit erkannte. So hatte er es auch zwei Jahre vor seinem Tode gehalten, und da er dort viel über die Weise geforscht, wie er für die Zukunft sich nach Gottes Willen zu halten habe, war ihm entgegnet worden, er dürfe nur die Evangelien aufschlagen und würde dort die Antwort erfahren. Er hatte, Folge leistend, sich darauf ins Gebet begeben und dann das Buch vom Altare, im Namen der Dreifaltigkeit, dreimal durch seinen Gefährten eröffnen lassen, und dreimal hatte sich bei dieser Eröffnung die Passion des Herrn aufgeschlagen. Er erkannte daraus, wie es Gott am wohlgefälligsten sei, daß er, wie zuvor schon sein Tun dem Herrn nachgeeifert, so fort an auch in der Übernahme von Ungemach und Leiden es ihm nachzutun berufen sei. Und sogleich war er, wenn auch schon sehr entkräftet durch seine Lebensweise, doch ohne Bedenken willig, darin Folge zu leisten.

Als er darum eines Morgens, zum Feste der Kreuzerhöhung, wieder an der Seite des Berges betete, im herzlichsten Verlangen, mit dem Herrn gekreuzigt zu werden, sah er einen Seraph mit sechs sowohl leuchtenden als feurigen Flügeln aus der Höhe des Himmels zu sich herabschweben, und wie der Niederschwebende ihm nahe gekommen, erblickte er zwischen den Flügeln die Gestalt des Gekreuzigten, Hände und Füße ausgedehnt. Zwei Flügel huben sich über seinem Haupte, zwei waren zum Fliegen entfaltet, zwei andere deckten den Leib. Er staunte ob des Gesichtes, und sein Herz fühlte zugleich Freude, daß er der Erscheinung gewürdigt worden, und Schmerz um des Leidens wegen, das er sah und das ihn wie mit einem Schwerte durchdrang. Ihn wunderte zugleich, wie doch die Leidlosigkeit eines Seraphs mit schmerzlichem Dulden verträglich sei. Er begriff aber bald, wie die Erschauung ihm bedeute, daß er nicht durch die Marter des Fleisches, sondern durch die Entzündung des Geistes dem Herrn gleichförmig werden solle.

Als die Erscheinung verschwunden, hatte sie ihm im Herzen einen großen Brand, in seinen Gliedern aber eine wundersame Bezeichnung zurückgelassen. Es waren nämlich an seinen Händen und Füßen die Zeichen der Nägel erschienen, wie er sie kurz zuvor am Bilde des Gekreuzigten gesehen. Zugleich war seine rechte Seite wie mit einer Lanze durchbohrt. Die Wunden öffneten sich inmitten der Extremitäten, bedeutenden Umfangs, und bluteten. In ihrer Mitte waren wieder aus dem Fleische und Zellgewebe Nägel gewachsen, eisernen ähnlich, schwarz, hart, fest, oben mit Köpfen, unten zugespitzt und wie umgeschlagen, so daß zwischen ihnen und der Haut ein Finger eingelegt werden konnte. Sie waren nach allen Seiten beweglich, indem sie von einer Seite gedrückt, auf der entgegengesetzten vortraten, konnten aber nicht ausgezogen werden, wie es die heilige Klara erfuhr, als sie nach seinem Tode einen derselben auszuziehen versuchte, aber damit nicht zustande kam.

Die Finger blieben übrigens vor wie nach beweglich, und die Hände taten ihren Dienst, auch die Füße versagten sich nicht, doch war der Gang beschwerlich geworden, und er ritt deswegen fortan bei seinen Zügen durch die Gegend. Die Seitenwunde war tief und groß, drei Finger breit, wie ein Bruder erfahren, der zufällig sie berührt, dabei rot, durch Zusammenziehung des Fleisches wie gerundet und oft mit Blut seine Kleider benetzend. Nie gingen alle jene Male in Brand oder Eiterung über, nie wendete er irgendein Arzneimittel gegen sie an, und es war ein Wunder, daß er bei den stetigen Schmerzen und dem fortdauernden Blutverlust, den sie ihm verursachten, noch zwei Jahre am Leben bleiben konnte. Als der Heilige übrigens mit den Zeichen vom Gebirge niederstieg, hatte er großes Bedenken bei der Sache, da er sich scheute, die Geheimnisse Gottes offenkundig zu machen und doch auch einsah, daß es denen, die näher um ihn waren, nicht verborgen bleiben könne.

Ungewiß daher, ob er reden oder schweigen solle, rief er einige der Vertrauteren zusammen und legte ihnen in allgemeinen Reden seine Zweifel vor. Da aber einer der Einsichtigeren, wahrnehmend, daß ihm Wunderbares begegnet sein müsse, ihn bedeutete, daß es nicht seinetwegen, sondern um der anderen willen an ihn gekommen, ließ er sich bestimmen, nicht zu verbergen, was für die übrigen nützlich sein könne, und erzählte, was er gesehen, hinzusetzend: Der ihm so erschienen, habe einige Worte geredet, die er nie, so lange er lebe, einem Menschen offenbaren würde. Er verhüllte übrigens die Male vor den Leuten, so sehr er immer vermochte, legte darum Schuhe an und hielt die Hände sorgfältig bedeckt, doch sahen bei seinem Leben viele der Brüder, was sich nicht ganz verbergen lassen wollte. Der Papst Alexander und manche Kardinäle gaben als Augenzeugen davon Zeugnis, und nach seinem Tode sahen mehr als fünfzig Klosterbrüder, dann die heilige Klara mit ihren Schwestern und unzählige Weltliche, die aus der ganzen Umgegend zusammengeströmt, was sich Wunderbares mit ihm begeben, und konnten es mit Händen greifen.

Maria von Mörl

Maria von Mörl, geboren 1812 zu Kaltern in Südtirol, von einer frommen Mutter erzogen, zeigte als Kind keinerlei Zeichen einer besonders lebhaften Einbildungskraft, aber große Verständigkeit und Geschicklichkeit in allen Verrichtungen, dabei eine liebreiche Gutmütigkeit, die sich besonders gegen die Armen äußerste, und einen seltenen Eifer im Gebete, dem sie sich oft und viel in der ihrem elterlichen Hause naheliegenden Kirche der Franziskaner hingab. Ihrer körperlichen Anlage nach venöser Natur, hatte sie frühe schon mit allen den Übeln zu kämpfen, die aus einer solchen Anlage hervorzugehen pflegen. Schon in ihrem fünften Jahre wurde sie von Hämorrhagien befallen und verlor häufig Blut aus Magen und Eingeweiden. Seitdem kränkelte sie oft und viel. Eine körperliche Mißhandlung, die sie in ihrem neunten oder zehnten Jahre erfahren, äußerste ihre nachteiligen Folgen gleichfalls in dieser Richtung. Alle angewendeten Mittel wollten keine Hilfe bringen; sie fand sich mehrmals am Rande des Grabes, und man hatte sie mehr als einmal als dem Tode verfallen aufgegeben. Sie genas aber immer wieder zu leidlicher Gesundheit, ohne daß der Keim des Übels erstickt worden wäre.

In ihrem dreizehnten Jahre sandte man sie über das Gebirge nach Cles im Nonsberg hinüber, damit sie dort das Italienische erlerne. Sie blieb dreiviertel Jahr jenseits und besuchte während dem Verlaufe dieser Zeit nur einmal wieder ihr väterliches Haus. Als sie damals, nach dem Nonsberg zurückkehrend, von der Mutter, die sie zum letzten Male sehen sollte, Abschied nahm, ging, wie sie später selbst erzählte, ein schneidender Schmerz durch ihre Seele, und sie glaubte, daß es ihr unmöglich sei, sich von ihr zu trennen. Es scheint dies die erste Äußerung eines Ahnungsvermögens gewesen zu sein, das sich nun in ihr zu entwickeln begann und das sich schon bestimmter aussprach, als nach einiger Zeit die Mutter 1827 wirklich starb und Maria nun, was jedoch nicht mit aller Sicherheit ermittelt ist, jenseits ihre Todesstunde angab. Neun unerzogene Kinder, wovon das jüngste erst zehn Tage alt war, blieben nun dem Vater, der außerstande war, dem Haushalt vorzustehen, zurück, und so mußte denn Maria heimkehren und die Last auf ihre Schultern nehmen. Wachsende Not, Verdruß und Kummer bedrängten sie stärker und stärker, so daß sie zuletzt ihr Kräfte überwältigten und sie nun zusammenbrach. Sie erkrankte in ihrem achtzehnten Jahre aufs heftigste, Krämpfe aller Art durchzuckten ihren geschwächten Körper, Konvulsionen erschütterten ihre Glieder, und die Blutungen traten wieder häufig ein. Als der Arzt zu ihr kam, war es der 29. Tag, daß sie nichts gegessen und nur mit einigen Gläsern Limonade das Leben sich gefristet hatte. Er tat dabei das Übliche in Arzneien, ließ ihr Opium einreiben und verordnete sonst, was ihr taugte. Sie fühlte sich schnell dadurch erleichtert, die Krämpfe ließen nach und die tieferschütterte Natur beruhigte sich allmählich wieder. Inzwischen wollte es nicht zur völligen Gesundheit gedeihen.

Ein Jahr oder mehr war darüber hingegangen, da befragte sie eines Tages den Arzt, ob er ihre völlige Wiederherstellung für möglich halte. Und da dieser erwiderte, er könne ihr keine Heilung, sondern bei wiederholten Anfällen bloß Linderung der Schmerzen zusagen, entgegnete sie mit festem Entschlusse, daß, wenn sie nicht geheilt werden könne, sie der Linderung nicht bedürfe, indem sie bereit sei, alles Leiden, so Gott ihr zusende, mit Freuden auf sich zu nehmen. Dieser Entschluß ging wahrscheinlich nicht nur aus ihrer völligen Eingebung in die göttliche Fügung, sondern auch aus dem Wunsche hervor, ihrem Vater, bei seinen zerrütteten Vermögensumständen, nicht durch die Bezahlung ärztlicher Hilfe zur Last zu fallen. Es geschah, wie sie gewollt, und sie zeigte sich fortan, unter anhaltenden großen Leiden, als ein Muster heldenmütiger Ergebung.

Als sie ihr zwanzigstes Jahr erreicht hatte, gewahrte ihr Beichtvater, Pater Capistran, daß sie zu gewissen Zeiten auf Fragen, die er an sie richtete, keine Antwort gab und nicht bei sich zu sein schien. Als er die, die um sie waren, deswegen befragte, erwiderten sie, das geschehe ihr jetzt jedesmal, so oft sie zur heiligen Kommunion gegangen. Das hatte ihn zuerst aufmerksam gemacht und, während er zuvor mit allen anderen das, was sich ihr zeigte, für die Folgen einer gewöhnlichen Krankheit genommen, zuerst den Gedanken in ihm geweckt, daß wohl noch ein Anderes dabei obwalten möge. Das bestätigte sich bald, als im Verlauf der Zeit die Erscheinungen an ihr sich steigerten und bestimmter ausprägten. Es fügte sich noch im Verlauf desselben Jahres, daß Pater Capistran zum vollen Verständnis kam, welche Bewandtnis es um diese ihre Zustände habe. Die Prozession des Fronleichnamstages wurde, wie überall, so auch in Kaltern, mit großer Feierlichkeit abgehalten. Böller wurden abgefeuert, die Musik zog auf, und aller Lärm und alle Bewegung ging unter den Fenstern der Leidenden vorüber. Rauschende Musik aber hatte von je üble Wirkung auf sie gehabt, und die heftigsten Krämpfe hatten wohl schon beim Schalle einer einzelnen Violine oder auch eines Blasinstrumentes sie befallen. Der Beichtvater, selbst mit der Feier beschäftigt, wollte sich darum einen freien Tag bereiten, ihr selber aber die Störung und Aufregung ersparen. Und da er nun schon wußte, daß sie jedesmal nach Empfang des Sakramentes sechs bis acht und mehr Stunden in Ekstase bleibe, hielt er es für ratsam, sie mit Tagesanbruch zu speisen, um sie dann für den ganzen Tag beruhigt zu haben. Er ging daher in der Morgenfrühe um drei Uhr hinüber, reichte ihr das Sakrament, und sie wurde ohne

Verzug ekstatisch. Er überließ sie nun sich selbst, kam am Tage seinen Geschäften nach, und da er auch am folgenden Tage verhindert war, ging er erst nachmittags um drei Uhr zu ihr hinüber und fand sie noch kniend in derselben Stellung, wie er sie vor 36 Stunden verlassen hatte. Als er, darüber verwundert, sich im Hause befragte, erfuhr er, daß sie immerfort in ihrer Andacht geblieben. Man achte im Hause überhaupt nur wenig auf sie, überließ sie ihren Zuständen und ihren Gebeten, ohne viel auf sie zu sehen, und sie mußte, wenn sie etwas bedurfte, die Leute erst rufen, um ihr Bedürfnis zu befriedigen. Der Beichtvater begriff nun erst, wie tief die Ekstase schon bei ihr gewurzelt, wie sie ihr gleichsam zur anderen Natur geworden.

Mit der Ekstase bildete sich auch ihr inneres Sehvermögen schärfer und schärfer aus, und man machte darüber mancherlei Erfahrungen. Als sie einst, wieder schwer erkrankt, versehen wurde, hatten sich nach Gewohnheit die dem Priester begegnenden Leute ihm angeschlossen, und ihr Zimmer war mit ihnen angefüllt. Auf einem Tische, unfern ihres Bettes, stand eine kleine silberne Schale, bei dieser Gelegenheit mit Weihwasser gefüllt, auf die sie, als ein Vermächtnis ihrer Mutter oder weil es ihr sonst ein liebes Andenken war, großen Wert legte. Sie nahm das Sakrament und kam nach gewöhnlicher Weise in Ekstase. Als sie wieder zu sich gekommen, hatten die Leute sich verlaufen, aber die Schale fehlte. Sie hatte großes Leid darum und klagte bald auch ihrem Beichtvater den Verlust, der sie betroffen. Dieser tröstete sie, so gut er konnte, und riet ihr, um die Wiedererlangung derselben zu beten. Sie fand das gut geraten, und ihr Gebet blieb nicht ohne Erfolg. Als sie das nächstemal aus ihrer Verzückung wieder zu sich gekommen, sagte sie freudig: »Ich werde die Schale wiedererhalten.« Auf Befragen, ob sie den kenne, der sie genommen, erwiderte sie: »Allerdings, aber ich habe zu Gott gebetet, daß er sein Gewissen rühre, damit er das Geraubte wiedergebe, ohne daß ihm eine Beschämung deswegen werde.« Es geschah, wie sie gesagt: Etwa acht Tage später fand man die Schale in der Küche unter anderem Geräte versteckt. Ein andermal warnte sie ihre Umgebung, man möge an der Decke ihres Zimmers nachsehen, weil von dort eine große Gefahr drohe. Man achtete anfangs nicht darauf. Da sie aber wiederholt und immer dringender warnte, ließ man durch Handwerksleute Untersuchung halten, und es entdeckte sich, daß, da einer der Balken gänzlich angefault, der Decke naher Einsturz gedroht, ja, daß es zu verwundern, daß dieser nicht schon längst erfolgt.

Die Sache stand auf diesem Punkt mit ihr, als sich in der zweiten Hälfte des Jahres 1833 ein sonderbares Ereignis um sie her ergab. Der Ruf von ihrem Zustande und ihrem ekstatischen Gebete hatte sich schnell durch Tirol ausgebreitet. Mit einem Male und beinahe gleichzeitig aller Orten, hatte eine allgemeine Bewegung das Volk ergriffen, und alles stürzte in Masse herzu, um eine Erscheinung mit Augen zu sehen, von der man wohl in den Legenden gelesen, die man aber in der Wirklichkeit zu finden längst aufgegeben hatte. Mit Kreuz und Fahnen machten sich daher die Gemeinden nacheinander auf und wallfahrteten nach Kaltern, und der Zulauf wurde ungeheuer. Vom Ende des Monats Juli bis zum 15. September mögen wohl 40 000 Menschen und darüber, aus allen Ständen, sich zu ihr hingedrängt haben, um die für die Außenwelt, bei scheinbar geöffneten Sinnen, völlig Verschlossene und bloß innerlich Betende und Betrachtende zu sehen, und sich an dem unbeschreiblichen und ergreifenden Anblicke zu erbauen. Niemand wußte den plötzlichen Andrang sich zu erklären. Der Klerus, der wohl eher dergleichen ungewöhnliche Erscheinungen, und zum Teil mit Recht scheut, hatte ihn keineswegs veranlaßt; es wollte eher den Anschein gewinnen, als habe derselbe Geist, der in der Ekstatischen gewirkt, auch die Massen angeregt und hingetrieben, um sie zu Zeugen dieser seiner Wirksamkeit zu machen. Auch ging alles in bester Ordnung vor sich, ohne irgendeinen Exzeß, die sieben Wochen hindurch, die das Fluten und Zuströmen dauerte, obgleich sich an manchen Tagen 3000 Menschen in das enge Zimmer gedrängt hatten, in welchem höchstens 40 bis 50 zu gleicher Zeit Raum fanden. Weltliche und geistliche Obrigkeit wünschten indessen den Zulauf aufzuheben, die Polizei hatte auch ihre in solchen Fällen gewöhnlichen Ängste, und das Volk wurde belehrt, daß man in einer bestimmten Zeitfrist niemanden mehr zulassen werde. Die Kunde davon verbreitete sich bald über das ganze Land, und der Andrang hörte auf ohne Murren und Unzufriedenheit; aber die Pfarrer hatten noch lange nachher die guten Folgen des Eindrucks zu rühmen, den die Erscheinung im Gemüte des Volkes zurückgelassen. Im Spätherbst desselben Jahres kam der Fürstbischof von Trient nach Kaltern, stellte eine Untersuchung an und vernahm mehrere Zeugen unter dem Eide. Das Resultat der Untersuchung und die Zeugenaussagen wurden nicht bekanntgemacht, weil die Sache natürlich noch nicht zu einem Endurteil reif erschien. Der Fürstbischof wollte vor der Hand bloß einen festen Anhaltspunkt gewinnen, um sich gegen die Regierung, die schädlichen Aberglauben und vielleicht gar frommen Betrug oder einfältige Selbsttäuschung vermutete, erklären zu können. Seine Äußerung beschränkte sich auf den einfachen Ausspruch: Die Krankheit der Maria von Mörl sei allerdings keine Heiligkeit, allein ihre bewährte Frömmigkeit sei auch keine Krankheit. Seitdem wurden die früheren polizeilichen Einschreitungen und Hudeleien sehr gemildert.

All jener Lärm war an der Ekstatischen vorübergegangen, ohne sie anders als ganz zuletzt, und zwar zu ihrer großen Bestürzung, berührt zu haben, und so hatte ihr immer mehr zureifendes Innere in der Stille sich fortentwickelt. Die Stigmatisation war in ihr eingetreten, und es war dabei ebenso einfach wie bei allem anderen zugegangen. Schon im Herbste desselben Jahres 1833 hatte ihr Beichtvater zufällig bemerkt, daß die Orte in Mitte der Hände, wo die

Male später erschienen, sich zu vertiefen begannen, wie wenn es der Abdruck eines halb erhabenen Körpers wäre; zugleich schmerzten jene Stellen, und es zeigten sich häufig Krämpfe um dieselben her. Das brachte ihn schon damals auf die Vermutung, daß es zur Stigmatisation kommen werde, und es erging, wie er vermutet hatte. Zu Lichtmeß, am 4. Februar des Jahres 1834, fand er sie mit einem Tuche, mit dem sie von Zeit zu Zeit, kindisch erschrocken, wie es schien, sich die Hände wischte. Da er Blut daran bemerkte, fragte er sie, was dies zu bedeuten habe. Und sie erwiderte: Sie selber wisse nicht recht, was ihr widerfahren, sie müsse sich wohl blutrünstig gerissen haben.

Es waren aber die Male, die von da an bleibend in den Händen sich befestigten, bald auch an den Füßen sich zeigten und denen sich zugleich auch die Seitenwunde beigesellt. Sie zeigten sich beinahe rund, einigermaßen ins Ablange gezogen, etwa drei bis vier Linien im Durchmesser, beiden Händen und Füßen, oben wie unten, ansitzend. Die Gestalt der Seitenwunde, nur von ihrer ganz vertrauten Freundin gesehen, war nicht zu bestimmen. Am Donnerstag abends und am Freitag drang meistens helles Blut in Tropfen aus ihnen allen hervor, an den übrigen Tagen deckte eine vertrocknete Blutkruste die Wunde, ohne daß die geringste Entzündung oder Geschwulst oder auch, neben dem getrockneten Blute, die mindeste Spur einer Lymphe zu finden war. Sie verbarg die Sache, wie gewöhnlich alles, was ihren inneren Zustand verraten konnte, aufs sorgfältigste. Aber da, nachdem 1833 bei Gelegenheit einer feierlichen Prozession die jubilierende Ekstase an ihr hervorgetreten, diese eines Tages in Gegenwart mehrerer Zeugen wiederkehrte und sie nun, einem verklärten Engel gleich, mit den äußersten Fußspitzen das Bett kaum berührend, blühend wie eine Rose, mit kreuzweise ausgestreckten Armen, im freudigsten Affekte stand, wurden die Male den Anwesenden in den Handflächen sichtbar, und die Sache ließ sich nun nicht länger mehr verbergen.

Im Herbste desselben Jahres, als ich das südliche Tirol besuchte, sah ich sie zu wiederholten Malen. Kaltern, ihr Geburtsort, liegt in reizender Umgebung. Auf dem rechten Ufer der Etsch, von der Einmündung der Eisack an, erhebt sich ein zwei bis drei Stunden weit sich hinziehendes, schöngeformtes, mäßig hohes Mittelgebirge, dessen Wurzeln mit denen des höheren Zuges, der das Etschtal vom Nonsberg scheidet, sich verflechten und zwischen sich eine Einsattlung fassen, die in ziemlicher Breite sich 3-400 Fuß über die Wasserfläche der Etsch erhebt. Inmitten derselben ist diese wieder wie in einen Krater ausgetieft, aus dessen Grunde der helle Spiegel eines kleinen Sees hinaufleuchtet, ringsum von einem grünen Rebenkranz umfaßt, von dem aus Kaltern mit seinen durchgängig altertümlichen Steinhäusern in leichtem Ansteigen sich erhebt, seinerseits wieder umgeben von seinen lachenden fruchtbaren Marken und von vielen anderen Orten, alten Burgen, Kalvarienbergen und weiter Fernsicht auf die Schneealpen hinauf und durch die nackten oder wäldergekrönten Bergeshäupter ins Etschtal gegen Trient hinunter. Eines dieser Steinhäuser, ganz noch so wie es etwa das 15. oder 16. Jahrhundert erbaut, ist ihr väterliches Haus. Dort liegt sie in sauber geweißtem Zimmer, in anständiger Umgebung, auf harter Matratze, aber in immer reinlich gehaltener Leinwand. Zur Seite des Bettes ist ein kleiner Hausaltar aufgestellt, hinter ihr an den Fensterpfeilern sind einige Bilder aufgehängt, zu denen sie besondere Andacht hat. Die Fenster sind nach Landesart zur Abhaltung allzu grellen Lichtes und zur Erfrischung der Luft bei der Hitze des Klimas, mit Jalousien geschlossen. Sie selbst ist mittlerer Größe, in allen Gliedern zart gebaut, ganz nach Art des jenseitigen deutschen Volkes, das aus verschiedenen nach und nach einwandernden Stämmen sich gemischt, in dem aber, wenigstens in dortiger Gegend, das rheinisch-fränkische Blut vorzuherrschen scheint, wahrscheinlich durch die Kolonien, die die deutschen Kaiser von dort aus in jenem wichtigen Passe nach

Welschland angesiedelt. Infolge der sparsamen Nahrung, die sie zu sich nimmt – von Zeit zu Zeit, wenn sie das Bedürfnis dazu fühlt oder der Beichtvater es gebietet, einige Traubenbeeren, irgendein anderes Obst, auch wohl etwas Brotkrume und dergleichen, was sich eben vorfindet –, ist sie natürlich abgemagert, doch nicht mehr, als es sich oft genug bei anderen findet, die ein gewöhnliches Leben führen. Ihr Gesicht hatte sogar damals eine gewisse Fülle, die jedoch, je nach ihrem Zustande, ziemlichem Wechsel sich unterworfen findet.

Bei meinem ersten Besuch fand ich sie in der Stellung, in der sie sich den größeren Teil des Tages befindet, kniend im unteren Teil ihres Bettes und in der Ekstase. Die Hände mit den sichtbaren Malen waren vor der Brust gefaltet, das Angesicht gegen die Kirche hingewendet und etwas nach aufwärts erhoben, der Blick der Augen, mit dem Ausdruck der tiefsten Absorbtion, in die Höhe gerichtet, bei völlig geschlossenen Sinnen durch nichts von außen störbar, keine Bewegung an der knienden Gestalt stundenlang bemerkbar, außer ein leicht in der Brust spielendes Atemholen und bisweilen ein ebenso leichtes Schlucken, manchmal auch ein kleines oszillierendes Wanken: ein Anblick, keinem anderen vergleichbar, als von Ferne dem, den die Engel Gottes geben mögen, wenn sie, in Betrachtung seiner Herrlichkeit versunken, vor seinem Throne knien. Kein Wunder, daß die Gestalt von der allerergreifendsten Wirkung auf jeden Beschauer ist. Ihre Gesichte und ihr Hellsehen in die Ferne, dem Raum und der Zeit nach, haben immer nur Heiliges und Kirchliches zum Gegenstande, und, ungleich den Somnambulen, ist sie über ihren eigenen körperlichen Zustand, gleich allen anderen Menschen, völlig blind, so wie denn auch die Ereignisse, welche sie vorausgesagt, durchgängig zur Zeit der Vorhersage keinen irgend haltbaren Erkenntnisgrund gehabt. Deutlich spiegelt sich das Allgemeine des Bildes, das vor ihrer Seele steht, in der mimischen Haltung ihrer mehr oder weniger an dem Gegenstande desselben teilnehmenden Persönlichkeit ab. So sieht man zu Weihnachten sie das neugeborene göttliche Kind mit großer Freude in ihren Armen wiegen, am Dreikönigstage kniet sie mitanbetend hinter den huldigenden Weisen, auf der Hochzeit von Kana liegt sie auf der einen Seite auflehnend mit zu Tische: ein Umstand, der ihr wohl sicher von außen nicht bekanntgeworden, da die Kirchenbilder jene alte Sitte nicht aufgenommen. So bezeichnet an anderen Tagen ihre Haltung ebenso charakteristisch die Modalität des Gegenstandes, der ihre Betrachtung eben beschäftigt.

Vorzüglich aber ist es die Passion, die am öftesten in den Gesichtskreis ihrer Beschauungen tritt und sich bei der Tiefe des Eindrucks, den sie ihr macht, auch am lebhaftesten in ihr ausdrückt.

Die Handlung beginnt schon am Vormittage des Freitags, und wenn man ihr in ihrem Gange folgt, dann sieht man, daß, wie manche sprechend denken oder vielmehr denkend sprechen, ohne sich der Worte bewußt zu sein, so diese nachhandelnd die Handlung betrachtet oder vielmehr ihr zuschauend sie nachtut, ohne Wissen dieses ihres Tuns. Bleich, wie sie während des ganzen Vorganges ist, sieht man sie dann immer mehr erbleichen, wie die Todesschauer häufiger ihre Gebeine durchfahren und das sinkende Leben mehr und mehr verdämmert. Schwer sich der Brust entwindende Seufzer kündigen die zunehmende Bedrängnis an, den mehr und mehr starrenden Augen entpressen sich Tränentropfen, die langsam über die Wangen niederrinnen. Leichte Zuckungen umspielen den anfangs nur wenig, dann zunehmend stärker klaffenden Mund; wie ein zum Gewitter sich ausbildendes Wetterleuchten durchzucken sie, anfangs in engeren Kreisen, dann, immer mehr ausholend in weiteren und weiteren das Angesicht und wachsen zuletzt zu Konvulsionen an, die von Zeit zu Zeit ihren Leib auf heftigste erschüttern. Jenes bange Aufseufzen hat unterdessen in ein herzzerreißendes Stöhnen sich verwandelt, das aus der angstgepreßten Brust herausächzt, die Wangen bedecken sich mit dunkler Röte, die verdickte Zunge scheint am lechzenden Gaumen zu kleben, die Konvulsionen werden immer stärker und tiefer einschneidend. Die vor der Brust gefalteten Hände, die anfangs nur unmerklich gesunken, gleiten nun schneller hinab, die Nägel beginnen sich blau zu färben und die Finger verschlingen sich krampfhaft ineinander. Bald wird ein Röcheln hörbar in der Kehle, der Atem, immer gepreßter, ringt sich nur mit Mühe aus der wie mit eisernen Banden umfangenen Brust. Die Züge verstellen sich bis zur Unkenntlichkeit. Der Mund des Schmerzensbildes ist jetzt weit geöffnet, die Nase zugespitzt, die starren Augen wollen brechen. In langen Zwischenräumen drängen noch einige röchelnde Atemzüge stockend sich durch die erstarrten Organe. Dann neigt sich das Angesicht, und das Haupt, mit allen Zeichen des Todes bezeichnet, senkt sich in gänzlicher Erschöpfung, und es ist ein anderes, kaum mehr kenntliches Gesicht, das jetzt gegen die Brust niederhängt. Anderthalb Minuten etwa bleibt alles in dieser Stellung: Dann richtet das gesunkene Haupt sich wieder auf. Die Hände werden zur Brust erhoben. Das Gesicht ist, wie im Nachlassen gespannter Federn, in seine ruhige Gestalt zurückgekehrt. Sie kniet nun da, beruhigt, das Auge gen Himmel aufgeschlagen und beschäftigt, ihr innerliches Dankgebet darzubringen. Und das wiederholt sich in jeder Woche, und zwar, wie ich bei öfterem, scharf aufmerkendem Hinsehen gefunden, jedesmal in den einzelnen Zügen je nach ihrer inneren Stimmung wechselnd und nur in den Hauptmomenten sich gleichbleibend. Denn es ist nichts Angelerntes in der Sache; wie der Brunnen aus dem Felsen, so quillt es ohne alle Künstlichkeit aus ihrem Naturell hervor. Darum erscheint nichts Falsches, Übertriebenes, Gewaltsames in der ganzen Darstellung: Sie würde, unter gleichen Umständen, in der Wirklichkeit ganz ebenso hinsterben.

Wie tief sie aber nun immer in diese ihre Anschauungen sich verloren haben mag: ein leise gesprochenes Wort ihres

Beichtvaters oder wer sonst mit ihr im geistlichen Verbande steht, reicht hin, um sie sogleich wieder zu sich zu bringen. Ihr Ausdruck ist dann ein ganz anderer geworden: der eines unbefangenen, in Einfalt und Natürlichkeit erwachsenen Kindes. Darum ist das erste, was sie beim Erwachen vornimmt, wenn sie die Zeugen erblickt, mit den bezeichneten Händen schnell unter die Decke zu fahren, wie ein Töchterchen, das sich etwa die Manschetten mit Tinte besudelt und die Hände nun vor der kommenden Mutter verbirgt. Dann blickt sie, schon an den Zudrang der Menschen gewöhnt, mit einer Art von Neugierde unter den Umstehenden herum, jeden nach ihrer Art freundlich begrüßend. Sie mag es nicht gern leiden, wenn der Ernst des Eindrucks, den die Szenen erwecken, von denen die Anwesenden Zeugen gewesen, in ihrem Ausdruck noch allzu sichtbar ist oder wenn man ihr mit einer Art von Feierlichkeit und Verehrung naht, und sucht dann durch ein gesucht fröhliches Benehmen diese Eindrücke zu verwischen. Da ihr seit geraumer Zeit der Mund verschlossen ist, strebt sie mit Zeichen und Winken sich verständlich zu machen, und wo das nicht ausreichen will, läuft sie wieder wie ein des Sprechens unerfahrenes Kind mit den Augen zu ihrem Beichtvater hin, ihn auffordend, daß er ihr helfe und für sie rede. Der Ausdruck ihres obgleich dunklen Auges ist fröhliche, unbefangene Kindlichkeit. Klar wie es ist, kann man durch dasselbe bis zum innersten Grunde ihrer Seele schauen und überzeugt sich bald, daß nirgendwo im ganzen Umkreis sich irgendein Arg verstecken könnte. Nichts Trübes, Kopfhängerisches, Überspanntes ist in ihrem ganzen Wesen zu entdecken, keine sentimentale, verschwommene Weichlichkeit, keine heuchlerische Grimasse, noch auch eine Spur irgendeines versteckten Hochmutes: überall nichts als der Ausdruck heiterer, fröhlicher, unbefangener, in Einfalt und Schuldlosigkeit bewahrter Jugend, die sich ohne Bedenken sogar dem Scherze hingibt, weil ein einwohnender sicherer Takt jeden Schein von Unschicklichem abzuweisen weiß. Während meiner Anwesenheit hatte man sie gebeten, ein eben neugeborenes Kind aus der Taufe zu heben. Mit großer Freude hatte sie den Täufling in ihre Arme aufgenommen; sie zeigte den allerlebhaftesten Anteil an der heiligen Handlung, aber sie wurde im Verlaufe derselben mehrmals ekstatisch und mußte immer wieder zurückgerufen werden.

Es ist ein merkwürdiger Anblick, diesem Hinschwinden zuzuschauen. Es ist, als wenn sie, auf dem Rücken liegend, auf den Wellen eines Lichtgewässers schwämme und nun noch ganz fröhlich um sich blickte. Mit einem Male sieht man sie gemach niedersinken; die Wellen spielen eine Weile um die Sinkende her und schlagen zuletzt über ihrem Angesicht zusammen, und man gewahrt sie unten in der Tiefe von der lichten Durchsichtigkeit umfangen. Dann ist aber auch das harmlose Kind mit einem Male verschwunden, und wenn, wie es bei günstigen Stimmungen nicht selten der Fall ist, das weiter geöffnete, dunkelleuchtende, keinen besonderen Gegenstand fassende, sondern in allen Radien wie in die Unendlichkeit hinausstrahlende Auge plötzlich inmitten veredelter Züge aufglänzt, dann blickt sie groß wie eine Sibylle, unter allen Verhältnissen aber würdig, edel und ergreifend.

So ist es um diese Maria von Mörl beschaffen, der, wie es scheint, in unseren Tagen die Sorge für die ewige Lampe übertragen worden, die im Heiligtume brennt, damit ihr Licht durch Versäumnis nicht erlösche und der Faden, der sich durch die Zeiten schlingt, nicht abreiße.

Ekstatisches Schweben

Peter von Alcantara kam einst auf seinen Wanderungen ans Ufer der angeschwollenen Guadiana und fand kein Schiff, das ihn hinüberbringe. Er wendete sofort die Augen gen Himmel, bezeichnete sich voll lebendigen Glaubens mit dem Zeichen des Kreuzes und sprach dann zum Genossen: »Mein Sohn, habe festes Vertrauen auf Gott; hebe dein Gewand ein wenig auf und folge mir!«

Sie setzten nun in die Fluten und gingen hinüber. Das Wasser reichte ihnen nur bis an die Knöchel.

Ein andermal ging er durch Alcantara nach Pedroso, kam, vor sich hingehend, von seinem Gefährten ab und erreichte zuletzt, in das Lesen eines frommen Buches vertieft, die Ufer eines sehr bedeutenden Flusses, den die Flüsse Alagon und Mareta miteinander bilden. Er aber, immer mit seinem Gegenstand beschäftigt, bemerkte gar nicht die Gewalt, mit der die Wässer, vom Regen angeschwollen, vor ihm strömten, und setzte unbekümmert seinen Weg über den wilden Strom, wie auf festem Boden, fort. Umsonst hatten die, welche am Ufer der weggetriebenen Barke warteten, ihn mit lautem Schreien angerufen, als sie ihn dem Strome nahen sahen; er hatte nichts vernommen. Wie er aber am anderen Ufer angekommen, warfen sich die, welche ihm von jenseits zugesehen, sich ihm sogleich zu Füßen und verehrten ihn als einen Heiligen mit Tränen. Er kam darüber wieder zu sich, wurde verwundert und verwirrt, kehrte, als er von ihnen erfahren, was sich begeben, sich um, sah nun das Wasser und seinen Gefährten jenseits und warf sich bei diesem Anblick sogleich zur Erde, um Gott zu danken. Nochmal, als er von Truxillo nach La Viciosa sich verfügte, ging er, statt auf einem Umwege von sechs Meilen die Brücke von Jaraiceo zu suchen, über den regengeschwollenen Strom Almonte. Das Wasser war ihm, wie er bei seiner Heimkunft den Vätern erzählte, nicht bis an die Knie gegangen. Sie fanden es am anderen Tage wohl noch eine Pike hoch in seinen Ufern gehen.

Endlich war er auch einst in dunkler Nacht an den Tajo gekommen, und als er jenseits ein wundersames Licht erblickt, war er sogleich darauf zugegangen. Die Klarheit schien ihn zu blenden, so daß seine Sinne sich gebunden fanden und er den Fluß nicht sah, noch auch das Schlagen der Wellen hörte und wie auf festem Lande fortging. Jenseits angelangt, gewahrte er das Haus des Fährmanns, und wähnend, er sei noch jenseits, klopfte er bei ihm an und bat, daß er ihn überfahre, weil er nach Algarabelles müsse. Der Fährmann hielt ihn für irreredend, und beredete ihn zuletzt, daß er warte, bis der Tag gegraut, wo er dem Verwunderten dann den Strom zeigte, über den er gegangen.

Schon in früher Jugend, in seinem achtzehnten Jahre, wenn Peter zur Zeit des Offiziums, nach Ablegung seines Zwerchsackes, auf der Landstraße niederkniete, weil er den Menschen sich ferne glaubte, Gott sein Herz öffnete und der Betrachtung himmlischer Dinge sich ergab, wurde er alsdann schnell verzückt und erhoben. Wenn nun Reisende des Weges kamen, blieben sie voll Erstaunen stehen, wenn sie den armen Bruder mehrere Fuß über der Erde schwebend erblickten, und warteten, bis er wieder zu sich gekommen, um seinen Segen zu erlangen. Er aber, so wie er die Harrenden gewahrte, warf eilig den Sack wieder auf den Rücken, und verwirrt und zornig über sich selbst, daß die Welt ihn also gesehen, nahm er sogleich die Flucht. Und nur das Zilizium konnte dann seinen Eifer mäßigen und ihn in seinem eiligen Laufe hemmen.

Wenn er Messe las, war es besonders wundersam, im Ablaufe derselben ihn vor dem Tabernakel zu sehen, das Antlitz ganz in Flammen, der Körper unbeweglich und so aufmerksam, daß er mit leiblichen Augen das verborgene Mysterium zu schauen schien. Beim Lesen des Evangeliums, wenn er zu den Worten kam: »Jesus sprach,« wandelte neue Inbrunst ihn an. Je näher die Konsekration, um so mehr wurde sein Herz bewegt, so daß er zuletzt, in voller Gebundenheit der Sinne, die heilige Handlung zu unterbrechen genötigt war. Nach der Konsekration wurde er, was er auch tun mochte, um die Heftigkeit der inneren Bewegung zu mäßigen, doch oft von ihr hingerissen, der Sinne beraubt und erhob sich dann schwebend am Altare, meist in der Höhe einiger Ellen über den Boden. So unter anderem einmal, als ihn die Bernhardinerinnen in Avila gebeten, die Messe bei ihnen zu lesen. Durch die heftige Entflammung seines ganz in Gott vertieften Geistes wurde er während derselben hoch erhoben. Er blieb drei Stunden in diesem Zustand, kam dann wieder zu sich und setzte nun mit gleicher Inbrunst die Messe fort, unter häufigen Tränen der Nonnen, denen er dann mit einiger Bestürzung zuredete, Gott zu danken, daß er so erstaunliche Erfolge seiner Güte an einem so Unwürdigen kund mache.

Im Chore war er gewöhnlich Gott so verbunden, daß sein Körper sich fünfzehn Ellen hoch bis zu den Gewölben erhob. Die Erschauung des Sternenhimmels brachte ihn oft zu den tiefsten Betrachtungen, so auch der Pflanzen und Kräuter. Wenn, wie es mitunter geschah, Tau und Regen auf seinem nackten Haupte beim nächtlichen Gebete gefroren, ohne daß er es gewahr wurde, dann sahen ihn die Brüder in diesem Zustande oft zwölf Ellen hoch schweben, in Gott verschlugen. In einer Ermahnung, die er einst diesen Brüdern machte, begann er unter anderem: »Gott hat sich inkarniert!«, vertiefte sich nun in das Geheimnis und erhob dann nach einiger Zeit wieder die Stimme in einem unvergleichlichen Affekte: »Gott hat sich bekleidet mit unserem Fleische!« Mit dem letzten Worte tat er einen Schrei, der ausging wie eines Donners Schlag, und dann getrieben durch die Gewalt der inneren Bewegung, die ihn ergriffen, eilte er zu seiner Zelle, wo seine Seele, unfähig zu widerstehen, in eine dreistündige Entrückung fiel. Derselbe Schrei hatte noch vielmals die gleiche Folge, besonders wenn er die Mysterien des Glaubens betrachtete.

Beim Grafen Oropese bewohnte er eine kleine Einsiedelei im Garten, und da wußten die Bedienten schon im voraus, daß, wenn er zögerte, zum Essen zu kommen, sie ihn bei Öffnung der Türe fanden, die Arme ausgebreitet und schwebend in der Luft, die Augen fest an den Himmel geheftet. Sie hatten nicht den Mut, ihn zu stören, und dann blieb er in der Regel den ganzen Tag in diesem Zustande, selbst bisweilen die Nacht hindurch, manchmal sogar bis zur Stunde des anderen Tages, wo er die Messe zu lesen hatte. Bisweilen geschah es ihm mitten in der Rede, die er mit anderen von himmlischen Dingen hielt, so als er im Kloster der Inkarnation die heilige Theresia besuchte, wo denn diese ihn zum ersten Male in diesem Zustande gewahrte. Einigemal auch wandelte es ihn vor versammelten Volke an, so in Arenas, als er die Messe las. Da dergleichen ihm, wie natürlich, große Verehrung vonseiten der Menge zuwendete, bat er oft Gott aufs inständigste, das Übermaß zu mildern und die Zeichen seiner Güte zu verbergen.

Er pflegte häufig den Kreuzweg von Pedrosa zu besuchen und wurde vielmals dort verzückt. Die Hirten sahen ihn dann von Ferne vor dem Kreuze schwebend, sowie die, welche zufällig vorüberreisten; und alles lief hin, um das wundersame Schauspiel näher zu sehen. Bisweilen vernahm er dann wohl das Geräusch der Menschen und der Pferde. Sogleich flüchtete er, wie fliegend durch die Luft, in der Höhe eines Stockes über die Erde erhoben, und verbarg sich im Kloster. Bisweilen aber war die Ekstase stärker als der Lärm um ihn her; und dann war er ein Gegenstand der Bewunderung und des Erstaunens für alle, die sich um ihn versammelt hatten.

Als er wenige Monate vor seinem Tode, bei der Visitation seiner Klöster, nach La Vicieuse gekommen, sahen ihn die Brüder oft auf den nahen Berg steigen, mehr durch Gottes Hilfe, als durch seine geschwächten Kräfte getragen, und dort, in vertrautem Gespräche mit Gott, sich stundenlang anhaltend in die Luft erheben. Wieder zu sich gekommen, hörten sie ihn alle Kreaturen zum Lobe Gottes auffordern, mit solcher Innigkeit und Heftigkeit, daß man unten im Kloster jedes Wort verstand.

Als Joseph von Copertino in früher Jugend sich noch in Grotella aufhielt, hatte er sich am Feste des heiligen Franziskus zum Gebet in eine kleine Kapelle begeben, die einen Büchsenschuß weit von seinem Kloster unter Olivenbäumen stand. Von dort aus vernahmen die Brüder bald einen fünfmal nacheinander wiederkehrenden Schrei, und als sie hineilten, sahen sie ihn an der zerfallenden Decke der Kapelle, ein dort angebrachtes Kreuz umarmend, wohl zwanzig Palmen über der Erde schweben. Als er eben dort, in der Nacht des Weihnachtsabends, den Schall der Pfeifen einiger Hirten, die er zur Verehrung der Geburt des göttlichen Kindes eingeladen hatte, vernahm, hub er zuerst aus übermäßiger Freude an zu tanzen, seufzte dann tief auf, stieß einen lauten Schrei aus, flog, einem Vogel gleich, von der Mitte der Kirche bis zum Hochaltar, der mehr als fünfzig Fuß entfernt war, und umfaßte das Tabernakel in Verzückung etwa eine Viertelstunde lang. Keine der vielen brennenden Kerzen, die zu der Zeit den Altar schmückten, fiel herunter und kein Teil seines Gewandes faßte Feuer. Das Erstaunen der Hirten war groß gewesen, nicht geringer aber die Verwunderung seiner Ordensbrüder und der Einwohner von Copertino, als er einst, mit einem Chormantel angetan, der Prozession am Franziskusfeste beiwohnen sollte und nun mit einem Male auf die fünfzehn Spannen hohe Kanzel der Kirche flog und auf ihrem äußersten Rande mit ausgestreckten Armen lange entzückt und wundersam kniend verweilte. Ebenso staunenerregend war die Verzückung, die ihn an einem Gründonnerstag abends ergriff, als er mit anderen Religiosen vor dem auf dem Hochaltare gerüsteten, mit vielen Lampen und leuchtenden Wolken gezierten heiligen Grabe betete. Er flog nämlich mit einem Male auf, um den Kelch, der seine Liebe beschloß, zu umfassen. Nichts von den umgebenden Zierraten wurde dabei beschädigt oder verrückt. Und so flog er nach einiger Zeit, von seinen Obern zurückgerufen, wieder an den Ort, wo er zuvor gewesen.

Als Santi Rossi von Trevo Noviz war in jenem Kloster und, von einer Krankheit ergriffen, bettlägerig wurde, besuchte ihn Joseph eines Tages mit mehreren anderen, und es begann bald ein Gespräch über religiöse Gegenstände. Joseph betete während des Redens die Augen auf ein kleines Kruzifix, das an der Wand über einem Tische hing, der, wie es in Krankenstuben gewöhnlich ist, mit vielen Gläsern, Karaffinen, Salbentöpfen und anderem leicht gebrechlichen Geräte besetzt war. Als die Rede nun auf die Empfängnis der Jungfrau gekommen, erhob er sich plötzlich mit einem Schrei von der Erde, flog gegen das Kruzifix an der Mauer und schwebte wohl eine halbe Viertelstunde lang in der Luft vor ihm, nach deren Verlauf er sich auf jenes Tischchen niederließ, ohne irgendeinen der darauf befindlichen Gegenstände zu verrücken oder zu zerbrechen.

Gleich verwunderlich war, was sich mit ihm begeben, als er auf einer kleinen Anhöhe zwischen Copertino und dem Kloster von Grotella einen Kalvarienberg aufrichten ließ und nun, als auf dem Gipfel desselben schon die beiden äußeren Kreuze standen, bemerkte, wie das mittlere, seiner Schwere und Höhe wegen, die vierundfünfzig Spannen betrug, nicht leicht von zehn Männern bemeistert und an seinen Ort gebracht werden konnte. Sogleich ergriff ihn sein inneres Feuer, und er flog nun von der Pforte des Klosters wohl achtzig Schritte weit dem Kreuze zu, hob es auf wie leichte Spreu und setzte es in die ihm zubereitete Grube. Dies Kreuz war in der Folge der Gegenstand seiner steten Andacht und seiner Flüge. Einst umstand er dasselbe mit anderen Priestern, und einer unter ihnen hatte die Frage aufgeworfen, wie sie tun würden, wenn der Herr an diesem Kreuze wirklich angenagelt und ihnen ein Kuß erlaubt wäre.

Der eine meinte in Demut, er werde ihm dann die Füße küssen, der andere die Seitenwunde, andere anderes. Er aber, als an ihn die Reihe gekommen, rief mit lauter Stimme und glühendem Antlitz aus: »Ich, ich, ich würde seinen heiligen Mund küssen, durch Galle und Essig vergällt!« Zugleich nahm er seinen Flug zur Höhe des Kreuzes, heftete seinen Mund genau an die Stelle, wo der Mund des Gekreuzigten gestanden hätte, wäre er zur Stelle gewesen, und stand so zum Erstaunen aller auf einem Nagel, der zum Zeichen, daß dort die Füße des Erlösers angenagelt seien, eingeschlagen war, lange Zeit. Man mußte eine Leiter aus dem Kloster herbeibringen, um ihn von dort wieder herabzunehmen.

Mehr als einmal kehrten solche Flüge auf Entfernungen von zehn bis zwölf Schritten zu diesem Kreuze wieder. Als er einst, von der Herabkunft des heiligen Geistes über die Apostel redend, einen Priester mit brennender Kerze vorbeigehen sah, kam der Geist selber über ihn, daß er vier Schritte hoch sich in die Luft erhob. Ein anderes Mal wurde er auf einen nahen Ölbaum erhoben, als ein Priester ihn mit den Worten anredete: »Pater Joseph, welch einen schönen Himmel hat nicht Gott erschaffen.« Man sah ihn nun eine halbe Stunde lang auf einem Zweige des Baumes kniend, und es bedünkte die Zuschauer überaus wunderbar, daß der Ast sich unter ihm nur leicht auf und nieder bewegte, gleichsam als ob ein Vogel sich auf ihm wiege.

Der heiligen Jungfrau war er besonders in Liebe zugetan, pflegte nicht anders denn seine liebe Mutter sie zu nennen, zierte ihr Bild in Grotella immerfort mit Lilien, Rosen und anderen Blumen, wie sie die Jahreszeit hervortrieb, brachte ihr Kirschen und andere Früchte und lobte sie in vielen einfältigen und freudigen Liedern. Wenn er nur ihren Namen nennen hörte, fiel er schon in Verzückung, und als seine Brüder einst in der Ordnung die Litanei miteinander absangen, flog er gleich beim ersten Worte: »Heilige Maria!« über drei Paare derselben, die vor ihm kniend, hinweg, ihrem Altare zu. Als er daher nach Assisi versetzt, oben am Gewölbe der Kirche ihr Bild wahrnahm, ganz ähnlich dem, das in Grotella verehrt wurde, rief er aus: »Ach, meine Mutter ist mir gefolgt!« und wurde nun achtzehn Schritte ihr entgegen in die Luft gehoben. Das gleiche wiederholte sich wenige Tage später vor einem anderen Bilde, das man ihm gezeigt, und es geschah ihm ebenfalls häufig, wenn eines der Lieder in seiner Gegenwart gesungen wurde, die er ihr zu Ehren gedichtet hatte.

So einmal, nach der Aussage des Paters Juniperus von Palermo, als die Novizen einen solchen Gesang in seiner Gegenwart angestimmt. Er wurde sogleich in kniender Stellung schwebend, und da nun einer der Anwesenden, des herabhängenden Habits wegen, Zweifel hegte, ob er doch nicht etwa die Erde berühre, legte er ihm die Hände unter und überzeugte sich, daß er in keiner Berührung mit ihr stand. Jeder Gesang überhaupt brachte ihn leicht in diesen Zustand. Der Kapellmeister des Klosters von Assisi, Pater Antonio Cossandri von Brescia, hatte drei Knaben unter seiner Zucht, die wie die Engel zu singen wußten. Als diese einst in der Zelle Josephs vor ihm ein Gespräch mehrerer Seelen im Fegefeuer absangen, wurde er sogleich erhoben, und wie er kniend schwebte, legte ihm gleichfalls einer der Knaben aus gleichem Grunde mit demselben Erfolge die Hände unter. Als er einst in Neapel, in der geheimen Kapelle der Kirche des heiligen Gregor von Armenien, die den Klosterfrauen von St. Ligorio angehörte, betend im Winkel kniete, flog er plötzlich von da mit einem starken Schrei auf und stand bald, mit kreuzweise ausgestreckten Armen und vorgebogenem Leibe, unter Blumen und Kerzen, so daß die Klosterfrauen erschrocken zu schreien anfingen: »Er verbrennt, er verbrennt!« Aber er kehrte, nachdem er einen neuen Schrei ausgestoßen, unverletzt im Fluge wieder in die Kirche zurück, und dort auf den Knien aufs geschwindeste sich herumdrehend, sang er immerfort: *»Beatissima Virgine, beatissima Virgine!«* So flog er fünfzehn Schritte weit auf ein neues Bild des heiligen Antonius von Padua in Monopoli, das seine Ordensbrüder ihm gezeigt, und kehrte auf demselben Wege zurück. Einst sah man ihn durch das Gitter eines kleinen Chores in der St. Ursulakapelle, wo das Sakrament aufbehalten wurde, nach und nach hervorgehen, mit gebogenen Knien und glänzenden Angesicht, und dann, durch den Gehorsam abgerufen, auf demselben Wege zurückkehren.

Nicht aber bloß stieg er in solchen Umständen selbst in die Lüfte, er nahm wohl auch andere mit sich dahin. Das begegnete unter anderem dem Pater Custos von Assisi, als Joseph, nach feierlich gesungener Vesper, zu Ehren der unbefleckten Empfängnis, in der Noviziatskapelle dem Verweilenden zuredete, mit ihm öfter die Worte: »Maria, du Schöne!« zu wiederholen. Während dieser, Folge leistend, einfiel, in die vorgesprochenen Worte, wurde er von ihm bei den Seiten gefaßt und in die Lüfte erhoben. Dasselbe geschah bei der Einkleidung einiger Jungfrauen im Kloster der heiligen Klara in Copertino. Als man den Vers: »Veni sponsa Christi« anstimmte, lief er aus dem Winkel, wo er kniend gebetet, auf den Beichtvater des Ordens der Observanten zu, nahm ihn bei der Hand, erhob ihn mit übernatürlicher Kraft von der Erde und drehte ihn im Wirbel um.

Einst wurde ihm ein unsinniger Edelmann, auf einen Sessel gebunden, vorgestellt, damit er durch seine Vorbitte geheilt werde. Joseph ließ ihm die Bande abnehmen, ihn in seiner Zelle mit Gewalt zum Knien bringen, stand dann auf, legte ihm die Hände aufs Haupt und sagte: »Edler Balthasar, fürchte dich nicht, befiehl dich Gott und seiner heiligen Mutter!« Als er die Worte ausgesprochen, faßte er ihn bei den Haaren, und indem er sein gewöhnliches lautes »O!« hören ließ, erhob er sich von der Erde und zog ihn mit in die Lüfte, hielt ihn dort zum Erstaunen aller Anwesenden eine Zeitlang schwebend und ließ sich dann mit dem Genesenen wieder zur Erde nieder. Bisweilen wurde bei seinen Auffahrten wohl auch ein Schall vernommen. So hatte er, während seines Aufenthaltes in Fossombrone, am

Pfingsttag in der Frühe Messe gelesen in seiner Kapelle, und als er die Worte: *»Veni creator spiritus«* ausgesprochen, war das Feuer so urplötzlich schnell in ihm eingeschlagen, daß er aufs geschwindeste, sich vom Altare losmachend, mit einem Knalle, als ob es donnere, in die Höhe schoß und wie ein Blitz in der Kapelle umfuhr, mit solchen Ungestüme, daß alle Zelle desselben Ganges erschüttert wurden und die erschrockenen Brüder herausliefen, laut schreiend: »Erdbeben! Erdbeben!« Als sie in die Kapelle Josephs eingetreten, fanden sie erstaunt den Grund dieser gewaltsamen Bewegungen in ihm, der da verzückt und in der Fülle höheren Trostes versenkt war.

Dämonische Magie

Der Zauberer Heliodorus

Zur Zeit, als der heilige Leo, der Wundertäter, Bischof in Catania in Sizilien war, lebte dort der Magier Heliodorus, Sohn der Barbara Patricia, Christ zwar selbst und aus einem christlichen Hause, aber weil er ehrgeizig nach Ehrenstellen strebte, in Wort und Tat zu einem Helfershelfer des Dämons ausgeartet. Darum hatte er mit einem Hebräer, berufen wegen seiner magischen Künste, angebunden und ihn befragt, wie er zur Erfüllung seiner Wünsche gelangen möge, und der hatte ihm gesagt: »Willst du, so gebe ich dir eine Schrift; damit begib dich in stürmischer Nacht zu den Gräbern der Heroen, besteige dort die hohe Säule und zerreiße das Blatt in die Lüfte. Siehst du darauf jemand zu dir kommen, dann fürchte dich nicht, und wenn er dir herabzusteigen befiehlt, tue es mitnichten, dann wird er dir Folge leisten in allem, was du begehrst.« Heliodorus folgte dem Rate, bestieg die Säule, zerriß das Blatt, und ihm zeigte sich sofort der Dämon. »Was begehrst du, Jüngling?« ist seine Anrede. »Deinen Dienst« die Antwort. Der Dämon, der auf einem Hirsche saß, darauf: »Schwörst du Christum von Herzen ab, dann gebe ich dir den Gaspar, einen meiner Diener, der soll dir zugetan sein und dir zu allem helfen.« Der Unglückliche leistete die Abschwörung, stieg herab und küßte die Rechte des Dämons, der, nachdem er ihm den Gaspar zugesellt, sofort verschwand.

Heliodorus begann nun seine Künste auszuüben. Eines Tages, als die zirzensischen Spiele, wie es Sitte in Catania ist, gefeiert wurden, redete er den Chrysis, einen nahen Verwandten des heiligen Leo an. »Ich kann, wenn dir daran gelegen ist, ein Pferd dir schaffen, das im Laufe allen andern voraneilt.« Chrysis ahnte keine Gefahr und sagte, er wolle wohl. Sofort brachte ihm Heliodorus ein weißes Roß; der Jüngling bestieg es und eilte allen andern weit voraus, zum Erstaunen der Zuschauer, am meisten des Präfekten Lucius, der sogleich zwei von seiner Wache sendete, um den Jüngling mit dem Rosse vor ihn zu führen. Aber das Pferd war nach Endigung des Gaukelspiels sogleich verschwunden und hatte den Jüngling, sprachlos vor Erstaunen, zurückgelassen. Er wurde also allein zum Präfekten geführt, der, als er ihn sah, zu ihm sprach: »Höre, das Roß will ich den Majestäten senden, denn es ziemt sich nicht, ein so treffliches Tier zurückzubehalten! Es muß den Kaisern bei den zirzensischen Spielen dienen.« Der Jüngling verstummte und wurde verhaftet. Bald kam das Gerücht davon an den heiligen Leo, der zum Präfekten eilte und ihm erzählte: wie der Jüngling nie weder ein schwarzes, noch ein weißes Roß gehabt und Heliodor der Anstifter von allem sein. Der Präfekt ließ diesen vor sich laden, befragte ihn, ob er es gewesen, der den Chrysis verleitet, und da er ihn als Magier erkannte, gab er den Jüngling frei, legte aber den andern dafür in Fessel. Da aber Heliodorus von der Wache abgeführt wurde, kam er mit ihr überein, ihnen um seine Freiheit drei Pfund Goldes als Lösegeld zu bezahlen; und da sie des Handels einig wurden, übergoldete er einen Stein, den er von der Straße aufgehoben, durch seine Kunst und gab ihnen denselben statt des Goldes. Die Soldaten sagten dem Präfekten, der Heliodor sei ihnen auf dem magischen Roß entflohen. Der Präfekt glaubte es ihnen und entließ sie ungestraft. Wie sie aber das Gold, das sie empfangen, näher ansehen, finden sie, daß es Stein sei und, auf die Wage gelegt, drei Pfunde wiege.

Solches verrichtend, verwirrte er nicht bloß Catania, sondern ganz Sizilien; denn so groß war seine Zauberkraft, daß er selbst dem Simon, dem Magier, es darin zuvortat. Als Weiber ihm einst begegneten, zauberte er ihnen einen Fluß vor die Augen, daß sie sich vor allen Leuten die Gewänder aufhoben, um durchzuwaten. Käufer und Verkäufer betrog er, indem er ihnen Steine und andere Dinge statt Goldes bot, so daß der Verkehr dadurch ganz gestört wurde. Die Töchter der angesehensten Männer bezauberte er also, daß sie die väterlichen Häuser verließen und nach Belieben da und dort umherschweiften. Häufige Klagen wurden deswegen bei dem Präfekten angebracht, und dieser berichtete zuletzt darüber an die beiden Kaiser: Leo, den Sohn des Constantinus Copronymus, und Constantinus Porphyrogeneta, die zu dieser Zeit im römischen Reiche herrschten. Die Kaiser erzürnten darüber und sandten sogleich Schnelläufer Heraklides, daß er binnen 30 Tagen den Heliodorus nach Byzanz bringe. »Sieh zu«, sagten sie, »daß du die Sache mit Ernst betreibest! Keinen Vorwand sollst du gelten lassen und ihn am anberaumten Tage vor uns stellen.« Heraklides, mit Gefolge ausfahrend, landet in Sizilien und findet den Heliodorus am Ufer umherwandeln, der, die Schiffenden erblickend, sagt: »Seid willkommen, Brüder! Sucht ihr nicht einen gewissen Heliodorus? Müht euch nicht ab, denn ich bin's, und ihr werdet keinen andern finden. Ich wollte nicht fliehen, obwohl ich es leicht gekonnt, und ich bin euch lieber entgegengegangen.« Heraklides wunderte sich darüber. Weil er aber also freiwillig sich gestellt, ließ er ihn nicht festhalten, sondern nachdem er Sicherheit geleistet, gestattete er ihm in die Stadt zu gehen, um Wein, Brot, Wasser und die übrige Notdurft zur Reise anzuschaffen. Da Heraklides indessen innerlich noch zweifelte, ob es auch der sei, den er suche, sagte Heliodorus: »Gebt mir eure und der beiden Kaiser Sicherheit, und ich mache, daß ihr nach Verlauf eines Tages in Byzanz anlegt.« Erstaunt sagte Heraklides: »Dreißig Tage sind uns gestattet, und davon sind fünfzehn jetzt verflossen.« Darauf der andere: »So ruhe denn die andern Tage, und wenn der letzte aufblinkt, dann fahren wir aus von hier und kommen, wie ich gesagt, am selben Tage nach Byzanz.« Ihm entgegnet der Byzantiner: »Wenn du aber nicht leistest, was du versprochen, ertränke ich dich im Meere.« Darauf Heliodorus. »So wollen wir denn zu Bade gehen.« Wie sie nun eingetreten, hieß er alle in eine Badestube herniedersteigen, gebot ihnen aber, den Namen Christi in keiner Weise auszusprechen. Darauf machte er sie ihre Köpfe im Wasser untertauchen, und sogleich finden sie in die Bäder der Hauptstadt sich versetzt, und Heraklides, aufmerksam um sich schauend, erkennt, daß es wirklich so sich verhalte.

Über das alles wurden die Kaiser, als sie es erfahren, so ungehalten, daß sie es für unnötig erachteten, weitere Untersuchung zu verhängen, sondern den Menschen sogleich zum Tode verurteilten und ihn zu enthaupten befahlen. Aber Heliodorus beschwor die Cäsaren bei Christus, daß sie ihm wenigstens Wasser reichen ließen. Die Imperatoren geboten, ihm welches zu geben; und ihm wurde, weil er nicht anders gesättigt zu werden schien, ein Eimer voll gebracht. Sogleich warf er sich in dasselbe hinein und verschwand mit den Worten: »Lebe wohl, o Kaiser, suche mich in Catania!«

Somit mußte nun wieder Heraklides nach Sizilien ihm folgen. Wieder kommt er ihm entgegen, wieder macht er sich anheischig, in einem Tage nach Byzanz hinüberzufahren. Aus einem Lorbeerzweig wird diesmal ein Schiff gebildet und wohl versehen. Und es sticht mit den Reisenden schnell in die See. »Wo sind wir?« – »Im Angesicht von Rhegium.« – »Wo nun?« – »Bei Crotona.« »Wo aber jetzt?« – »Bei Hydrunt!« So landeten sie zuletzt im Hafen der Löwenkuh bei Byzanz. Die Frau des Heraklides, Thalia, als sie den Heliodorus erblickt, speit ihm mit den Worten ins Gesicht: »Das ist der Lügner, der meinen Gatten zweimal nach Sizilien hinübergesprengt!« Zornig fährt sie darauf der Geschändete an: »Ich bin nicht, der ich bin, schände ich dich nicht vor der ganzen Stadt.« Er macht darauf alle Feuer in der Stadt erlöschen, und die Kaiser wollen ihn darum erhungern lassen. Da aber die Hungersnot sich in der Stadt verbreitet, wird der Zauberer deswegen angegangen und antwortet: nur von dem Weibe, das ihn also beleidigt, könne ihnen wieder Feuer werden. Als darauf einer der Trabanten der Kaiser auf ihren Befehl mit dem Schwerte gegen ihn ausholte, um ihn umzubringen, öffnete sich die Decke, und er fuhr mit den Worten davon: »Heil dir, Kaiser, suche mich in Catania!«

Das dauerte so lange, bis er endlich im heiligen Leo sein Ziel gefunden. Dieser hatte seither, in der Hoffnung seiner Besserung, immer das Äußerste von ihm abzuwenden gewußt. Aber er war so fern davon, seinem Rat zu folgen, daß er ihn zuletzt selbst anzugehen wagte. Als der Bischof einst die heiligen Mysterien feierte, erschien er in der Kirche in Mitte der Volkshaufen, nach Art eines Maultieres um sich schlagend und dadurch einige zum Lachen, andere zum Unwillen erregend. Er rühmte sich zugleich, er werde den Heiligen mit seinen Priestern öffentlich tanzen machen.

Wie nun der Heilige merkte, daß Heliodorus wirklich damit umging, gab er sich ins Gebet, ging dann auf den Zauberer zu, wand ihm seine Stola um den Hals und führte ihn mit den Worten: »Gegen Christus, meinen Herrn, helfen dir deine Zauberkünste nichts!« an den Ort, Achilleus genannt, wo er ihn dem Gericht überantwortete.

Maria Goffe von Rochester

Maria, die Gattin des John Goffe von Rochester, erkrankt an einem langwierigen Übel und wird deswegen nach Westmulling, 9 Meilen von ihrem Wohnorte, in ihres Vaters Haus gebracht, wo sie am 4. Juni 1691 stirbt.

Am Tage vor ihrem Tode wandelt sie ein großes Verlangen an, ihre beiden Kinder zu sehen, die sie unter der Pflege einer Amme zu Hause zurückgelassen; und sie bittet ihren Gatten, ein Pferd zu mieten, sie müßte nach Rochester gehen und bei ihren Kindern sterben. Man macht ihr begreiflich: sie sei nicht in dem Zustande, das Bett zu verlassen und zu Pferd zu sitzen. Sie aber besteht darauf, wenigstens den Versuch zu machen. »Kann ich nicht sitzen, so lege ich mich der Länge nach aufs Roß,« sagte sie, »denn ich muß meine Lieblinge sehen.« Ein Geistlicher war um zehn Uhr abends noch bei ihr, dem sie ihre Willigkeit zu sterben, und die Hoffnung, die sie auf Gottes Barmherzigkeit hatte, erklärte. »Aber«, sagte sie, »mein Jammer ist, daß ich meine Kinder nicht mehr sehen kann.« Zwischen ein und zwei Uhr am nächsten Morgen kam sie außer sich. Eine Witwe Turner, welche die Nacht bei ihr gewacht, sagte, ihre Augen seien offen und starr gewesen, der Mund aber geschlossen. Die Frau brachte ihre Hände an ihren Mund und Nasenlöcher und fühlte keinen Atem, sie glaubte, die Kranke liege in einer Ohnmacht, und war ungewiß, ob sie tot sei oder lebendig. Als sie später am Morgen wieder zu sich kam, erzählte sie ihrer Mutter, sie sei zu Hause bei ihren Kindern gewesen. »Das ist unmöglich«, erwiderte die Mutter, »du bist alle die Zeit nicht aus diesem Bette gekommen.« – »Wohl«, sagte darauf die andere, »aber ich war vergangene Nacht bei ihnen, als ich im Schlafe lag.« Übereinstimmend mit dieser Rede sagte und beteuerte nun die Amme in Rochester, die Witwe Alexander, – und sie war willig, es mit einem Eide vor der Obrigkeit zu bekräftigen und das Sakrament darauf zu nehmen – : wie sie am Morgen etwas vor 2 Uhr die Gestalt der Maria Goffe aus dem Nebenzimmer, in dem bei offener Türe das eine Kind allein schlief, kommen gesehen; und wie sie etwa eine Viertelstunde an der Seite des Bettes gestanden, in dem sie mit dem jüngeren Kinde lag. Ihre Augen bewegten sich, und ihre Lippen schienen zu sprechen; aber sie sagte nichts. Die Amme setzte hinzu: sie sei vollkommen wach gewesen, und weil es einer der längsten Tage im Jahre war, habe es hell zu werden angefangen. Sie setzte sich in ihrem Bette auf, blickte unverwandt die Erscheinung an und hörte die Glocke auf der Brücke zwei schlagen. Nach einer kleinen Weile sagte sie: »Im Namen des Vaters, des Sohnes und des heiligen Geistes, was bist du?« Auf diese Worte entfernte sich die Gestalt und ging von dannen. Sie warf sich schnell in ihre Kleider und folgte, konnte aber nicht ausfinden, was aus ihr geworden war.

Nun und nicht früher wandelte sie ein Grausen an, und sie ging aus dem Hause, das am Wasser lag, und wandelte einige Stunden um den Kai herum, nur von Zeit zu Zeit nach den Kindern sehend. Um 5 Uhr morgens klopfte sie an einem Nachbarhause an. Aber erst eine Stunde später ließ man sie bei wiederholtem Klopfen ein, und sie erzählte den Leuten nun, was sich begeben. Die wollten sie bereden, sie habe geträumt. Sie aber erwiderte: »Wenn ich sie in meinem ganzen Leben je gesehen, dann sah ich sie diese Nacht!« Eine von denen, die bei ihrer Rede zugegen gewesen, Marie, die Gattin des J. Sweet, erhielt am Morgen Botschaft von Mulling herüber: die Goffe liege im Sterben und wolle sie sprechen. Sie ging daher am gleichen Tage hinüber und fand sie in den letzten Zügen. Die Mutter der Kranken erzählte ihr nun unter anderem, wie sehr ihre Tochter nach den Kindern sich gesehnt und nun sage, sie habe sie gesehen. Das brachte der Frau Sweet die Worte der Amme wieder ins Gedächtnis, denn bis dahin hatte sie nichts davon erwähnt, sondern es als einen Irrwahn der Frau lieber verschwiegen.

Thomas Tilson, der Pfarrer von Aylesworth bei Maidstone, der den Verlauf dieses Ereignisses bekanntgemacht, erhielt die ausführliche Nachricht darüber am Begräbnistage von John Carpenter, dem Vater der Verstorbenen. Am 2. Juli verhandelte er die Sache umständlich mit der Amme und den beiden Nachbarn, zu denen sie am Morgen gegangen. Am folgenden Tage hörte er durch die Mutter es bestätigen, dann durch den Geistlichen, der am Abend bei ihr gewesen, und durch die Wärterin, die die Nacht über bei ihr gewacht; alle waren einstimmig in der Erzählung der Geschichte, und das Zeugnis des einen bestätigte die Aussage des andern. Alle waren verständige, ruhige Leute, denen es nicht zu Sinne kam, der Welt etwas aufzubinden oder mit Lügen umzugehen; auch war gar nicht abzusehen, was sie dazu bewogen haben sollte.

Doppelexistenz

Ein junger Mann in London, nüchtern, religiös, sinnig, nicht von wunderlichen oder leichtsinnigen Einbildungen verwirrt, auch nicht närrisch oder kränkelnd, noch auch zur Doppelsichtigkeit oder wachen Träumerei, wie so manche Gespensterseher, geneigt, sondern ein wohlunterrichteter, besonnener und ernster Mann, stand als Lehrling bei einem Kaufmann in London, der eine Faktorei in Amerika hatte, und sollte sogleich dahin einschiffen. Das Schiff lag segelfertig in Gravesand; sein Lehrherr machte die nötigen Briefe und sonstigen Abfertigungen für ihn zurecht, konnte ihn daher beim Drange der Arbeit nicht wie gewöhnlich mit zu Tische nehmen und hieß ihn darum in der Schreibstube bleiben, bis er komme, ihn abzulösen. Demgemäß, als er abgespeist, ging er hinunter, um ihn zum Essen hinaufzusenden, und sah ihn durch die Türe der Schreibstube dort beim Buchhalter schreibend sitzen, wie er ihn zuvor verlassen. In dem Augenblicke wurde er bestimmt, wieder schnell die Treppe hinauf zum Eßzimmer zu gehen, von wannen er eben herabgestiegen, ließ daher den jungen Mann, ohne mit ihm zu reden, in der Schreibstube zurück. Wie er aber oben war, sah er ihn mit seinen andern Leuten am Tische sitzen. Das Vorzimmer, in dem sie saßen, öffnete gegen die Treppe und konnte von ihm ganz übersehen werden, so daß darin kein Irrtum stattfinden mochte. Der junge Mann, wenn er sich nicht unsichtbar zu machen verstand, konnte nicht ungesehen auf der Treppe an ihm vorübergegangen sein, was ihm auch die Schicklichkeit nicht gestattet hätte. Der Lehrherr sprach nicht zu ihm, was ihn hernach gereute, sondern ging in der Bestürzung vorüber in das Eßzimmer, das rechts von dem der Leute lag; aber er sandte von da sogleich jemand hinüber nachzusehen, ob er wirklich dort am Essen sitze, und er war tatsächlich dort; so daß, was er in der Schreibstube gesehen hatte, das Scheinbild des Lehrlings gewesen sein mußte.

Daß es Anlage bei diesem war, ergibt sich aus spätern Umständen, die sich mit ihm zugetragen. Er war seit längerer Zeit in Boston und ging von da aus seinen Lehrherrn, im Postskript eines Briefes, um Nachricht seines Bruders wegen an. Denn, sagte er: »Jüngst am 20. Juni, als ich völlig wachend nach sechs Uhr in der Frühe im Bette lag, sah ich diesen meinen Bruder am Fuße des Bettes die Vorhänge öffnen, und er blickte, ohne zu sprechen, mir ins Gesicht. Ich, voller Schrecken, faßte mich doch genug, um sagen zu können: »Bruder, was ist's mit dir?« Er hatte seinen Kopf mit einem blutigen Tuch umbunden, war sehr blaß und schrecklich anzusehen und sagte: »Ich bin schändlich ermordet von dem und dem, aber mir soll Gerechtigkeit werden«, worauf er verschwand.

Der junge Mensch, ein Student in London, war, 14 Tage vor dem Datum des Briefes, dort in einer Schlägerei mit einem Schüreisen niedergeschlagen worden und bald darauf an der Wunde gestorben. Morton, der die Geschichte überliefert, hatte den Brief eine Stunde nach dessen Eintreffen in London gelesen, kannte die Hand des Schreibers, wie ihn und seinen Bruder, vollkommen wohl, konnte also nicht hintergangen werden.

Der Spuk von Münchhof

Der Schauplatz dieser Ereignisse ist der sogenannte Münchhof, eine Stunde von Voitsberg, drei Stunden von Graz, der Beobachter H. J. v. Aschauer, damals Verweser in Kamach, ein in der Physik und Mathematik vorzüglich erfahrener Mann, als Lehrer der technischen Mathematik am Johanneum in Graz angestellt.

Ich folge buchstäblich dem Berichte, den er über seine Erfahrungen, unter dem 21. Januar 1821, an einen ihm Befreundeten abgestattet, ihn nur da und dort, jedoch nur in unwesentlichen Dingen, aus einem späteren ergänzend, den er mir selbst vor etwa neun Jahren mitzuteilen die Gefälligkeit gehabt. Er beteuert, daß er die Wahrheit des Erzählten in jedem Augenblick beschwören könne und daß er vor der ganzen Welt als ehrlos gebrandmarkt sein wolle, wenn in seiner Beschreibung ein auch nur übertriebenes Wort zu finden sei.

Er eröffnet seinen Bericht mit dem, was sein Schwager, der Hausherr auf dem Hofe, Obergemeiner, ihm mündlich mitgeteilt: Beiläufig im Oktober 1818 wurden nachmittags und abends verschiedene Male Würfe an die Zimmerfenster des Hofes zu ebener Erde, wie mit kleinen Steinen, verspürt, wobei wohl auch mitunter einige Scheiben zerbrachen, was jedoch immer aufhörte, sowie die Leute Feierabend machten und zur Ruhe gingen.

Obergemeiner glaubte anfangs, es seien Schulkinder, die sich im Vorübergehen den Spaß machten; da er aber ohngeachtet alles Aufpassens niemand entdecken konnte und es nun auch an der vorderen und hinteren Haustüre, die beide versperrt waren, stark zu pochen anfing, ohne daß der Kettenhund anschlug, so geriet er auf die Vermutung, es sei Raubgesindel das ihn herauslocken wolle, und schloß deswegen die Türe nicht auf.

Da ihm aber das Gesindel furchtsam und er selbst der Unruhe überdrüssig zu werden anfing, so beschloß er die Sache ernsthafter zu behandeln. Er ging deswegen gegen Ende des Monats, ohne seinen Hausgenossen etwas zu sagen, zu den umliegenden Bauern, und nahm sie alle, 24 bis 36 Mann, sämtlich bewaffnet, mit zu seinem Hause, umstellte alle seine Gebäude in ziemlich weitem Kreise mit ihnen, und nachdem er angeordnet, daß die Wachen keinen Menschen weder ein- noch auszulassen hätten, ging er nun selbst mit seinem Nachbar Koppbauer und noch einigen andern in das Haus, versammelte dort seine Leute, um sich zu überzeugen, daß keiner abgehe, und durchsuchte dann alle Gebäude vom Dachfirst bis in die Keller.

Das geschah gegen halb fünf abends. Die Wachen hatten

unterdessen ihren Kreis immer enger geschlossen. Niemand war gefunden worden, aber niemand, weder Mensch noch Tier, konnte auch durch den Kreis gedrungen sein.

Währenddessen aber hatte es schon angefangen, auf die Küchenfenster verschiedene starke Steinwürfe zu machen, und da nun die Würfe immer stärker wurden, stellte sich Koppbauer ganz anlehnend nach außen in ein solches Fenster, um die Richtung der Würfe zu erkennen.

Als er so stand, und Obergemeiner mit einigen andern in der Küche war, geschah ein starker Wurf in eben dieses Fenster, so daß mehrere Scheiben bersteten hinter dem Rücken Koppbauers, der darüber sehr erzürnte, weil er glaubte, die in der Küche hätten, um ihn zu necken, das Fenster eingeworfen. Da aber Obergemeiner ihn eines Besseren belehrte und das Erstaunen der anderen dessen Worte bestätigte, so verfielen sie nun darauf, es müsse von innen heraus geworfen werden, was denn auch wirklich in dieser Richtung gegen alle Fenster vor sich ging, aber nach halb sieben mit einem Male ganz aufhörte.

Unterdessen war das Durchsuchen fortgegangen. Ofenlöcher, Kamine, kurz alles wurde erforscht, wo sich nur ein Mensch oder ein Tier verbergen konnte; auch blieben die Wachen die ganze Nacht in der Nähe des Hauses. Es blieb Ruhe bis um acht Uhr vormittags, wo das Werfen in Gegenwart von mehr als 60 Menschen wieder begann.

Man sah nun deutlich, daß es die Steine unter den Küchenbänken heraus in die Fenster, und zwar in ganz unerklärlicher Weise aufwärts, in zurückgeschlagener krummer Linie werfe. Es waren die sogenannten Sechtsteine, 1/4 bis 15 Pfund schwer, bestimmt um geglüht und im Wasser abgelöscht zu werden, die jetzt zugleich in den allerverschiedensten Richtungen auch in die anderen Fenster geschleudert wurden. Es blieb aber bald nicht bei diesen Steinen, sondern alles, was sonst beweglich war: Schüsseln, Häfen, leere wie volle, Löffel, usw. wurden ergriffen und unter die Leute, auf den Boden, in die Fenster geworfen, und zwar mit unglaublicher Geschwindigkeit. Mancher Wurf ging durch die Fenster hindurch; mancher bedeutend große Körper, ungeachtet seiner Masse und Geschwindigkeit, blieb mitten in den Scheiben stecken! Andere berührten das Glas nur eben und fielen dann innerhalb des Fensters senkrecht hinunter. Menschen, die vom Werfen großer Steine getroffen wurden, empfanden zu ihrer Verwunderung, trotz der großen Wurfgeschwindigkeit, den Anschlag nur leicht, und auch an ihnen fiel der Körper dann senkrecht herunter.

Nun mußte man trachten, die tollen Töpfe und alles Bewegliche aus der Küche zu retten. Während man aber mit dem Wegtragen beschäftigt war, wurde vieles den Tragenden aus den Händen geschlagen, oder wenn es auf den Tisch im Vorderhause niedergesetzt wurde, vor den Augen aller, ohne Rücksicht auf Schwere, hinuntergeschleudert. Nichts blieb unangetastet, als ein auf dem Tische aufgestelltes Bild, Christus am Kreuze; die daneben brennenden Lichter aber wurden mit großer Gewalt herabgeschlagen.

Binnen zwei Stunden war keine Fensterscheibe in der Küche mehr ganz geblieben, und alle zerbrechlichen Geräte, bis auf die geretteten, zertrümmert, so daß Obergemeiner mit allen seinen Leuten bei seinem Nachbar kochen und essen mußte. Die Frau rettete eine Schüssel mit Salat in das Speisegewölbe im ersten Stock, ging dann mit der Kellnerin hinauf, öffnete die Türe und schickte die Magd mit dem Salat hinein: wie diese aber danach griff, wurde er ihr aus der Hand geschlagen.

Die Magd lief davon; die Frau glaubte, sie habe ihn aus Furcht und Ungeschicklichkeit fallen lassen, und wollte es ihr verweisen, als plötzlich die Schüssel mit dem Inhalte aus dem hinteren Teil des Speisegewölbes an der Frau in der Türe herübergeflogen kam und im Vorderhaus niederfiel. Der Hausherr saß an diesem Tag, da es gegen elf Uhr mit Werfen endlich nachgelassen, in seinem ungewöhnlichen Speisezimmer zu ebener Erde und hatte eine leere

Maßflasche mit eingeriebenem Glasstöpsel vor sich stehen. Mit einem Male hob dieser sich langsam in die Höhe und fiel neben der Flasche auf den Tisch. Er brachte denselben wieder an seinen Ort und drückte ihn mit Anstrengung fest in den Hals der Flasche. Nach zwei bis drei Sekunden stieg er abermals auf und fiel herunter, und so auch zum dritten Male, worauf er die Flasche einsperrte, weil dem verschlossenen Geräte nie etwas angehabt wurde. Die folgenden Tage war es darauf ziemlich ruhig, doch mußte man alle Geschirre, in denen man kochen wollte, festhalten und die zerbrechlichen wieder entfernen, wenn gar gekocht war.

Diesen Verlauf vernahm nun der Zeuge zu Voitsberg auf dem Markte vom Hausherrn selbst und bat denselben durch Zuschrift, wenn sich wieder etwas ereignen sollte, ihn unfehlbar holen zu lassen. Gegen Allerheiligen erhielt er wirklich einen Eilboten und begab sich nun eiligst an Ort und Stelle. Bei seiner Ankunft fand er die Hausfrau und Koppbauer, die allein zu Hause in der Küche waren, beschäftigt, die Scherben eines Topfes aufzulesen, den er bei seinem Eintritt noch hatte fallen hören.

Wie er nun mit den beiden anderen, jeder etwa zwei Schritte vom nächsten entfernt, in der Küche stand, kam ein großer eiserner Schöpflöffel aus dem Löffelbrette mit unglaublicher Geschwindigkeit dem Koppbauer an den Kopf geflogen und fiel dann senkrecht herunter. Da der Löffel 3/4 Pfund wog, hätte er, bei der erstaunlichen Schnelle der Bewegung, eine bedeutende Kontusion verursachen sollen, auf Befragen sagte der Getroffene aber, daß er nur eine leise Berührung empfunden habe. Der Zeuge war nun zwei Tage im Hause, sah aber bis den zweiten Tag nachmittags vier Uhr nichts mehr, da er wegen dem Rauchen der Küche und seinen gerade damals schmerzhaften Augen nicht beständig in ihr bleiben konnte, wo es denn bei seiner öfteren Entfernung mehrmals in die wiederhergestellten Fenster geworfen.

Er untersuchte unterdessen alle Wetterableiter und Gegenstände mittelst eines Elektrometers, das er dazu mitgebracht, fand aber nirgendwo elektrische Anhäufungen; auch wurde bei den heftigen Würfen nicht das mindeste Leuchten, Geräusch, Knall oder auch irgendeinen Geruch wahrgenommen.

Die Lokalität der Küche war so, daß kein Mensch auf die Körper in ihr weder mittelbar noch unmittelbar einwirken konnte; und wie sehr der Zeuge, angesichts der Erscheinungen, nachsann, aus dem ganzen Reiche der bekannten Naturkräfte irgendeine auszufinden, aus der sich mit einiger Wahrscheinlichkeit die Phänomene erklären ließen, er konnte nichts ersinnen. Auch der Obergemeiner hatte seinerseits öffentlich einen Preis von 1000 Florin dem Entdecker der Ursache zugesagt.

Am zweiten Tage, gegen vier Uhr nachmittags, als der Zeuge schon wieder zweifelhaft werden wollte, stand er am Ende der Küche. Ihm gegenüber war ein großer Schüsselrahmen. Zwischen ihm und seinem Auge, das sich eben zufällig darauf heftete, war weit herum kein den Blick hemmender Gegenstand. Und nun sah er plötzlich eine kupferne, mit Eisen beschlagene, etwa für zehn bis zwölf Menschen zureichende Suppenschüssel ohne alles Geräusch aus dem Rahmen sich bewegen, in einer fast horizontalen Linie mit unglaublicher Geschwindigkeit gegen sich kommen und so nahe am Haupte vorüberfliegen, daß der Luftzug davon ihm die Haare aufhob, ohne daß irgendein Laut, ein Sausen oder Zischen zu vernehmen gewesen wäre; worauf sie dann hinter ihm mit großem Geräusche, aber ohne alle Beschädigung, niederfiel. Alle Anwesenden, die zur Seite standen, waren erstaunt darüber; denn es fehlte nie an Leuten, weil alles fern und nah hinströmte, um das Außerordentliche zu sehen.

Gleich darauf rieb die Magd Semmel zu Brosamen, wie sie aber sich umkehrte, um Semmel und Reibeisen in ihr Behältnis zu legen, bewegte sich der hölzerne Teller, mit mäßiger Geschwindigkeit den Herd anstreifend, horizontal bis an den Rand desselben und wurde dann, wie von einem großen abwärts gehenden Schlag getroffen, auf den Küchenboden so stark niedergeworfen, daß er mehrmals aufhüpfte und die Brosamen durch die ganze Küche fuhren. Daß hier niemand Hand anlegte, von allen, die gegenwärtig waren, davon sei er, setzt der Zeuge hinzu, wie von seiner Existenz gewiß.

Etwa um fünf Uhr kam ein Fremder an, der behaupten wollte, die bewegende Ursache sei ein Mensch, der in dem (innen mit Rauch erfüllten) Schornsteine sich verborgen. Der Zeuge, über das Abgeschmackte einer so lächerlichen Erklärung etwas ungehalten, führte ihn gegen die Türe an eine Stelle, wo niemand, nach seinem eigenen Geständnis, aus dem Rauchfange reichen konnte. Dort stand auf einem niederen Brette, wohin außer ihnen niemand anders gelangen konnte, eine kupferne Schüssel, und der Zeuge sagte nun zum andern: »Was würden Sie denn urteilen, wenn diese Schüssel ohne unser Zutun von hier an die entgegengesetzte Seite geworfen würde?« Er hatte kaum die Worte ausgesprochen, da flog die Schüssel davon, und der Fremde schwieg betreten.

Von da an bis nachts halb zehn wurde in seiner Gegenwart nichts mehr geschleudert; nur als er im Schlafzimmer des Hausherrn seinen Hut an einen langen Nagel aufhängte, wurde er viermal nacheinander heruntergeworfen. Sie beschlossen nun, als ganz abgekocht war, zu fünfen die Küche völlig auszuleeren, alle Winkel, selbst die kleinsten, von allem irgend Beweglichen zu reinigen und an festgemerkten Stellen nur drei Gegenstände; einen Nudeldurchschlag von Weißblech am hintersten Küchenfenster, einen gußeisernen Topf voll Wasser am Herde und einen hölzernen Wassereimer mit zwei eisernen Reifen, dem Durchschlag gegenüber, am Boden zurückzulassen.

Die Türe und die vergitterten Fenster waren wie immer geschlossen und nur vier Personen in der Küche. Lange geschah nichts. Sie wollten deswegen, da sie die vorige

Nacht mit Wachen zugebracht, schon zu Bette gehen. Wie sie aber zur Türe kamen, warf es in horizontaler Richtung den Durchschlag mitten unter sie hinein. Sie brachten ihn wieder an seine Stelle, schlossen die Türe, und als sich jeder wieder an seinen Ort gestellt, fiel nach etwa zehn Minuten der alte ungefähr 15 Pfund wiegende Holzeimer, den sie am Boden gelassen, plötzlich senkrecht von der obersten Höhe des Küchengewölbes mitten zwischen sie hinunter, ohne daß sie begreifen konnten, wie er hinaufgekommen, da nichts oben war, woran sich irgend etwas hätte aufhängen lassen.

Bei der geringsten schiefen Richtung hätte der fallende einen der Anwesenden getroffen. Sie stellten sich darauf um den Herd herum, jeder ein Licht in der Hand, so daß, wer an den eisernen Hafen rührte, gesehen werden mußte. Mit einem Male aber wurde dieser ganz sachte umgestürzt, bis der letzte Tropfen Wasser verronnen war. Der Umsturz war offenbar nicht nach den Gesetzen des freien Falles, sondern viel langsamer geschehen, so wie wenn man ein Gefäß nur allmählich ausleeren will. Auch wurde der Kessel wieder ebenso aufgerichtet.

Nach diesem fiel lange nichts vor. Viere gingen nun aus der Küche, der fünfte blieb allein in ihr eingesperrt, und die anderen sahen durch eine Öffnung alles, was sich um ihn her begab, da sie ihn ganz und einen großen Teil der Küche überblickten. Wie er nun ruhig, ein Licht in der Hand haltend, dasaß, warf es aus allen Ecken mit Eierschalen, so zwar, daß sie nicht begreifen konnten, wo diese hergekommen, da sie zuvor alles aufs sorgfältigste ausgeräumt hatten. Nachdem das mit einigen kleinen Unterbrechungen etwa eine Stunde gedauert hatte, geschah diese Nacht und die folgende Tage nichts weiter. Der Zeuge verließ am nächsten, dem dritten seiner Anwesenheit, das Haus, und was nun folgt, ist wieder vom Hörensagen.

Es blieb mehrere Tage im Hause ruhig, aber in der um etwa sechs Minuten Weges entfernten Mühle wurden dagegen nun oft die gehenden Wasserräder abgestellt, und nachdem die Müller mitsamt der Bettstätte umgeworfen worden, die Lichter abgeschlagen und verschiedene Gegenstände vor die Türe gewälzt. Nach etwa drei bis vier Tagen hörte es hier wieder auf und warf in der Küche nur hier und da einmal einen Hafen oder irgend sonst etwas herunter. Nachdem es darauf fünf bis sechs Wochen ganz ausgesetzt hatte, standen an einem Sonntagvormittag, als die Übrigen alle in der Kirche waren, die Mutter des Obergemeiner und seine Frau vor dem Herde und sprachen von dem, was sich begeben, dabei deutend auf die Stelle, wo die meisten Häfen heruntergefallen. Mit einem Male warf es wieder den größten der Häfen an ihnen vorbei auf den Boden.

Seither ereignete sich nicht das mindeste mehr; wenigstens erzählte der Hausherr, der überhaupt nicht gerne von der Sache sprach, dem Berichterstatter nichts weiteres davon. Der Vorgang hatte übrigens bei der Behörde Aufsehen gemacht, und das Bezirksamt Ober-Greiffeneck eröffnete seinen Bericht an das Kreisamt Graz vom 7. November 1818 unter andern mit den charakteristischen Worten: Entfernt von jenem finstern Zeitalter, wo jede dem gemeinen Verstand unbegreifliche Erscheinung der Wirkung einer Zauberkraft oder des Satans zugeschrieben wurde, während der in den Naturkräften mehr Eingeweihte diese abergläubische Meinung nicht selten zu betrügerischen Spekulationen zu benutzen wußte und, weit entfernt, durch sein Übergewicht an Kenntnissen dem Irrtum zu steuern, vielmehr in der Verbreitung irriger Meinungen seinen Vorteil ersah, bleibt es merkwürdig, wenn in einem Zeitpunkt, wo die hell lodernde Fackel der Aufklärung alle Dämonen längst verscheucht und die neue Physik und Chemie die verborgenen Naturkräfte an das Tageslicht befördert hat, Erscheinungen zum Vorschein kommen, die früher nicht bemerkt wurden und die die genaue und aufmerksame Beobachtung sachkundiger Männer zu lösen nicht verstand.«

Nun wird Bericht erstattet, im Wesentlichen übereinstimmend mit dem eben Gehörten; der Anwesenheit des Herrn Verwesers Aschauer in Gesellschaft des Herrn Kaplan Hötzel wird gedacht und seine vollkommene Kompetenz zum Urteil anerkannt. Und nachdem auch einer Untersuchung erwähnt worden, die auf Ersuchen der Behörde Herr F. Gayer, Glasfabrikant zu Oberndorf, mit seinen elektrischen Apparaten dort angestellt, schließt der Berichterstatter mit den unfreiwillig-humoristischen Sätzen:

»Das löbliche k.k. Kreisamt, begabt mit der Macht, gründliche Physiker der Hauptstadt zu näheren Erforschungen aufzufordern, wird daher um so mehr zur Entdeckung dieser seltsamen Erscheinungen die gehörigen Maßregeln zu ergreifen geruhen, als diese Geschichte schon allgemeines Aufsehen erregt. Frohlockend sieht der bei einigen noch schlummernden Aberglaube, bei andern die verstellte Gleißnerei auf dieses Ereignis hin, und nur die natürliche Auflösung dieser vermeintlichen Wundergeschichte kann einen Wahn bekämpfen, dem der gemeine Mann aus Unverstand oder Bosheit so gerne anzuhangen pflegt.«

Der Bescheid darauf von seiten des Guberniums war, daß sich wahrscheinlich alles durch einen im Rauchfange versteckten Menschen erklären lasse.

Doch wurden drei Professoren vom Johanneum, die der Geologie, Mineralogie und Chemie und Botanik, zur Untersuchung abgeordnet, die es aber unter ihrer Würde fanden, einem Kobold nachzuziehen, und den Auftrag ablehnten. Später, als nichts mehr vorfiel, kam noch ein Abgeordneter der Polizei ins Haus, der natürlich das weiteste Feld der Vermutungen vor sich fand, worunter die ergötzlichste auf physikalische Kunststücke deutete, die der Zeuge selbst den Hausgenossen vorgemacht.

Damit wurde die unbequeme Sache der Vergessenheit hingegeben.

Der Trommler von Tedworth

J. Glanvil berichtet in seinem Buch *Sadducismus triumphans*:

Als Herr Mompesson von Tedworth in der Grafschaft Wilts im März des Jahres 1661 in der nahen Stadt Lugarspal sich aufhielt und ein Getrommel in den Straßen hörte, erkundigte er sich bei dem Vogt der Stadt, in dessen Hause er sich gerade befand, was das bedeute. Der Vogt erzählte nun, wie sie dort seit einigen Tagen von einem unnützen Trommler beunruhigt würden, der auf einen, wie er glaubte, falschen Paß hin bettle. Herr Mompesson sandte auf diese Auskunft nach ihm und befragte ihn, auf wessen Ermächtigung er also das Land mit seiner Trommel durchziehe. Er gab die Antwort: »Auf gute Ermächtigung«, wobei er Paß und Vollmacht, unterschrieben von Herrn William Cawley und Oberst Ayliff von Gretenhain, vorlegte.

Herr Mompesson, der die Hand der beiden Herren wohl kannte, überzeugte sich sogleich, daß Paß und Vollmacht falsch seien, ließ daher dem Vagabunden die Trommel abnehmen und trug dem Gerichtsdiener auf, ihn zur weiteren Untersuchung und Bestrafung vor den nächsten Friedensrichter zu führen. Der Schalk gestand nun den Betrug ein und bat, daß man ihm seine Trommel zurückgeben möge. Herr Mompesson erwiderte: daß, wenn er von Oberst Ayliff, für dessen Trommelschläger er sich ausgab, ein Zeugnis seiner Unbescholtenheit beibringe, er sie wiederhaben solle, bis dahin solle sie ihm bewahrt bleiben. So ließ er den Menschen in des Gerichtsdieners Händen zurück, der aber, wie es scheint, durch seine Drohungen eingeschreckt, ihn hernach laufen ließ. Um die Mitte des nächstfolgenden Aprils, als Herr Mompesson Vorbereitungen zu einer Reise nach London traf, sandte der Vogt die Trommel in sein Haus. Und als er nun später wieder heimgekehrt, erzählt ihm seine Gattin, wie sie die Zeit seiner Abwesenheit in großer Furcht vor Dieben zugebracht.

Er war auch kaum wieder drei Nächte zu Hause gewesen, als dasselbe, was die Familie in Schrecken gesetzt, sich wiederholte: ein starkes Klopfen an die Türe und die Außenseite des Hauses. Er untersuchte daher, mit Pistolen bewaffnet, das ganze Haus, öffnete die Tür, woran eben geschlagen worden, und hörte nun den Lärm an einer anderen. Er öffnete auch diese und hielt die Runde um das Haus, konnte aber nichts entdecken, nur daß der Schall immer stärker und hohler wurde. Als er wieder zu Bett gegangen, lautete es wie ein Anschlagen und Trommeln auf dem First des Hauses, das eine gute Zeit dauerte und dann allmählich in die Lüfte sich verlor. Darauf war der Lärm mit Anschlagen und Trommeln häufig, gewöhnlich fünf Nächte nacheinander sich wiederholend und drei aussetzend. Es war an der meist getäfelten Außenseite des Hauses und kam, wenn sie früh oder spät, eben zu Bett gehen wollten.

Nach einem Monat ließ es eine halbe Stunde nach dem Schlafengehen, fünf Nächte von sieben, zwei Stunden lang in dem Zimmer, wo die Trommel lag, sich hören. Das Zeichen des Anfangs war ein Geheul in der Luft über dem Hause, das des Abzugs aber ein Trommelschlag wie bei der Ablösung einer Wache. Das dauerte so zwei Monate lang, in deren Verlauf der Hausherr selbst in jenem Zimmer sich aufhielt, um näher zuzusehen. Als bald darauf die Hausfrau ins Kindbett kam, war in derselben Nacht nur ganz wenig Lärm und dann drei Wochen lang keiner zu verspüren. Nach dieser höflichen Unterbrechung aber kehrte er stärker als zuvor zurück und verfolgte und ängstige die Kinder, indem es so heftig an ihre Bettstätten schlug, daß es schien, als sollten sie in Stücke gehen. Legte man die Hand an sie, dann erhielt man zwar keinen Schlag, fühlte sie aber mächtig erschüttert. Eine ganze Stunde lang wurden bekannte Kriegsmärsche der Reihe nach geschlagen. Darauf wurde unter den Betten der Kinder wie mit Eisenkrallen gekratzt. Es hob die Kinder auf und verfolgte sie von Zimmer zu

Zimmer, sonst niemand beunruhigend. Als man sie nun auf einem Oberboden, der bis dahin nicht alarmiert worden, bei hellem Tage zu Bette brachte, war der Störenfried sogleich zur Hand.

Am 5. November 1661 gab es einen gewaltigen Lärm, und als einer der Bedienten im Kinderzimmer zwei Bretter sich bewegen sah, erbat er sich eines derselben, worauf das Brett, ohne daß er jemand dabei gesehen hätte, bis auf eine Elle an ihn herankam. Der Mann rief sofort: »Nun gib mir es in meine Hand!«, worauf es ohne Verzug näher auf ihn zukam und wohl zwanzigmal auf und nieder, vorwärts und rückwärts sich bewegte, bis Herr Mompesson sich die Fortsetzung solcher Vertraulichkeiten verbat. Das geschah am hellen Tage, vor allen Leuten, die das Zimmer anfüllten, auch ließ es an diesem Morgen einen sehr angreifenden Schwefelgeruch zurück.

Zu Nacht kam ein Geistlicher, Herr Cregg, mit mehreren Nachbarn zu Besuch, und er begab sich, mitten unter großem Lärm, an der Seite des Bettes mit den Kindern ins Gebet. Während des Betens zog es sich auf den Oberboden zurück, kam aber, als er geendet hatte, ohne Verzug wieder. Im Angesicht aller gingen nun die Stühle im Zimmer herum, die Schuhe der Kinder flogen ihnen über die Köpfe, und alles, was beweglich war in der Stube, rührte sich. Zugleich wurde eine Bettleiste nach dem Geistlichen geworfen, welche ihn am Schenkel traf, aber so sanft, daß eine Wollflocke nicht sanfter hätte aufschlagen können. Man bemerkte dabei, daß sie sogleich am Orte, wo sie hingefallen, liegen blieb.

Da Herr Mompesson sah, wie es also die Kinder verfolgte, brachte er sie in ein benachbartes Haus, nur seine älteste, zehnjährige Tochter ließ er in seinem Zimmer schlafen. Sobald das Mädchen im Bett lag, begann aber das Treiben wieder, mit drei Wochen lang fortgesetztem Trommeln und anderem Lärm, und man bemerkte, daß es genau auf alles mit Trommeln antwortete, was man ihm vorgepocht oder wonach man gefragt. Als darauf das Haus, wo die Kinder wohnten, viele Fremde bekam und man die Kinder wieder heimführte und ins Visitenzimmer, das bisher nicht beunruhigt worden, zu Bett brachte, hatte ihr Verfolger auch dort sie ausgefunden, begnügte sich aber damals, sie nur beim Haare und den Nachtkleidern zu raufen und zu zupfen.

Man bemerkte, daß wenn der Lärm am größten war und mit der jähsten und erstaunlichsten Heftigkeit ausbrach, kein Hund um das Haus herum sich rührte, obgleich das Pochen oft so ungestüm und gewaltig war, daß man es auf große Entfernung ins Feld hinaus vernahm und die Nachbarn im Ort, deren keiner unmittelbar am Hause wohnte, aus dem Schlaf darüber erwachten. Das Gesinde wurde oft mit den Betten aufgehoben und ohne Verletzung wieder sanft niedergelassen, bisweilen auch lag es wie eine schwere Last auf ihren Füßen.

Gegen Ende Dezember 1661 wurde das Trommeln seltener, aber nun lautete es wie Klingen gezählten Geldes, was, wie man glaubte, durch ein Wort der Mutter des Hausherrn veranlaßt war. Sie hatte nämlich Tags zuvor mit einem Nachbar von den Feen gesprochen und von dem Golde, das sie zurückzulassen pflegten, hinzusetzend: es sei wohl billig, wenn etwas dergleichen auch diesmal zur Entschädigung für all die Unruhe erfolge.

Danach hörte das ungestüme Lärmen auf, und es begnügte sich mit kleinen, minder lästigen Narrenteidingen. Als am Weihnachtsabend kurz vor Tagesanbruch einer der Knaben aufstand, wurde er an die Ferse mit der Türklinke geworfen, die mit einem so feinen Stifte befestigt war, daß es Mühe kostete, ihn herauszuziehen. In der Nacht nach Christtag wurde das Kleid der Hausfrau im Zimmer herumgeschleppt, ihre Bibel aber in die Asche gesteckt. Dergleichen Streiche wiederholten sich oft. Später wurde es einem Bedienten des Hausherrn, John genannt, einem derben, verständigen Burschen, sehr lästig. Mehrere Nächte hindurch suchte es ihm die Decken vom Bette zu reißen, und obgleich er sie mit Gewalt festgehalten, wurden sie ihm doch bisweilen weggerafft und die Schuhe ihm dabei an den Kopf geworfen. Manchmal fühlte er sich festgehalten, als wären Hände und Füße ihm gebunden.

Er bemerkte aber dabei, daß, wenn er Gebrauch von seinem Schwerte machen und damit um sich schlagen konnte, das ihn Haltende entwich. Bald hernach kam der Sohn von H. Th. Bennet, dessen Tagelöhner der Trommelschläger früher gewesen, an, und erzählte dem Hausherrn einige Worte, die dieser geredet. Das wurde, wie es scheint, übel aufgenommen, denn als sie zu Bett gegangen, ertönte die Trommel so laut und lärmend, daß der Fremde aufstand und seinen Diener, der bei John schlief, weckte. Sobald dieser fortgegangen, hörte John ein Geräusch in der Kammer, und es kam etwas zum Bett, wie mit Seide angetan. Er griff nach seinem Schwerte, das er aber wie von sich weggehalten fühlte. Nur mit Anstrengung bemächtigte er sich seiner, und so wie das gelungen, verließ ihn das Gespenst, wie denn zu aller Zeit bemerkt wurde, daß es die Waffe scheute.

Mit Anfang Januar 1662 vernahm man ein Singen im Kamine, ehe es hernieder kam, auch sah man um diese Zeit eines Nachts Lichter im Hause. Eines davon kam in Herrn Mompessons Schlafzimmer. Die Flamme schien blau und schimmernd und bewirkte ein Starren in den Augen derjenigen, die sie sahen. Nach dem Lichte hörte man etwas wie mit abgezogenen Schuhen die Treppe hinaufsteigen. Das Licht wurde hernach vier- oder fünfmal im Kinderzimmer gesehen, und die Mägde beteuerten, die Türe sei mindestens zehnmal vor ihren Augen geöffnet und geschlossen worden, und bei jeder Öffnung wäre es gewesen, als sei wohl ein halbes Dutzend Menschen eingetreten. Darauf habe man gehört, wie einige um das Zimmer gegangen, wobei eine Person wie in Seide gerauscht, wie es auch einstmals der Hausherr selbst vernahm. Zur Zeit des lauten Pochens, als viele Leute zugegen waren, rief einer der Anwesenden: »Satan, wenn der Trommelschläger deiner sich bedient, dann tue drei Schläge und nicht mehr!« Die drei Schläge erfolgten, und es wurde wieder still. Dann klopfte der Mann selbst, um zu sehen, ob er wieder wie gewöhnlich Antwort erhalte, aber es erfolgte nichts. Um weiter sich der Sache zu versichern, forderte er den Unsichtbaren auf: wenn es der Trommelschläger sei, fünfmal zu pochen und dann die ganze Nacht über nicht mehr. Es geschah also, und die ganze Nacht blieb ruhig. Das geschah in Gegenwart von H. Th. Champerlam aus Oxfordshire und mehreren anderen Zeugen.

Samstag morgens, am 10. Januar, eine Stunde vor Tag, wurde eine Trommel vor der Zimmertüre des Hausherrn geschlagen, die dann ans andere Ende des Hauses vor die Türe der dort schlafenden Fremden ging, vier oder fünf Märsche ihnen vortrommelte und dann in die Lüfte verhallte. Als der Schmied des Dorfes bei John schlief, hörten beide ein Geräusch, als wenn einem Rosse Hufeisen angelegt würden, und es kam etwas, wie mit einer Zange nach des Schmiedes Nase schnappend.

Als einst Herr Mompesson frühmorgens aufgestanden, hörte er großen Lärm unter sich im Zimmer, wo die Kinder schliefen. Er eilte hinab, eine Pistole in der Hand, und hörte beim Eintritt eine Stimme, rufend: »Eine Hexe! Eine Hexe!« Darauf war alles still. Als es eines Nachts eine Zeitlang an Herrn Mompessons Bett hantiert hatte, ging es zu einem anderen Bett, worin seine Tochter lag, und unter ihm nun von einer Seite zur anderen durchfahrend, hob es sie jedesmal auf, und man hörte dreierlei Arten von Geräusch im Bette. Man suchte es mit einem Schwerte zu erreichen, aber es vermied den Stoß, sich unter dem Kinde bergend. Die Nacht darauf kam es und keuchte wie ein Hund außer Atem. Jemand versuchte nun mit der Bettleiste nach ihm zu schlagen, die aber wurde ihm aus der Hand gerissen und weggeworfen, und als Leute kamen, füllte sich das Zimmer mit einem ekelhaften Blumengeruch und wurde sehr heiß, obgleich, mitten im sehr strengen Winter, nicht eingeheizt war.

Es fuhr eine Stunde lang fort, zu keuchen und zu kratzen, und zog sich dann in ein nahes Zimmer, wo es noch ein wenig pochte und wie eine Kette rüttelte. Das wiederholte sich zwei oder drei Nächte hintereinander. Bald darauf wurde die Bibel der Hausfrau, die Blätter nach abwärts, in der Asche gefunden, beim dritten Kapitel des Evangelisten Markus aufgeschlagen, wo von den unreinen Geistern die Rede ist, die vor dem Heiland niederfallen, und wie er den Zwölfen die Macht gegeben, Teufel auszutreiben. In der folgenden Nacht streute man Asche in der Stube aus und fand am Morgen an einer Stelle den Abdruck wie von einer starken Kralle, an einem anderen Orte von einer kleineren, an einem dritten einige Buchstaben, aus denen man aber nichts zu machen wußte, außerdem allerlei Kreise und Gekritzel in der Asche.

Um diese Zeit langte Glanvil selbst im Hause an, um in eigener Person nachzusehen, was an der Sache sei. Das Trommeln und übermäßige Lärmen hatte schon vor seiner Ankunft aufgehört; aber vieles von dem Zuvorerzählten wurde ihm durch die Nachbarn, die gegenwärtig waren, bestätigt. Es pflegte damals die Kinder zu plagen, und zwar vom Augenblicke an, wo sie zu Bett gegangen. Das war an dem Abend um acht Uhr geschehen, und eine Magd kam bald herab, um anzukündigen, es habe sich gezeigt. Glanvil und Herr Hill, ein Freund, der mit ihm gekommen, gingen nun mit Mompesson hinauf. Schon auf der Treppe hörten sie ein seltsames Kratzen, und als sie ins Zimmer traten, überzeugte sich Glanvil, daß es gerade hinter dem Kissen der Kinder wie gegen den Überzug desselben geschehe, so laut, als nur irgend jemand es mit Nägeln hervorbringen konnte. Es waren zwei stille Mädchen von etwa sieben bis acht Jahren in dem Bette. Ihre Hände waren außer der Decke, und von ihnen konnte das Kratzen hinter ihren Köpfen nicht ausgehen. Sie waren schon gewöhnt an dergleichen, hatten immer jemand in der Kammer bei sich und schienen darum sich nicht sehr zu fürchten.

»Oben am Bette stehend«, sagt Glanvil, »fuhr ich mit der Hand unter das Kissen, gerade an die Stelle, wo das Gekratze herkam, worauf es dort aufhörte und an einem anderen Orte des Bettes anfing. Sowie ich aber die Hand wegzog, kratzte es wieder an der vorigen Stelle. Da man mir gesagt hatte, daß es vorgemachten Schall nachmache, versuchte ich es, nacheinander fünfmal, sieben- und zehnmal an der Bettstätte kratzend: Es tat sofort desgleichen und ließ ab, wenn die Zahl erfüllt war. Ich suchte unter und hinter dem Bette nach, nahm das Bettzeug bis auf die Gurte weg, durchforschte die Wand hinter dem Bette, kurz tat alles, um auszufinden, ob irgendein Betrug, Kunststück oder sonst etwas Veranlassendes da sei. Mein Freund seinerseits verfuhr ebenso, aber wir konnten nichts entdecken, sodaß ich damals überzeugt war, wie ich es noch bin, der Lärm rühre von einem Geiste oder Dämon her. Nachdem es eine halbe Stunde also angehalten, kam es in die Mitte des Bettes unter die Kinder und schien dort sehr laut zu keuchen, wie ein Hund außer Atem. Ich legte die Hand auf den Ort und fühlte das Bett dagegen anschlagen, als hebe etwas von innen heraus dasselbe auf. Ich griff in die Federn, um mich zu überzeugen, ob etwas lebendiges darin sei, und schaute überall nach, ob ein Hund, eine Katze oder etwas dergleichen im Zimmer sich befinde, die anderen taten desgleichen, aber wir fanden nichts. Die Bewegung, die das Keuchen hervorbrachte, war so stark, daß die Fenster sichtbar davon zitterten. Das dauerte so eine halbe Stunde lang in unserer Anwesenheit fort und länger noch, wie man uns sagte, als wir weg waren. Während des Keuchens sah ich zufällig etwas, daß ich für eine Maus oder Ratte hielt, in einem Sacke sich bewegen, der an einem anderen Bette hing. Ich ging hin, faßte den Sack beim oberen Ende mit der einen Hand und ließ ihn durch die andere laufen, fand aber nichts darin. Niemand war in der Nähe, der die Bewegung, die ganz aus dem Innern des Sackes zu kommen schien, hätte hervorbringen können.«

Glanvil war bei dem allen ohne die mindeste Furcht, gerade wie damals, als er das Gesehene niederschrieb. In der Nacht schlief er mit seinem Freunde in einem Zimmer ununterbrochen, als vor Tagesanbruch ein starkes Klopfen vor seiner Türe ihn weckte und er dann wieder den Gefährten. Er fragte mehrmals, aber das Klopfen dauerte fort ohne Antwort. Er rief nun: »Im Namen Gottes, wer bist du und was willst du?« Eine Stimme rief: »Nichts mit euch!« Beide, denkend, es sei ein Diener des Hauses gewesen, schliefen wieder ein. Als sie aber, was vorgegangen, am Morgen dem Hausherrn erzählten, sagte ihnen dieser, daß niemand der Hausgenossen dort herum schlafe oder in der Gegend zu tun gehabt, und daß das Gesinde nicht eher zu kommen pflege, bis er rufe, was nach Tagesanbruch geschehe. Die Leute bestätigten die Angaben, beteuernd, daß sie es nicht gewesen, die den Lärm gemacht. Am Morgen meldete ihm sein Diener, das Roß, auf dem er hergeritten, stehe im vollen Schweiß, als wenn es die ganze Nacht auf der Straße gewesen. Als sie zum Stalle gingen, befanden sie es also, und nähere Zufrage ergab, daß das Pferd, das seit lange immer gesund gewesen, von seinem sehr ordentlichen Diener wohl besorgt worden war. Als er aber hernach eine oder zwei Meilen sachte in einer Ebene auf ihm geritten, wurde es lahm. Und als es seinen Herrn mühsam nach Hause gebracht, fiel es am zweiten oder dritten Tage, ohne daß jemand erraten konnte, was ihm gefehlt.

Als der Hausherr später am Tage einiges Holz im Kamine sich wie von selber bewegen sah, schoß er mit einer Pistole hinein, worauf man mehrere Blutstropfen auf dem Herde und an verschiedenen Orten der Treppe bemerkte. Zwei oder drei Nächte hindurch blieb es nun still im Hause, dann aber kam es wieder und plagte ein kleines Kind, das eben entwöhnt worden, also, daß es nicht zwei Nächte nacheinander Ruhe hatte. Es duldete keine Lichter in der Kammer, sondern führte sie weg auf den Kamin oder warf sie unter das Bett. Das arme Kind erschrak so über sein Ansetzen, daß es stundenlang nicht wieder beruhigt werden konnte und daß man es abermals mit den anderen aus dem Hause legen mußte. Zur darauffolgenden Mittagszeit kam es die Stiege hinauf, an Mompessons Türe anklopfend, ging dann zum Bedienten und erschien ihm am Fuße seines Bettes. Die Gestalt konnte er nicht genau unterscheiden, doch glaubte er eine große Figur mit zwei roten, glänzenden Augen, die eine Zeitlang fest auf ihn gerichtet waren und dann verschwanden, zu erblicken.

In einer anderen Nacht schnurrte es in Anwesenheit mehrerer Fremder im Bette der Kinder wie eine Katze, wobei das Bettzeug samt den Kindern mit solcher Gewalt aufgehoben wurde, daß sechs Männer es nicht niederzuhalten vermochten. Die Kinder wurden nun weggebracht, in der Absicht, das Bett aufzutrennen, aber man hatte die Kleinen nicht sobald in ein anderes Bett gelegt, als dies noch mehr als das vorige beunruhigt wurde. Das dauerte so vier Stunden lang und schlug die Beine der Kinder so hart gegen die Bettpfosten, daß sie aufstehen und die ganze Nacht aufbleiben mußten. Dann goß es Nachtgeschirre in die Betten aus und streute Asche hinein. Eine lange Eisengabel wurde an die Schlafstätte des Hausherrn gelegt und in die seiner Mutter ein Messer, die Schneide aufwärts. Tiefe Schüsseln wurden mit Asche gefüllt, alle Sachen umhergeworfen, und der Lärm dauerte ohne Unterbrechung fort. Als anfangs April 1663 ein Fremder im Hause sich aufhielt, wurde ihm alles Geld in der Tasche geschwärzt, und als Mompesson eines Morgens zu seinem Stalle kam, fand er sein Roß an der Erde, mit einem seiner Hinterbeine im Maule so fest eingekeilt, daß mehrere Männer es mit Hilfe eines Hebels nur mit Mühe herausbrachten. Noch anderes Merkwürdige fiel späterhin vor, aber die Berichte Glanvils reichten nicht weiter. Nur einmal noch schrieb ihm Mompesson, wie das Haus mehrere Nächte hintereinander von sieben oder acht

Figuren in Menschengestalt heimgesucht war, die aber, sobald ein Feuergewehr abgeschossen wurde, alle miteinander in den Baumgarten davonhuschten.

Der Trommler wurde bei der Gelegenheit vor die Assisen von Salisbury gebracht. Früher hatte man ihn diebstahlshalber in den Kerker von Gloucester eingeschlossen, und als ihn ein Mann aus Wiltshire dort heimsuchte, fragte er diesen, was es Neues dort gebe. Der Besuchende erwiderte, er habe nichts vernommen. Da sagte der Gefangene: »Habt Ihr denn nichts von dem Getrommel im Hause des Mannes von Tedworth gehört?« – »Jawohl«, sagte der andere. »Gut«, sprach der Trommler, »ich bin's, der ihn plagt, und er soll niemals Ruhe haben, bis er mir Genugtuung dafür gegeben, daß er mir meine Trommel weggenommen.« Nach vollendeter Information über diesen Vorfall wurde er als Zauberer in Sarum vor Gericht gestellt. Alle die oben angeführten Tatsachen wurden in den Assisen von dem Geistlichen der Pfarrei und einigen der gescheitesten und solidesten Einwohner des Ortes, die mehrere Jahre hindurch von Zeit zu Zeit Augenzeugen gewesen, beschworen und über den Kerl darauf das Urteil der Landesverweisung ausgesprochen. Er entkam jedoch, als man ihn eingeschifft, man weiß nicht wie, der Sage nach durch Sturm und den Schrecken der Seeleute.

Es war nun auffallend, daß all die Zeit über, wo er verhaftet und abwesend war, im Hause alles ruhig blieb, sowie er aber losgekommen, der Lärm sogleich wiederkehrte. Er hatte unter Cromwell Kriegsdienste geleistet und pflegte oft von Büchern zu erzählen, die er von einem alten Manne, der für einen Zauberer galt, herhabe.

Die Sache machte begreiflich großes Aufsehen und erregte, wie immer in solchen Fällen geschieht, heftigen Widerspruch. An Mompessons Wahrhaftigkeit konnten alle, die ihn als einen ernsten, scharfsehenden, tüchtigen und weder eitlen noch auch leichtgläubigen Mann kannten, nicht zweifeln. Sein Zeugnis konnte nicht verworfen werden, da er alle Eigenschaften eines guten Zeugen besaß, die Sachen in seiner Nähe, ja in seinem Hause vorgingen und nicht etwa ein oder das andere Mal sich zeigten, sondern hundertmal, und das ins dritte Jahr anhaltend, während welcher Zeit er sie immer mit Aufmerksamkeit verfolgte.

Daß einer seiner Dienstleute ihn betrogen hätte, dafür war kein Grund abzusehen, und es lag auf der Hand, daß ein so lange fortgesetzter Trug zuletzt doch an den Tag gekommen wäre. Es einer melancholischen Stimmung von seiner Seite zuzuschreiben, wollte gleichfalls nicht erklecken, da sich in keiner Weise begreifen ließ, wie er mit dem Übel seine ganze Familie, dazu Nachbarn und Freunde hätte anstecken können. Die Voraussetzung, er selbst müsse um den Betrug gewußt haben, führte ebenfalls auf Unbegreiflichkeiten. Sein guter Name, sein Vermögen, der Zustand seiner Angelegenheiten, der Friede seines Hauses, alles litt bei der Sache. Den Ungläubigen galt er als ein Betrüger, andere sahen in der Zulassung eines so außerordentlichen Übels ein Gericht Gottes über ihn, irgendeiner geheimen Untat oder Gottlosigkeit wegen.

Sein Besitzstand litt unter dem Zuströmen so vielen Volks von allen Gegenden zu seinem Hause, die Abhaltung von seinen Geschäften, die das bewirkte, und die Entmutigung seines Gesindes, die so weit ging, daß er kaum jemand mehr finden konnte, der bei ihm blieb, drückte schwer auf ihn. Nicht zu reden von dem beständigen Aufruhr, in dem die Familie war, den schreckhaften Erscheinungen und Plagen, dem Aus- und Einschleppen der Kinder und der fortdauernden nächtlichen Unruhe im Hause.

Es war also ganz und gar nicht begreiflich, daß er sich selbst so lange geplagt haben sollte, bloß um zu betrügen und von sich reden zu machen, noch unbegreiflicher, daß von den vielen kritischen Geistern, die, an nichts dergleichen glaubend, nur gekommen, um den Betrug aufzudecken, keiner etwas gefunden, ob man allen gleich zum Nachsuchen volle Freiheit gelassen. Manche vielmehr waren, vom Gegenteil überzeugt, in aller Stille davongegangen.

Die Nachricht von dem, was sich in Wiltshire zutrage, war zuletzt auch an den Hof gekommen. König Karl I. sandte daher einige Herren hin, um selber zuzusehen. Die Nacht, in der die Gesandten im Hause zugebracht, blieb aber ruhig. Nun war die Sache ausgemacht. Wie jener Spanier, der geschlossen: »Es gibt keine Sonne in England, denn ich war sechs Wochen im Lande und habe keine zu sehen bekommen,« also urteilte man: Die Hofherren waren eine Nacht im Hause und haben nichts bemerkt, also gibt es nichts dort zu bemerken. Davor mußten nun alle, wenn auch noch so zahlreichen positiven Zeugnisse verstummen. Was an der Evidenz noch etwa fehlte, wurde nun leicht aus eigener Einbildungskraft ergänzt.

Glanvil hatte den Bericht über das Vorgegangene in den drei ersten Auflagen seines Buches bekanntgemacht, ohne Widerspruch zu finden. Jetzt aber kam ihm von allen Seiten die Nachricht zu: Nun wisse man, es sei nichts mit der Sache, er, Glanvil, und Mompesson selber hätten es gestanden, daß alles Betrug und Erfindung gewesen. Tausende kamen gelaufen, um jenen zu befragen, ob es ihm mit dem Geständnis wirklich ernst gewesen, und es wurde nun auch in seinem Hause des Geisterlärms beinahe so viel, wie zuvor in Mompessons, so daß er, müde zu antworten, sich lieber zu einer neuen Ausgabe des Buches entschloß.

Da es indessen damit noch einige Zeit anstand, so wurde die Sache mit dem Geständnis einstweilen als weltbekannt und ausgemacht angenommen und als nicht weiter zu bezweifeln zu Buch gebracht. Glanvil arbeitete seinerseits die neue Ausgabe größtenteils aus, wurde aber, ehe sie erschien, 1680 vom Tode überrascht. Sie wurde indessen später gedruckt und enthielt gleich am Eingang einen Brief, den Mompesson am 8. November 1672 geschrieben, worin er unter anderen sagt: »Oft befragt, ob ich nicht Sr. Majestät oder irgend jemand gestanden, alles in meinem Hause

Vorgegangene sei Betrug gewesen, gab ich die Antwort und kann an meinem Todestage keine andere geben: Daß ich mich selbst als Lügner und Meineidiger erklären müßte, sollte ich einen Betrug in einer Sache anerkennen, von der ich überzeugt bin, daß keiner darin war, noch sein konnte, wie ich, der Geistliche des Ortes und zwei Ehrenleute vor den Assisen eidlich es erhärtet. Will die Welt auch diesem keinen Glauben beimessen, so muß ich es geschehen lassen, bitte aber zu Gott, mich fortan von dieser oder ähnlicher Heimsuchung freizuhalten.«

Später fügt er diesem noch die Umstände seiner Klage vor der Assise in einem anderen Briefe vom 8. August 1674 an Collins bei. Nun schwieg man, legte die Sache ad acta und sorgte, sie so bald als möglich zu vergessen. So hielt man es damals in solchen Dingen, so durch das ganze philosophische Jahrhundert, und so noch heute.

Der Kobold in der Druckerei

Groß war das Getümmel, das der Spukgeist gegen Ende des Jahres 1746 in der Labhartischen Buchdruckerei in Konstanz angerichtet. Die Sache hatte mit einem Seufzen in einer Ecke der Setzerei begonnen, und die Buchdrucker hatten anfangs sich darüber lustig gemacht. Gegen Anfang des folgenden Jahres aber ließen, statt des Geseufzes, heftige Stöße in jener Ecke sich vernehmen. Die Gesellen erhielten dabei Schläge ins Gesicht, und ihre Hüte und Kappen wurden auf die Erde geworfen. Man bat darum die Kapuziner des Ortes, den Geist zu beschwören. Das geschah, und es wurde nun drei Tage lang nichts mehr vernommen. Darauf aber wurde das Getöse wieder heftiger denn zuvor, und die Lettern flogen in die Fenster nach allen Seiten. Man berief nun einen berühmten Exorzisten, der seine Beschwörungen acht Tage lang fortsetzte, aber Backenstreiche und Werfen dauerten ununterbrochen fort, weswegen er denn abließ. Die Setzer meinten nun sich Ruhe zu verschaffen, wenn sie die Setzkästen aus der bösen Ecke in die Mitte des Zimmers rückten, aber es gab wieder Schläge wie nie zuvor. Man brachte Reliquien herzu, aber der Bruder, der den Exorzisten begleitete, wurde dermaßen grob ins Angesicht geschlagen, daß beide wieder zum Kloster zurückkehrten. Es kamen andere, weihten Wasser, Sand und Asche, besprengten mit jenem das ganze Zimmer und bestreuten mit den anderen seinen Boden. Die Anwesenden griffen darauf nach ihren Degen, hieben damit links und rechts um sich herum und glaubten Fußstapfen im Sande, wahrscheinlich ihre eigenen, zu bemerken. Auch schien es ihnen, das Unsichtbare habe sich erst auf den Ofen, dann unter den Tisch gerettet. Aber darüber war ein so dicker Staub und Qualm geworden, daß keiner den anderen mehr erkannte und deswegen alle davonliefen. Das Unwesen dauerte fort. Der Inhaber der Druckerei, der Ratsherr Labhart, erhielt selbst eine bedeutende Wunde am Kopfe. Zwei Gesellen, die in einem Bette schliefen, wurden unter über sich gekehrt und herausgeworfen. Man mußte zuletzt das Haus zur Nachtzeit ganz verlassen. Ein Bauer von Ahnansdorf, der im Rufe eines geschickten Beschwörers stand, wurde gerufen, aber so grob mit Schlägen ins Gesicht mißhandelt, daß er bekannte, er vermöge nichts wider diesen. Darauf nahm des Scharfrichters Frau, die ebenfalls in die Linie der Angreifer eingetreten, die Flucht. Der Pfarrherr von Wallburg mußte ebenso mit vier Gefährten nach dreitägigen Beschwörungen seinen Abzug nehmen. Der Scharfrichter selbst wurde mit einem Steinhagel, Stoßen und Schlägen dergestalt empfangen, daß er sich eilig wieder fortmachte.

Der Unsichtbare hatte jetzt tapfer das Walfeld sich erstritten. Es regnete nun noch eine Zeitlang Püffe und Würfe, mitunter auch Wunden. Solche, die aus Vorwitz das Haus betraten, wurden zu Boden geworfen, mit Wasser begossen oder mit gewaltigen Schlägen davongejagt und bis ins nächste Haus verfolgt. Endlich öffnete sich am 8. Februar die Türe der Druckerei zum letzten Male. Ein und anderes wurde im Zimmer durcheinander geworfen, dann die Türe wieder geschlossen und fortan nichts mehr im Hause gespürt.

Der Spuk von Woodstock

Cromwell hatte 1649 einige Kommissare in das Königshaus zu Woodstock zur Besitzergreifung desselben ausgesandt. Sie waren am 13. Oktober angelangt, und indem sie sich in die königlichen Gemächer eingewöhnt, hatten sie das Schlafzimmer zum ihrigen, das Vorzimmer zur Küche, die Ratshalle zum Brauhause, den anderen Saal zu ihrem Arbeitszimmer gemacht, in dem Eßsaal aber das Holz der alten Königseiche des Parks, die sie bis zur Wurzel ausgerodet, aufschichten lassen. Die ersten beiden Tage wurden sie wenig beunruhigt. Am 16. aber kam etwas, gleich einem Hunde, in ihr Schlafzimmer und nagte an den Bettschnüren. Da sie jedoch am Morgen diese unberührt und ein Rindsviertel, das am Boden lag, unversehrt fanden, wurden sie zuerst nachdenklich. In der folgenden Nacht schien es, als würde alles Holz der Königseiche aus dem Speisesaal in den Audienzsaal geworfen und alle Stühle und Bänke würden auf und nieder geschleudert. Darauf kam es in die beiden Zimmer, wo sie und die Bedienten lagen, hob den Fuß ihrer Bettstätten soviel höher als die Kopfseite, daß sie umgeworfen zu werden fürchteten, und ließ sie dann mit solcher Gewalt niederfallen, daß die Liegenden um eine gute Strecke aufgeschnellt wurden. Sofort wurden sie also heftig erschüttert, daß sie nach ihrem eigenen Geständnisse wie geschwungen wurden. Am 18. ging es auf und nieder in ihrem Schlafzimmer, mit solchem Lärm, daß nach ihrer Meinung fünf Glocken nicht mehr hätten tosen können. Dann wurden in der anderen Nacht Teller geworfen, und da einer, davon getroffen, erwachte und den Kopf hervorstreckte, um zu sehen, was sich begab, wurde er aufs neue damit beworfen. Am 20. wurden unter Schütteln der Bettstätten acht große Zinnschüsseln und drei Dutzend Teller, dazu ganze Lasten von Holz der Eiche in ihre Zimmer geworfen, am Morgen jedoch fanden sie alles unberührt an seiner Stelle.

Da sie darauf ihren Wärter mit seinem Hunde zu sich genommen, blieben sie die erste Nacht in Ruhe, aber in der folgenden waren sie und der Hund wieder übel daran, und der letzte schlug einmal mit einem furchtbaren Gewinsel an. Als am 24. wieder das Holz der Eiche an ihrem Bette niedergeworfen wurde, war der Lärm so groß, daß einer im Vorzimmer glaubte, sie seien erschlagen worden. Er ging daher hin nachzusehen, und da er alles ruhig fand und wieder zu seinem Bette zurückkehrte, sah er drei Dutzend Teller in ihm aufgestellt und mit dem Bettzeug zugedeckt. Am 25. flogen, ohne daß eine Scheibe zerbrochen worden, Glasstücke um sie her; da sie meinten, es regne Geld, zündeten sie ein Licht an, fanden aber zu ihrem Verdrusse nichts als Scherben. In anderer Nacht ging es im Vorzimmer auf und nieder, öffnete die Fenster und schloß sie wieder und zog sich dann ins Schlafzimmer, wo es mehr als vier Schock große Steine warf, von denen ein Teil auf die Betten fiel. Dabei war ein Getöse, als ob 40 Stück Geschütze mit einem Male abgefeuert würden. Besonders bei zwei Stößen waren alle Anwesenden entsetzt, sie meinten, man müsse sie weitum vernommen haben.

Die Kommissare wie ihre Diener waren unter diesem Lärm von solchem Grausen ergriffen, daß einer den anderen um Hilfe anschrie. Unter der Zahl war einer, der aus tiefer Seelenangst wieder zu sich gekommen und, nach seinem Schwerte greifend, den Genossen, der im Hemde gelaufen kam, beinahe tötete, weil er ihn für den Geist hielt. Sie fanden sich zuletzt zwar wieder zusammen, aber der Lärm dauerte so mächtig und furchtbar fort und die Mauern wurden in ihrem Grunde so erschüttert, daß sie nicht anders meinten, als das ganze Gebäude stürze über ihren Häuptern zusammen. In der ersten Novembernacht wurden die Steine von Tags zuvor alle davongetragen und dafür wieder Glas geworfen. Die folgende kam es mit schwerem Tritte, gleich einem Bären, herangeschritten und warf wieder mit Steinen, so heftig, daß die Wände und Bettstätten davon versehrt wurden. Sie setzten in dieser Nacht Lichter in alle Säle und zündeten Feuer bis zu den Gesimsen der Kamine, aber alle wurden ausgelöscht und Feuer und Holzscheite auf und nieder geworfen in den Zimmern. Zugleich wurden die Bettvorhänge von ihren Stäben gerissen und die Pfosten weggeschlagen, daß die Betthimmel auf sie niederstürzten, die Füße der Bettstätten aber entzweigespalten. Die Diener, die unterdessen schwitzend vor Furcht in ihren Betten lagen, wurden dann aufgetrieben, ehe sie aber sich zusammenraffen konnten, mit einem Eimer Wasser, wie aus einem stinkenden Pfuhle und so grün daß es ihnen die Hemde und Bettzeug färbte, übergossen. Alle Fenster wurden zugleich in dieser Nacht eingeworfen, und das Donnern im Hause war so schrecklich, daß die Kaninchendiebe, darüber entsetzt, ihre Frettchen in den Gängen am Rosamundebrunnen zurückließen.

Mitten im Getümmel hatte doch einer die Keckheit, im Namen Gottes zu fragen, was es sei, was es wolle und was sie getan, daß sie also beunruhigt würden. Darauf erfolgte keine Antwort, der Lärm hörte eine Zeitlang auf. Aber dann kam es wieder zurück und brachte, nach dem Ausdrucke, dessen alle sich gebrauchten, sieben Teufel, ärger denn es selber, mit. Darum zündete einer ein Licht an und setzte es in die Türe zwischen zwei Sälen, und wie nun ein anderer darauf hinblickte, sah er, wie eines Hufes Gestalt die Kerze und Leuchter mitten in das Schlafzimmer schlug und dreimal den Docht putzte, um es auszulöschen. Nun zog derselbe sein Schwert, aber eine unsichtbare Hand rang es ihm ab und stieß ihn so heftig mit dem Kopfe, daß er vom Stoße betäubt wurde. Darauf war des Getöses wieder so viel, daß sie alle entsetzt ins Audienzzimmer zusammenliefen und dort beteten und Psalmen sangen unter Begleitung des donnernden Lärms von den anderen Zimmern herüber. Nun nahmen sie am 3. November ihre Wohnung über dem Tore und gingen am folgenden Sonntag auswärts nach Ewelin; wie sie aber am Montag wiederkehrten, ließ der Teufel, so nannten sie ihren Geist, nicht ab von ihnen, und so auch nicht am folgenden Tage, welches der letzte ihres dortigen Aufenthaltes gewesen.

Es ist nicht zu verkennen, daß bei diesen Ereignissen der sichtbar durchleuchtende Zweck, die Eingedrungenen aus dem Gebäude zu vertreiben, den Verdacht der Einmischung von Menschen sehr nahe legt, während andererseits die durchgängige Analogie mit allen ähnlichen Erscheinungen und die notwendig vorauszusetzende Überkünstlichkeit des Apparats, um dergleichen, ohne in einem starkbewohnten Hause entdeckt zu werden, hervorbringen zu können, wieder zur Annahme geistiger Einflüsse geneigt macht. Die allerschärfste Prüfung wäre daher hier wohl mehr als irgendwo erwünscht gewesen, um das Urteil ohne Schwanken zu befestigen. Da die Angegriffenen übrigens sich unerschrocken genug bewiesen und nur der beinahe unwiderstehlichen Gewalt gewichen, so muß man voraussetzen, daß sie am Tage das Mögliche getan, um dem nur zur Nachtzeit geübtem Truge auf die Spur zu kommen, und daß sie zuletzt nur der Überzeugung, es sei hier nicht auszuhalten, gewichen und davongezogen. Äußerlich ist übrigens die Tatsache als solche wohl bewährt. Der Verfasser der Naturgeschichte von Oxfordshire, der sie zuerst bekanntgemacht, hatte mehrere Berichte von Augenzeugen vor sich liegen und darunter vorzüglich einen von einer sehr unterrichteten und glaubwürdigen Person geschrieben, die damals an Ort und Stelle lebte. Über einzelne Umstände hielt er nun weiter Umfrage bei anderen, die zugegen waren, und legte dann das Ganze einem der Kommissare selber vor, der aufrichtig bezeugte, er könne nicht leugnen, daß alles, was jene Person niedergeschrieben, die volle Wahrheit sei. Die Sache steht ihm also unzweifelhaft fest, über den Grund derselben urteilt er jedoch keineswegs von vornherein entscheidend ab, er diskutiert vielmehr der Reihe nach die verschiedenen Erscheinungen und Vorfälle und schließt zuletzt erst: aus Menschentrug wolle die Sache sich nicht erklären lassen, wie denn auch Walter Scott in seinem Roman »Woodstock« durch seine höchst dürftige Phantasmagorie nur seine eigene romanhafte, verstümmelte Darstellung des Vorgangs, nicht aber diesen selbst erklärt.

Danteske Vision

Die heilige Magdalena de Pazzis war eines Abends mit einigen Schwestern im Garten, als sie entrückt und ihr der Reinigungsort mit allen Schrecken des Fegefeuers gezeigt wurde. Man sah sie nun während dem Verlaufe zweier Stunden den ziemlich großen Garten langsam durchschreiten, da und dort stehen bleibend, wenn sie irgendeine besondere Strafe eines Vergehens betrachtete. Sie rang dann aus Mitleiden die Hände, erblaßte, und gebückt, wie unter schwerer Last einhergehend, gab sie bisweilen Zeichen des Entsetzens von sich, daß ihr Anblick Grauen erregte.

Als sie an die Stelle gekommen, wo die Geistlichen litten, seufzte sie schwer und sagte: »Guter Gott, auch ihr hier?«, und ging also, seufzend bei jedem Schritte, langsam durch sie hin. Die unwissend gesündigt und in der Blüte ihrer Jahre gestorbenen, wurden gelinder gehalten, und ihre Engel standen ihnen tröstend zur Seite. Aufs härteste wurden dagegen die Heuchler mitten unter Schrecken, weit näher an der Hölle, gepeinigt. Die Ungeduldigen und Widerspenstigen erschienen ihr wie mit schwerer Last beladen und unter ihr beinahe erliegend, und während sie durch diese hinging, sah man sie das Haupt schier bis zur Erde neigen.

Nun dahin, nun dorthin schauend, rief sie einmal, von Entsetzen durchzuckt, zum Himmel um Hilfe. Nach kurzem Schweigen schritt sie dann weiter, dahin, wo den Lügnern geschmolzenes Blei in den Mund gegossen wurde, während die Geizigen, auf Erde nie mit Gütern zu sättigen, jetzt in Peinen gesättigt wurden, die Unreinen aber an Orten unleidlichen Gestankes ihre Stätte gefunden. Zuletzt werden ihr diejenigen gezeigt, die in keiner besonderen Sünde sich zuvorgetan, aber in allen einiges geleistet und darum auch an den Qualen aller, nur in einem linderen Grade, Anteil nehmen.

Sie kam dann wieder zu sich, nachdem sie zuvor Gott gebeten, sie nicht wieder solches Elend sehen zu lassen, weil ihre Seele unter dem Leib erliege.

Die Zukunft im Kristall

Als der Dichter Rist in seiner Jugend irgendwo Hauslehrer war, hatte die Schwester seines Zöglings eine Liebschaft angefangen, die aber die Eltern nicht genehmigen wollten. In der Verzweiflung ihres Herzens wendet sie sich an ein altes Weib, daß dieses ihr die Zukunft deute. In Abwesenheit der Ihrigen wird das Weib berufen, um sein Versprechen zu erfüllen. Über den Vorbereitungen im einsamen Zimmer aber wandelt das Mädchen ein Grausen an, und sie geht hinauf, um Rist zu bitten, daß er zugegen sei. Dieser läßt sich bereden, daß er mit hingeht.

Er findet in der Kammer das Weib geschäftig: Sie breitet ein blauseidenes Tüchlein, mit Drachen und Schlangen gestickt, über die Tafel, setzt darauf eine grüne, gläserne Schale, legt in diese ein goldfarbenes seidenes Tüchlein und darauf eine ziemlich große Kristallkugel, die sie wieder mit einem weißen Tüchlein bedeckt. Sie fängt nun an etwas zu murmeln und sich wunderlich dabei zu gebärden, hebt, als sie geendet, die Kugel mit großem Respekte aus der Schale und hält sie nun am Fenster den beiden Anwesenden vor. Diese sehen anfangs nichts. Bald aber tritt im Kristall die Braut in prächtigem Brautschmuck hervor, doch bleich, betrübt und jämmerlich anzuschauen. Nun aber findet, zu noch größerem Schrecken, auf der anderen Seite sich auch der Bräutigam hinzu, der sonst ein gar freundlicher Mensch, jetzt aber, verstörten und entsetzlichen Gesichts, zwei Pistolen unter seinem Reisemantel hervorlangt und die in der Linken auf sein eigenes Herz richtet, die in der Rechten aber der Braut vor die Stirne setzt und losdrückt, wobei ein dumpfer Knall sich vernehmen läßt. Die Kristallseher und selbst die betroffene Alte erstarren und machen sich davon. Lange will der Schrecken in der Erinnerung des Gesichtes nicht von ihnen lassen.

Die Eltern fahren unterdessen in ihrem Widerstande fort, trennen das Verhältnis und nötigen die Tochter, einem vornehmen fürstlichen Bedienten die Hand zu geben. Die Hochzeit wird ausgerüstet, der Tag anberaumt, der Bruder der Braut mit seinem Erzieher, beide derzeit auf der Schule von Rostock, werden eingeladen, aber Rist hat keine Lust, der Einladung zu folgen, und läßt den Zögling allein hinziehen. Die betrübte Braut wird zur bestimmten Stunde in sechsspänniger Hofkutsche abgeholt, und die Begleitung schließt sich zu Pferde an.

Aber der desperate erste Liebhaber hat seinen Stand bei einem wohlgelegenen Hause vor dem Tor genommen, und wie der Wagen dort vorüberfährt, stürzt er hervor, gibt Feuer auf die Braut, fehlt jedoch und schießt einer Dame neben ihr den Hauptschmuck vom Kopf herunter. Er merkt an dem Geschrei, daß er fehlgeschossen, eilt daher ins Haus, und es gelingt ihm, in der allgemeinen Verwirrung zu entrinnen. Die Reise wird unterdessen nach einiger Unterbrechung fortgesetzt, und die Hochzeit geht vor sich. Aber der Gatte entartet bald zu einem grimmigen Haustyrannen, der die Gattin tagtäglich aufs härteste mißhandelt, so daß sie zuletzt, dem Kummer, Gram und Herzeleid erliegend, kaum 30 Jahre alt, in der Blüte ihres Lebens am gebrochenen Herzen stirbt. Der verzweifelte Liebhaber tat später eine gute Heirat und lebte, als Rist die Sache niederschrieb, noch in gutem Wohlstand.

Der ägyptische Magier

Der Engländer William Lane und der Franzose Léon Delaborde berichten übereinstimmend über einen Magier in Kairo, den Scheich Abda el Kader el-Moghrebi, d.i. aus dem Westland Marokko, der sich mit Zauberei abgebe und im Hause des Konsuls Salt schon einen Dieb mit seiner Kunst entdeckt habe. Sie machten daher alle gemeinsam und auch jeder für sich, zu verschiedenen Zeiten und an verschiedenen Orten, Versuche mit ihm, die sie später ebenso gesondert bekannt gemacht. Die Weise seines Verfahrens aber war folgende:

Ein noch nicht mannbarer Knabe, eine Jungfrau, eine schwangere Frau oder eine schwarze Sklavin, wie sie sich eben bieten, werden gewählt, um die Gesichte zu schauen und die geschauten auszusprechen. Dem Gewählten zeichnet der Magier mit der Rohrfeder in die rechte, flache Hand mit schwarzer Tinte ein neunmal unterteiltes Viereck, und nachdem er in die neun kleineren Quadrate die neun Zahlenziffern eingeschrieben, gießt er in die Mitte des größten etwa einen halben Teelöffel von derselben dicken Tinte, so daß sie einen Ball von der Dicke einer Pistolenkugel und in ihr einen Spiegel bildet, in dem er das Individuum sich zuerst selbst beschauen läßt.

Zuvor hat er auf einen schmalen Streifen Papier einen arabischen Zauber aufgeschrieben, einen Teil des 21. Verses des 50. Kapitels vom Koran, lautend: »Und dies ist die Entfernung, und wir haben entfernt von dir deinen Schleier, und dein Gesicht ist heute scharf. Wahrheit! Wahrheit!« Ein anderes Papier nimmt dann die gleichfalls arabische

Anrufungsformel auf. »Tarschun! Tarzuschun! Kommt herab! Kommt herab! Seid zugegen! Wohin sind gegangen der Fürst und sein Heer? Wo ist El-Ahhmar, der Fürst und sein Heer? Erscheint, ihr Diener dieser Namen!« Tarschun und Tarzuschun sind nach der Deutung des Magiers die ihm dienstbaren Geister, El-Ahhmar ist also der Geisterfürst. Die Formel wird in sechs Streifen zerschnitten. Der Knabe wird nun vor dem Magier auf einen Stuhl gesetzt, in Mitte der Gesellschaft; beide umgibt ein Kreis. Ein Becken mit glühenden Kohlen wird zwischen den Knaben und den Meister gestellt, der von einem zwiefachen Weihrauch, Takeh mabachi und Konsonbra Diaon genannt, zu gleichen Teilen in das Kohlenbecken wirft, von Zeit zu Zeit indischen Ambar beifügend, so daß ein dicker Rauch das Zimmer erfüllt und unangenehm auf die Augen wirkt. Er steckt das Papier mit den Worten aus dem Koran dann in das Vorderteil der Mütze des Knaben, wirft einen der mit der Anrufungsformel beschriebenen Papierstreifen in die Kohlen, und indem er nun die arabischen Worte:

»Anzilu aiuha el Dschenni ona el Dschemum
Anzilu betakki matalahontonhon aleikum
Taricki, Anzilu, Taricki!«

mit einer gewissen notwendig innezuhaltenden Kadenz, den Schluß mehrmals wiederholend, murmelt oder singt, unterbricht er dies Rezitativ nur, indem er den Knaben, dessen Hand er immerfort in der seinen hält, fragt, ob er etwas im Tintenspiegel sehe. Der Antwort »Nein!« auf die erste Frage folgt eine Minute später ein Zittern des Knaben, der nun ausruft: »Ich sehe einen Mann, der mit dem Besen den Boden fegt!« – »Sage mir, wenn er fertig ist,« erwidert der Magier und fährt mit der Beschwörung fort. »Jetzt ist er zu Ende!« ruft der Knabe, und jener unterbricht wieder sein Murmeln mit der Frage, ob er wisse, was eine Fahne sei. Und da die Antwort bejahend ausfällt, erwidert der:

»So sprich denn, bring eine Flagge!« Der Knabe tut so und meldet bald, er habe eine gebracht. »Welche Farbe?« – »Rot.« So ließ er ihn nacheinander eine schwarze, weiße, grüne, blaue fordern, bis er sieben vor sich sah.

Währenddessen hatte der Magier den zweiten und dritten Papierstreifen mit Anrufungen in das Feuerbecken geworfen, dabei neues Rauchwerk aufgelegt und sang mit steigender Stimme an der Beschwörung fort. Nun hieß er den Knaben fordern, daß des Sultans Zelt aufgeschlagen werde. Es geschah. Truppen wurden dann verlangt, sie kamen und schlugen ihr Lager um das grüne Zelt ihres Herrn auf. Sie mußten nun in Reih und Glied treten, und der vierte, bald auch der fünfte Streifen wurden ins Feuer geworfen. Ein Ochs mußte beigeschafft werden. Vier Männer brachten ihn auf des Knaben Begehr hergeschleppt. Drei andere erschlugen ihn. Er wurde geteilt, in Stücken ans Feuer gesetzt, und als alles bereitet war, wurde es den Soldaten vorgesetzt. Sie aßen und wuschen darauf ihre Hände. Alles dies beschrieb der Knabe, als ob er es vor sich sähe.

Und alles kehrte unabänderlich, bei jeder einzelnen solchen Handlung und bei jedem Knaben, wieder und endete damit, daß der Magier ihm gebot, den Sultan zu fordern, der sofort mit schwarzem Barte, grünem Banisch und einer hohen, roten Kappe bedeckt, auf einem Braunen zu seinem Zelte ritt, abstieg, in ihm niedersaß, Kaffee trank und die Aufwartung seines Hofes annahm.

Nun wandte er sich an die Gesellschaft, welche Frage irgend jemand tun möchte. Jetzt sei es an der Zeit. Lane forderte nun Lord Nelson. Der Magier gebot dem Knaben, zu sagen: »Mein Meister grüßt dich und begehrt, daß du den Lord Nelson bringst. Bring ihn mir vor Augen, daß ich ihn sehe, eilig!« Der Knabe tat so und sagte allsofort: »Ein Bote ist abgegangen und bringt jetzt einen Mann in schwarzer (dunkelblau ist den Orientalen schwarz) europäischer Kleidung; der Mann hat seinen linken Arm verloren.« Er hielt dann einige Augenblicke inne. Darauf tiefer und angestrengter in die Tinte sehend, sagte er: »Nein, er hat den linken Arm nicht verloren, er hat ihn vor der Brust.« Nelson pflegte den Ärmel des verlorenen Armes vor der Brust zu befestigen, aber er hatte nicht den linken, sondern den rechten Arm verloren. Ohne von dem Mißgriff etwas zu sagen, fragte Lane nun den Magier, ob die Gegenstände in der Tinte erschienen, als wenn sie vor Augen stünden oder wie in einem Spiegel. »Wie in einem Spiegel,« war die Antwort, und das erklärte den Irrtum des Knaben vollkommen, der übrigens von Nelson nie etwas gehört zu haben schien, da er nur nach mehreren Versuchen den Namen aussprechen lernte.

Der andere, den er forderte, war ein Ägypter, der lange als Resident in England sich aufgehalten und als Lane sich eingeschifft, an langwieriger Krankheit bettlägerig war. Der Knabe sagte: »Hier wird ein Mann auf einer Bahre herbeigebracht, in ein Bettuch eingehüllt.« Er beschrieb dabei sein Gesicht als bedeckt, und ihm wurde gesagt, er solle verlangen, daß es enthüllt werde. Er tat es und sagte dann: »Sein Gesicht ist blaß, und er hat einen Schnurrbart, aber keinen Bart«, was richtig war. Bei einer dieser Gelegenheiten war ein Engländer zugegen, der die Sache lächerlich machte und sagte, nichts werde ihm Genüge leisten, als eine völlig ähnliche Erscheinung seines Vaters, von dem er sicher wüßte, daß keiner der Anwesenden ihn kenne. Nachdem der Knabe nach ihm bei seinem Namen gerufen, beschrieb er einen Mann in fränkischer Kleidung, eine Brille tragend, die Hand ans Haupt gelegt, mit dem einen Fuße auf dem Boden aufstehend, den andern aber hinten aufgehoben, als ob er von einem Stuhle aufstehe. Die Beschreibung war genau in jeder Beziehung, die Lage der Hand wurde durch ein anhaltendes Kopfweh herbeigeführt, die des Fußes aber war durch einen Sturz vom Pferde bei der Jagd veranlaßt.

Delaborde seinerseits verlangte den Herzog de la Rivière. Der Bote wurde abgesendet, und ein Offizier wurde vor den Sultan gebracht, in Uniform mit Silberborten um Kragen, Aufschläge und Hut. Delaborde war verwundert, denn der Herzog ist der einzige in Frankreich, der als Oberjägermeister solche Borten trägt. Er fragte bei dieser Gelegenheit den Knaben, woran er den Sultan erkenne? Dieser erwiderte: »Seine Kleidung ist mächtig, seine Hofleute stehen vor ihm, die Arme gekreuzt vor der Brust und bedienen ihn. Er hat den Ehrenplatz vor dem Diwan, und seine Pfeife und Kaffeekanne glänzen von Diamanten.« Auf die weitere Frage, woran er erkannte, daß der Sultan nach dem Herzog gesendet, erwiderte er: »Ich hörte seine Worte in meinen Ohren und sah seine Lippen sich dazu bewegen.«

Ein andermal verlangte einer der Gesellschaft den Shakespeare. Als der Knabe, ein Nubier, die Gestalt vor sich sah, brach er in Lachen aus und sagte: »Hier ist ein Mann, der hat den Bart unter seiner Lippe und nicht am Kinn und hat auf dem Kopfe etwas wie einen umgestürzten Becher.« »Wo lebte er?«, fragte ein anderer. »Auf einer Insel«, war die Antwort.

Das war der Verlauf der Handlung, die indessen nicht zu jeder Zeit mit gleichem Erfolg gelang, wo das Fehlschlagen dann in der Regel dem Wetter, der Dummheit des Knaben oder seinem nicht gehörigen Alter zugeschrieben wurde. Zeigte er Furcht oder Unruhe bei den Gesichten, dann wurde er entlassen und ein anderer für ihn eingestellt. War er ermüdet oder sollte die Sache zu Ende gehen, dann legte der Magier ihm die Daumen auf seine Augen, einige Beschwörungen hersagend, und nahm ihn von seinem Stuhle weg. Der Knabe versuchte dann wohl noch einmal in die Tinte zu sehen, um die schönen Dinge wieder zu erblicken. Er kam dann bald zu sich und wurde sehr fröhlich in Erinnerung dessen, was er gesehen, und gefiel sich darin, es wiederzuerzählen, immer neue Umstände hinzufügend, so daß man nicht zweifeln konnte, daß er die Erscheinungen wirklich geschaut. Statt des Knaben hatte er auch einst ein junges, englisches Mädchen genommen, und als er ihre Hand bereitet, sah das Kind, nachdem es eine Zeitlang in die Tinte geschaut, einen Besen, der kehrte, ohne daß ihn ein Mann geführt, und erschrak darüber so sehr, daß sie nicht länger mehr hineinblicken mochte.

Der Magier hatte bei einem dieser Versuche des anwesenden Leo Delaborde gespannte Aufmerksamkeit und die Macht, die sein eigener Blick auf die Person des Europäers übte, wohl bemerkt und sagte ihm, als er den Knaben entlassen, er sei sicher, durch ihn mit dem gleichen Erfolg, wie mit dem Entlassenen zu wirken. Die Gesellschaft drang in ihn, den Versuch zu wagen. Nur ungern gab er der Aufforderung nach und sah in kurzer Frist seine Gestalt und seine Augen sich trüben im Schwanken der Flüssigkeit, sah bald auch etwas, aber ein Grauen wandelte ihn an, und er brach ab, vorwendend, es sei vergebens, er sehe nichts. Er kaufte ihm indessen später um dreißig Piaster das Geheimnis ab und übte das Gelernte sogleich an seiner Seite mit Erfolg am Knaben desselben aus. Schnell nach Alexandria berufen, setzte er die Versuche um so eifriger fort, weil er dort ein Einverständnis des Magiers mit den Knaben, die er überdem in den entlegensten Quartieren der Stadt aufsuchte, nicht fürchten durfte, und es gelang ihm damit, wie er sagt, wunderbar. Unter anderm ließ er eines Tages Lord Prudhoe, der in Kairo war, erscheinen, und der Knabe, in der Beschreibung seines Anzuges, den er genau angab, sagte: »Sieh, das ist sonderbar, er hat einen Säbel von Silber!« In der Tat war der Lord vielleicht der einzige in Afrika, der einen Säbel in silberner Scheide trug. Ein anderesmal sollte er einen Dieb im Hause des Dragoman Msarra in Kairo entdecken, aber der Bote wollte trotz vielen Rauches und starker Beschwörungen nicht erscheinen. Endlich kam er doch und gab die Beschreibung seiner Gestalt und von Bart und Turban, daß man nicht zweifeln durfte, er stehe vor ihm.

Auch ein Engländer, der lange in Ägypten gewohnt, lernte die Kunst vom Magier. Der Berichterstatter des

»Review« wollte eine Probe damit anstellen und sandte nach einem Knaben. Der Prozeß wurde durchgemacht und gelang vollkommen. Begierig zu erfahren, worin das Geheimnis bestehe, erfuhr er, daß es ihm nur durch genaue Wiederholung der Formeln, die ihn der Magier gelehrt, gelungen sei. Er sei übrigens keiner Art von Gewalt oder Einfluß auf das Kind sich bewußt, und es finde durchaus kein geheimes Einverständnis von dieser Seite statt. Und obgleich er später den gleichen Versuch noch mehrmals mit dem gleichen Erfolg wiederholte, sagte er doch immer, er wisse durchaus nicht, wie das alles also sich begebe.

In der Tat konnte von einem solchen Einverständnisse zwischen dem Magier und dem Knaben nicht die Rede sein, da es den Fragenden völlig freistand, jeden Beliebigen von irgendwoher zu wählen und den Vorbereiteten dann um jede beliebige Person zu befragen. Auch der Magier trieb nicht irgendeine Gaukelei, etwa mit Anwendung eines Spiegels; die Zuschauer kannten schon, wie ein Augenzeuge ausdrücklich sagt, diese flache, moderne Erklärung und merkten scharf auf. Der Schauplatz war Lanes Zimmer, 15 Fuß lang auf zehn Breite, eine Türe führte aus ihm in ein Kabinett, das sonst keinen Zugang hatte und wo niemand sich befand. Im Zimmer selbst war bei einem Versuche nur er, der Magier und der Knabe und Osman, der Dolmetscher des Konsulats. Der Magier saß still auf dem Sofa zwischen Lane und Osman, und der erste beobachtete ihn und den Gefährten aufs allerschärfste, wie er mit seiner Linken die Finger von des Knaben rechter Hand, in der die Tinte sich befand, hielt und nicht gestattete, daß er auch nur einen Augenblick die ganze Zeit über von ihr aufsah. Bei jeder Frage beobachtete der Zeuge den Osman aufs schärfste und war gewiß, daß dieser dem Magier oder Knaben kein Zeichen gegeben. Auch kannte er meist die geforderten Personen nicht. Er hatte Sorge getragen, daß er nie zuvor Verkehr mit den Knaben haben konnte, und sah wohl auch mitunter den Versuch mißlungen, wenn er im Falle war,

Notizen mitteilen zu können. Kurz, es war keine Vorsicht zu ersinnen, die er nicht angewendet hätte. Einer der Augenzeugen bei anderen Versuchen der Art versichert, es hätten wohl auch Zuschauer zwischen dem Magier und dem Knaben gesessen, der erstere sei zudem auch, wenn die Sache einmal im Gange gewesen, mitunter aufgestanden und im Zimmer umhergegangen, sodaß, da die Annahme eines groben Betruges ganz unstatthaft ist, zur Erklärung ein ganz anderer Weg eingeschlagen werden muß.

Da der Knabe Dinge sieht, die fernab in Raum und Zeit von ihm liegen und die kein anderer der Anwesenden gewahrt, so ist er hellsehend; da er es aber nicht gewesen, als man ihn gerufen, so ist er es geworden, kann es jedoch durch keinen anderen als den Magier geworden sein. Dieser aber ist ein solcher, der sich auf dergleichen versteht und auch die Gabe der Mitteilung an Leute, die dafür empfänglich sind, besitzt. Wie nämlich Laborde um die Einweihung in das Geheimnis mit ihm unterhandelte, rühmte er sich, wie er, von zwei berühmten Scheichs seines Landes unterrichtet, neben diesem noch viel andere besitze, und der Europäer hatte dabei Gelegenheit zu bemerken, daß manche dieser Wirkungen auf tiefen physikalischen Kenntnissen, andere auf einem mit Raschheit und Ungestüm wirksamen Magnetismus ruhen. So sagt er unter anderen: »Ich habe überdem die Gewalt, jemand auf der Stelle einschlafen zu machen oder zu bewirken, daß er niederstürzt, sich an der Erde wälzt, in Wut gerät und doch mitten in diesen Anfällen mir Rede stehen und seine Geheimnisse enthüllen muß. Gefällt es mir noch, dann lasse ich irgendeine Person auf einem isolierten Taburett niedersitzen, und indem ich mit besonderen Manipulationen (denselben, deren die Magnetiseure sich bedienen) mich um ihn bewege, bewirke ich, daß er auf der Stelle einschläft, so jedoch, daß er mit offenen Augen spricht und sich benimmt, als sei er wach ganz und gar, was dann zu den wunderbarsten Ergebnissen führt.«

Man sieht also, hier ist eine entschieden kräftige, leicht in

Mitteilung übergehende magnetische Anlage, die sich auch an einem durchdringenden, alles bewältigenden Auge, dessen Macht selbst Laborde gefühlt, zu erkennen gibt. Die größere oder geringere Empfänglichkeit des gewählten Individuums scheint gleichfalls das Gelingen zu bedingen. Solche, die gleich anfangs in ihren Angaben geirrt, werden daher als untauglich oder zu alt entlassen, die aber im Beginne schon das Rechte getroffen, bleiben auch fortan bei ihm. Indem der Magier den Knaben bei der Hand faßt und ihm zugleich gebietet, daß er unausgesetzt in die Flüssigkeit derselben blicke, muß sich vom Auge zur Hand und von dieser wieder zum anderen Auge eine Strömung bilden, die, gegen den Knaben gerichtet, allmählich in ihm jene magnetische Lösung hervorruft, die zum Hellsehen notwendig erfordert wird. Der Rauch von Koriandersamen, Amber und anderen ätherische Öle enthaltenden Spezereien, in die für schnellste Wirkung tauglichste Dunstform gebracht, wird auch seinerseits durch Stimmung der Empfänglichkeit förderlich mitwirken, wenn anders sonstige physische Einwirkungen nicht stören, wie es einmal geschehen, als stürmischer Himmel, wie der Magier gefürchtet, den Versuch gänzlich mißlingen machte. Der Eintritt der Wirkung zeigt sich durch eine Anwandlung der Furcht, ja bei reizbaren Individuen des Schreckens und eine Trübung und Verwirrung des Auges im Schwanken der Flüssigkeit in der Hand, wie selbst Delaborde beim Versuch sie fühlte. Der Zustand bildet sich in stufenweisem Fortschritt langsam und allmählich aus, und diese Stufen werden von seiten des Magiers durch die nacheinander verbrannten Anrufungen jener Geister, die mit dem Hellsehen wirksam eintreten sollen, von seiten des Knaben durch die Folge jener Erscheinungsreihe bezeichnet, die, von der Selbstspiegelung ihren Ausgang nehmend, durch den fegenden Besen zu dem Manne, der ihn führt, übergeht, dann durch sieben Flaggen verschiedener Farben, die ebenso viele Grade des Fortschrittes bedeuten, vorschreitet und mit der

Schließung des Kreises der dienstbaren Geister um ihren Herrn, den Sultan, sich geschlossen findet. Der Knabe ist nun hellsehend, der Tropfen Tinte ist, was der Kristallspiegel in älteren Versuchen.

Tassos Genius

Seit den Zeiten des Sokrates haben viele sich jener Genien gerühmt, die, sei es in vorübergehenden Verbindungen oder in Freundschaft, einem Lebenden sich einigen und seinen Ruf Folge leisten. Torquato Tasso hatte in seiner späteren Zeit eine solche geistige Gemeinschaft, über die uns sein Lebensbeschreiber Manso Merkwürdiges aufbehalten.

Als der Dichter einst zur Herbstzeit bei ihm in Bisaccio sich aufgehalten, hatten sie vielfachen Streit über diesen Geisterverkehr, und Manso gab sich alle Mühe, ihm die Schwachheit auszureden, die nur in den aufsteigenden Dünsten seines melancholischen Temperaments ihren Ursprung habe, da, wie christlich er sich auch sonst verhalten möge, nur einem hohen Grade von Heiligkeit ein so vertrauter Umgang mit Geistern gestattet sein könne. Tasso erwiderte: »Ja, wenn der Geist wirklich nur bei einem Anfalle meiner Melancholie sich zeigte, wenn er meiner Einbildungskraft nur flüchtige und verworrene Bilder ohne inneren Zusammenhang vorgaukelte, wenn, was er sagt, auf nichts hinauslaufend, albern und unzusammenhängend wäre, würde ich auch der Meinung sein, daß alles auf Traum und Phantasie beruhe. Aber es ist ganz anders. Dieser Geist ist ein Geist der Wahrheit und des Verstandes, und zwar beides in so hohem Grade, daß er mich öfters zu Wissenschaften erhebt, die über alle meine Vernunft sind und mir doch zur klarsten Anschauung gelangen. Er lehrt mich Dinge, die in meinen tiefsten Betrachtungen mir niemals in die Gedanken gekommen und die ich auch niemals von einem Menschen gehört oder in irgendeinem Buche gelesen. Er ist also etwas Wirkliches, er mag nun was immer für einer Ordnung angehören, ich höre ihn und sehe ihn, ob es gleich mir unmöglich ist, ihn zu beschreiben.«

Da nach langem Streite Manso noch immer nicht von seiner Meinung abwich, sagte Tasso zu ihm: »Weil Ihr meinen Worten nicht glauben wollt, so muß ich Euch durch Eure eigenen Augen überzeugen, daß diese Dinge keine Einbildungen sind.«

Als sie nun am folgenden Tage wieder beieinander waren, wurde Manso gewahr, wie der Dichter seine Augen plötzlich gegen das Fenster richtete und dabei unbeweglich stand. Manso rief den Entzückten und rüttelte ihn, bis Tasso endlich sagte: »Sieh da, den Geist, dem es gefallen, mich heimzusuchen! Betrachte ihn nur, so wirst du die Wahrheit dessen, was ich sage, erkennen!« Manso sah mit einiger Furcht gegen den Ort, den er ihm zeigte, konnte aber nichts als die Sonnenstrahlen, die das Glas durchschienen, wahrnehmen.

Tasso hatte unterdessen mit Heftigkeit zu reden angefangen, bald Fragen an den Geist richtend, dann wieder auf dessen Fragen antwortend, die Manso ebensowenig vernahm, als er irgend jemand sah. Aber die Reden waren in so wundersamen und ausdrucksvollen Worten gefaßt und so hohen und außerordentlichen Inhalts, daß Manso erstaunt nur zuhörte, ohne eine Unterbrechung zu wagen. Manso hatte noch viele Unterredungen mit seinem Freunde über diese Sachen und gesteht, er sei so weit gebracht worden, daß er nicht gewußt, was er denken oder sagen sollen, außer daß, wenn es eine Schwachheit gewesen an diesem Mann, es ihn zuletzt wohl verleiten könne, endlich so leichtgläubig als er selbst zu werden.

Perroneta war ein savoyisches Mädchen, zweiundzwanzig Jahre alt, hübsch und wohlgebildet. Ihr hatte ein berufener Zauberer der Gegend lange nachgestellt, sie aber hatte ihn abgewiesen und mit Einwilligung der Eltern einen ehrbaren Jüngling zum Gatten sich genommen. Aber am Hochzeitstage hatte sie, wie man glaubt durch Trug und böse Kunst, eine Abscheu gegen ihren Gatten gefaßt, den sie früher geliebt, und darauf war eine ungemeine Trauer nachgefolgt, so daß sie nicht bloß den Gatten, sondern alle Menschen floh. Um sie einigermaßen aufzumuntern, luden daher ihre Schwiegereltern am 27. März 1471 sie in ihr Dorf, zwei Meilen davon auf einem Berge, und baten sie des rauhen Weges wegen, Schuhe anzulegen. Sie aber erwiderte mit einem in ihrer Gegend üblichen Spruche: »Dieu ne soignera mes souliers, si je les mettrai.« Sie zog sie jedoch an, und wie sie zum Fuße des Berges gekommen, saß sie ermüdet nieder und bat die anderen, voranzugehen, sie werde nach kurzer Ruhe ihnen folgen. Sie folgte auch wirklich, im Ansteigen aber, von tiefer Traurigkeit befallen, bog sie nahe bei dem Dorfe aus dem Wege, und nun durch die Felsen irrend, kam sie bis zum Gipfel des Berges, wo sie, außer dem Gesichtskreise der Ihrigen, die Spindel hervorzog und zu spinnen begann. Sie schlief bald ein und schlief von morgens bis zur Abenddämmerung, währenddessen die Ihrigen, nicht wenig besorgt um sie, sich zuletzt beredeten, sie sei vom Fuße des Felsens wieder heimgekehrt.

Als die Dunkelheit hereinbrach, wurde sie selbst aber von einem großen, schwarzen Hunde geweckt, bei dessen Anblick erschrocken sie die Jungfrau von Lausanne und den heiligen Claudius um Hilfe rief. Der Hund aber, die Vorderfüße in ihre Schultern geschlagen, trug sie über Stock und Stein, über Wälder und Flüsse an eine beinahe unzugängliche Stelle, mitten zwischen zwei Felsenreihen und in einen Pfuhl von Wasser, in dem der Regen und

Schnee von den Höhen zusammenfloß. Die Schuhe wurden ihr zugleich mit der Haut des einen Fußes abgezogen, und so wurde sie allein gelassen.

Vierzig Tage blieb sie in dieser Lage, ohne Speise und ohne Trank und Schlaf, bis zum Halse im Wasser, mit den Ellenbogen mühsam in ihm sich aufrechterhaltend. Bisweilen, wenn der Nordwind eintrat, wurde sie vom Eise an den Felsen geheftet und bei Tauwetter von den Würmern bedrängt, die sie mühsam mit der Hand abhielt, so daß sie ihr nur die Füße, den rechten Arm und die rechte Brust benagten. Sie war dabei vollkommen bei Sinnen, und es schmerzte sie nur, daß sie ihr Gelübde nach Lausanne nicht lösen, und da Ostern nahte, nicht zum Sakramente gehen konnte. Aber von oben gestärkt, überließ sie sich festen Glaubens und unerschütterlicher Hoffnung der heiligen Jungfrau und dem heiligen Claudius, betete viel und nahm, wenn ihr darüber die Zunge am Gaumen klebte, nur von Zeit zu Zeit einiges Wasser in den Mund. Süßer Sang der Vögel tröstete sie dabei, Hasen liefen umher, selbst ein zahmer Wolf erfreute sie.

Die Ihrigen, als sie heimgekehrt, die Vermißte nicht gefunden, hatten überall Nachfrage nach ihr gehalten, mit Menschen und Hunden allerwärts das Gebirge durchsuchend. Und einer der Hunde war zur Stelle gekommen, wo sie gesessen, und hatte die Spindel dort gefunden. Endlich war man oft auch in ihre Nähe vorgedrungen und hatte vielmal nach ihr gerufen. Sie aber hatte, mit ihrer Lage vergnügt, den Rufenden keine Antwort gegeben. Deswegen waren die Suchenden wieder heimgekehrt, wähnend, sie habe an sich selber Hand angelegt oder die wilden Tiere hätten sie gefressen. Endlich, am 4. Mai, hatten einige, von ihrer Arbeit nach Hause kehrend und unfern von ihr vorübergehend, eine leise Wehklage vernommen und aus der Stimme auf ein ausgesetztes Kind oder einen verirrten Wanderer geschlossen, weil aber die Nacht herangekommen, die Untersuchung auf den anderen Tag verschoben.

Am Morgen also gingen sie mit vielen anderen, worunter auch Perronetas Gatte und Schwiegervater, an denselben Ort und hörten dieselbe Stimme. Lange suchten sie vergebens, bis endlich einer, kecker als die anderen, zu ihrem Steinlager dringt. Sie wird nun erkannt, dankt Gott für ihre Errettung, will aber kein anderes Wort reden, bis der Priester ihre Beichte gehört und ihr das Abendmahl gereicht. Der Pfarrer wird auf drei Meilen Wegs herbeigerufen und sie wird versehen.

Nun dankt sie Gott aufs neue, erzählt ihre Geschichte, wie sie sich begeben, zeigt ihre angefressenen Füße, von denen ein Glied schon abgefallen, und bittet dann, sie nach Hause zu bringen. Mit Mühe wird sie über die Felsen hinabgeschafft. An ihren Schultern erscheinen die Narben von den Krallen des Hundes. Von göttlichen Dingen spricht sie also, daß man deutlich zu sehen glaubte, wie sie während der 40 Tage höheren Unterricht genossen.

Der Bischof von Hebron sah sie am 17. Mai auf ihrem Lager, ging selbst mit unsäglicher Mühe zu dem Orte, wo sie die lange Zeit gelegen, und ließ die Steine hüben und drüben, zwischen denen sie gelegen, mit zwei eingegrabenen Kreuzen bezeichnen. Sie selbst, anfangs durch Ziegenmilch, dann mit festerer Speise gelabt, erhielt bald ihre Kräfte wieder.

Der Besessene von Valumbrosa

Hieronymus von Raggiolo erzählt in seinem Berichte, den er über die Wunder, die der heilige Gualbert in Valumbrosa an den Besessenen gewirkt, aufgezeichnet:

Es sei ein ungemein großer, starker Mensch mit struppigem Barte, zerzaustem Haare allein an jenen Ort gekommen. Anfangs wurde er für einen Toren gehalten; er erzählte aber bald sein Unglück, das in diesen Zustand ihn versetzt. Der Krieg in der Romagna hatte ihm sein Vermögen genommen. Nicht bloß die Erzeugnisse des Ackers waren aufgegangen, auch das Vieh war ihm weggetrieben, das Haus abgebrannt worden, und man hatte ihm die härtesten Kriegssteuern aufgelegt, so daß er tief verschuldet wurde. Seine Gläubiger ließen ihn in den Kerker führen, wo er in Finsternis und Trauer Jahre hinbrachte. Kein Mensch erbarmte sich seiner, kein Trost kam in seine Seele. Da ergriff den Unglücklichen mit einem Male ein bitterer Grimm, sein Zorn entflammte sich bald zur Wut. Er verfluchte das Christentum, raste gegen seine Mitgefangenen und forderte die Mächte von oben und unten heraus, die Pest des Verderbens auf sein Haupt zu schleudern. Die Anwesenden urteilen, er sei vom Teufel besessen, und sagen es dem Gefängniswärter an. Dieser hält es anfangs für eine List, um loszukommen, überzeugt sich aber doch zuletzt von der Wahrheit der Sache und gibt ihn frei.

Er geht nun nach Valumbrosa, um dort Hilfe zu finden, und bittet, dort angelangt, daß man ihn in die Kirche bringen wolle. Als man ihm seinen Willen getan, fängt der Dämon in ihm an, Sprache zu gewinnen, und schreit: »Bisher bin ich milde gegen dich gewesen, fortan aber werde ich unnachsichtig gegen dich Undankbaren verfahren! Merkt auf, ihr alle, die ihr anwesend seid, an wen ich meine Wohltaten verschwendet!« Nun peinigte er ihn also hart, daß alle, die zugegen waren, aus Schrecken die Flucht ergriffen. Er wurde später wieder mit Gewalt in die Kirche gebracht und mit dem Exorzismus angegangen, wütete aber sogleich aufs heftigste, riß sich los und floh hinaus zu einer Eiche. Als er ermattet unter ihr sich niedergesetzt, redete ihm der Dämon mit milden, süßen Worten zu, ja wieder nach Hause zu gehen, es erbarme ihn seiner, daß er Plage und Not aufsuche, da er daheim fröhlich und mit Gemache leben könne. Er aber wies den Zusprechenden ab, und nun peinigte ihn dieser wieder aufs härteste. Der Bedrängte ruft tausendmal den Namen Jesu und seiner Mutter an, zuletzt liegt er in Tränen und Schweiß gebadet atemlos am Boden. Er wird abermals in die Kirche getragen und, dort wieder zu sich gekommen, weint und wehklagt er in herzzerreißender Weise, hält sich jedoch noch größerer Strafe wert. Da alle Beschwörungen nicht anschlagen wollen, beschließt der Abt, ihn bis zur Genesung im Kloster zu behalten.

Unter fortgesetzten Gebeten und Exorzismen bleibt Justus auf diese Weise drei Monate im Kloster, aufs fleißigste der Handarbeit obliegend. Der Dämon will ihn oft im Zorn erwürgen, vermag es aber nicht und wendet sich darum zur List. Da der Unglückliche einst ermüdet unter einem Kirschbaum sitzt, weckt er in ihm die Lust zu den Früchten, daß er den Baum besteigt, um diese Lust zu büßen. Nun nimmt der Dämon wieder das Wort und redet ihm zuerst mit guten Worten zu, daß er sich herunterwerfe. Er weigert sich, den Rat zu befolgen. Der Getäuschte nun voll Wut ruft: »Jetzt aber sollst du mir zugrunde gehen, Bösewicht! Mit aller Gewalt will ich dich hinunterschleudern!« Der Besessene umfaßt nun den Baum und ruft zu allen Heiligen. Der Dämon aber schreit wütend dazwischen: »Jetzt wirst du verderben, wir werden miteinander zur Hölle fahren; darum schweige nur, du Taugenichts!« So streiten sie miteinander, daß alle Hörer sich entsetzen. Der Dämon aber wird zuletzt besiegt und läßt ihn elend am Baume hängend zurück; mühsam wird er mit Leitern herabgebracht. Der Abt gebietet ihm nun, daß er fortan vom Kloster sich nimmer entferne und nie ohne Begleitung eines anderen an die Arbeit gehe. Er tat, wie ihm geheißen worden, und arbeitete nach einiger Zeit mit vielen anderen im Garten, am Felsen Ristonchiaria genannt, mit Emsigkeit. Wie aber die Gefährten anderwärts beschäftigt waren, ersieht er seine Gelegenheit und eilt schnellen Laufes auf die Höhe des Felsens, und hier beginnt derselbe, nur noch härtere Kampf zwischen ihm und dem Dämon, der da wollte, daß er sich vom hohen Steine herniederwerfe. Er aber widerstand aufs kräftigste und wurde, wie der Sauhirt unten deutlich sah, oft rückwärts gestoßen. Er schrie furchtbar auf, dazwischen hörte man den Dämon wieder entsetzlich rufen. Alles eilte herzu, aber niemand wagte sich der Gefahr wegen in die Nähe. Der Kampf ermattet zuletzt, und er wird abermals gerettet.

Der Abt ruft nun die Geistlichen nochmals zur Kirche, denn ein dreitägiges Gebet ist zu seiner Rettung und Befreiung angeordnet. Ihr Flehen ist nicht fruchtlos, und Justus wird nicht bloß vorübergehend, sondern für immer vom Dämon befreit und kehrt mit seinen Verwandten, die ihn zu suchen gekommen, Gott Dank sagend heim.

Der verhaßte Ehemann

In der Stadt Sepi im Neapolitanischen lebte ein Mann, Jakob genannt, dessen Frau solchen Haß gegen ihn gefaßt, daß sie vom ersten Tage ihrer Verheiratung an, weit gefehlt, daß sie Kinder erzeugt hätten, es miteinander nicht auszuhalten vermochten. Wollte der Gatte der Frau nahekommen, dann wurde sie von solcher Wut und so überaus großem Grimm erfüllt, daß sie lieber, als ihn zu dulden, sich zum Fenster hinausgestürzt hätte. Als man dies einem Geistlichen erzählte, der im Hause eingekehrt, wollte er, weil er der Sache nur schwer Glauben beimessen konnte, eine Probe anstellen. Er ließ den Mann im Inneren des Hauses sich verstecken, und nachdem die Frau zu ihm gekommen, befragte er sie dann um die Ursache eines so großen Hasses, den sie auf den Mann geworfen. Sie nun, nachdem sie zuerst ihr unglückliches Schicksal beklagt, erwiderte, sie könne gar keinen Grund der Sache angeben. Sei der Mann abwesend, dann werde sie von solcher Liebe und so großem Verlangen nach ihm bewegt, daß sie es nicht aussprechen könne. Wolle er aber, um sie zu sehen und mir ihr zu reden, ihr nahe kommen, dann erscheine er plötzlich in ihrer Einbildungskraft mit solchen Häßlichkeiten,

Schändlichkeiten und Ungeheuerlichkeiten angetan, daß sie lieber den Tod als ihn zu ertragen sich entschließen könne, wobei ihre ganze Seele, alle ihre Geister und Kräfte gegen ihn, wie gegen ein Scheusal und Verderben, in Aufruhr gerichtet seien.

Entferne er sich dann, so werde sie sogleich wieder vom heftigsten Verlangen nach ihm entzündet.

Der Priester wollte die Wahrheit dieser ihrer Worte auf eine Probe stellen und verabredete mit mehreren Frauen, die um sie waren, daß sie dieselbe mit einem starken Stricke, Hände und Füße übers Kreuz, an die Bettstatt binden wollten, damit der Mann ohne Widerstand freien Zutritt zu ihr haben möge. Dem Geistlichen war nämlich der Verdacht aufgestiegen, sie stelle sich nur so an, um irgendein geheimes Gebrechen zu verbergen. Die Frau ließ es aus Verlangen nach ihrem Manne geschehen, worauf sie dann auf ihre Bitte den Mann zu ihr ließen. Sowie er aber eintrat, war keine Furie ihr an Entsetzlichkeit vergleichbar, und kein reißendes Tier wütete gleich ihr. Der Schaum trat ihr aus dem Munde, sie knirschte mit den Zähnen, verdrehte die Augen und ihr ganzer Leib schien voll Teufel zu sein. Die Frauen, die zugegen waren, erzählten, Bauch und Magengegend seien von den Stricken eingeschnitten gewesen und die ganze Haut wie mit Geißeln geschlagen. Die Wut ließ nicht nach, bis der Mann ermüdet von dem Streite und aus Mitleid mit ihr, abließ.

Erst nach drei Jahren löste ein Zauberweib, das ihre Ehe mit Jakob ungern gesehen, den Zauber wieder, den sie, wie man glaubte, auf sie gelegt, und nun erst konnte dieser sie gewinnen und lebte fortan mit ihr in Friede und Einigkeit.

Der zauberkundige Schmied

Manchmal wird der Teufel so lange an die Wand gemalt, bis er endlich selbst erscheint. Es hat sich, erzählt der Pfarrherr von Heydingsfeld, in diesem Jahre 1589 zugetragen, daß Hans Schmidt, ein Bürgerssohn in meiner Pfarre, seines Alters bei neunzehn Jahren, zu Eichstädt beim Meister Brosten als Schmiedegeselle verdingt und von diesem mit seinem Mitgesellen Wollff von Kaan, in Böhmen gelegen, nach Ingolstadt, um daselbst Eisen einzukaufen, versendet worden. Als sie im Dorfe Buchsenham zum Weine eingekehrt, da hat der Wollff seinem Mitgesellen angezeigt, wie er eine gewisse und bewährte Kunst für Hauen und Stechen besitze; so er solche begehret zu lernen, so wollte er ihm dieselben mitteilen. Er ließ nun auch diese Kunst mit einem Messer auf seine Hand durch den Mitgesellen probieren, welcher Stich ihm ganz und gar nichts geschadet. Er hat nun ein zauberisch Büchlein herausgezogen und Hansen solches zu lesen gegeben. Und da sie nun zum Weitergehen hinaus aufs Feld gekommen, hat Hans in solchem empfangenem Büchlein zu lesen angefangen. Als er eine Weile darin gelesen, hat ihm Wollff befohlen, über sich und in die Höhe zu sehen, und wie er das getan, hat er wahrgenommen, daß ihnen beiden ein ziemliches Kriegsvolk, über 20 gerüsteter Personen, bei einer Steinmauer entgegenzogen. Hans hat alsbald das Zauberbüchlein auf die Erde geworfen, was Wollffen, seinen Gesellen, sehr verdrossen, der das Büchlein wieder aufgehoben und etliche Zeilen darin zurückgelesen, worauf von Stund an das gesammelte Kriegsvolk entwichen und verschwunden. Sie kehrten darauf nach vollzogenem Geschäft zum Meister zurück und arbeiteten miteinander, und Schmidt schrieb unterdessen das Zauberbüchlein ab. Er befragte seinen Gesellen über den Sinn mancher Worte, die ihm unverständlich geblieben; der aber wollte ihm nichts erklären, bis er bei höchster Treu und Glauben gelobt, die Kunst zu treiben, was Hans denn zuletzt auch zugesagt. Der Wollff unterrichtete ihn nun, wie er morgens frühe, den linken Fuß vorne, in des Teufels Namen aus dem Bette steigen und zwei bis drei Gesetze des Büchleins lesen müsse, welcher Unterweisung

Hans aus großer Furcht nicht nachkommen wollte, sondern sein Büchlein heimlich in die Schmiedeesse geworfen. Darüber ist sein Geselle sehr zornig geworden, hat ihn einmal mit einem spanischen Dolche durch sein Wams und Hemd gestochen; auf welche Uneinigkeit Hans nicht länger beim Meister bleiben wollte, sondern nach seiner Heimat seinen Weg wieder genommen.

Unterwegs bei der Silbermühle, in der Nähe von Onolzbach, ist ihm der böse Feind in der Gestalt des Schmiedeknechts Wollff erschienen, hat ihm mit ernstlichen Worten verboten, zu seinen Freunden zu gehen, hat ihm auch Geld angeboten; da er das aber nicht annehmen wollte, hat er ihn im Walde so irregeführt, daß er zum dritten Male zur Silbermühle kam, wobei der Schmiedeknecht ihm einen härenen Strick, um sich daran zu erhenken, vorgezeigt.

Hans kam nun nach Heydingsfeld zurück und verlobte sich dort mit der Barbara Rabin von Welheim bei Eichstädt, welche aber bald erkrankte und Todes verfuhr. Als nun Hans, zur Erlangung seiner für ihre Verpflegung ausgelegten Unkosten, zu ihrem Vater Martin Raben verreisen wollte, hat ihn urplötzlich eine schwere Leibskrankheit des Herzens und Kopfweh angefallen, welche Krankheit ihm heftig zugesetzt, so daß er sich hat versehen lassen und ein ordentliches Testament gemacht.

Als er das Sakrament am vierten Tag empfangen, hat eine andere ganz erschreckliche Krankheit ihn angestoßen, also, daß er zu unterschiedlichen Zeiten, bei Tag und bei Nacht, mehrmal den Leib aufgebäumt, getobt und ganz harte Stöße um sein Herz und seine Brust empfunden, wo ihm dann der böse Feind in Gestalt des Gesellen Wollff erschien, ihm das Büchlein gezeigt, zuletzt nach seinem Hals gegriffen und sich greulich gegen ihn mit Gebärden gezeigt, welcher Streit eine viertel oder halbe Stunde oder länger jedesmal gewährt. Ein anderes Mal riß er die im Zimmer hängende Wehr an sich und tat, als ob er ihn ermorden wollte.

Dann kleidete er ihn in seine Kleider, gab ihm die Wehr

in die Hand und hat ihn die Stiegen hinabgeführt, wo man mit Mühe ihn wieder zu Bette brachte. Der Kranke fing nun auch an, einen schönen Engel neben dem bösen Feinde zu sehen, und sagte, der erstere habe ihm befohlen, das oberste Wipflein von einem Birnbaum und von einem Weinstock zu nehmen und etwas von einer Bergamehe durcheinander zu schneiden und ihm einzugeben, so werde das Kupferwasser des bösen Feindes abgetrieben; sonst müsse er verderben. Seine Freunde führten das aus, ob aber dasselbige etwas an ihm gewirkt, das weiß man nicht zu sagen. Die also begonnene Besessenheit aber dauerte fort, bis der Exorzismus gegen das Übel angewendet wurde.

Der Zankteufel

Hans Geisselbrecht, Bürger zu Spalt, hatte sich zum zweiten Male mit der Apollonia aus Leutershausen, im Markgrafentum Brandenburg gelegen, verheiratet, und ein Jahr lang hatten sie ruhig miteinander gehaust; dann aber hatte der leidige Eheteufel es dahin gebracht, daß zwischen ihnen bei Tag und bei Nacht viel Zankens, Haderns, Grimmens, Keifens und Nagens gewesen. Einst, im Jahre 1582, war der Mann wohl bezecht anheim gekommen und hatte seinem Gebrauch nach mit seiner Hausfrau zu zanken und übel zu schwören angefangen, trieben auch solches, wie die Nachbarn hörten, fast die ganze Nacht lang.

Am Morgen kommt Apollonia zur Anna, ihrer Nachbarin, und spricht: »Liebe Anna, habt ihr nicht gehört, was mein Mann heute die ganze Nacht abermal für ein Unzucht und Schand geführt?« – »Ja«, spricht diese, »ich und mein Mann haben es leider zu wohl gehört, was für ein Katzengetön und Gotteslästern ihr miteinander getrieben; die ganze Nachbarschaft ist unselig, wo man so unchristlich lebt.« Darauf fängt Apollonia im grimmigen Zorne an und spricht: »Ei, will mir dann unser Herrgott von diesem heftigen Mann nicht helfen, so wollt ich, der Teufel käme und hülfe mir von ihm!«

Als sie darauf desselben abends das heimgehende Vieh, wie gebräuchlich, melken will, kommen zwei Vögel, wie Schwalben, da doch derzeit keine mehr zulande, und fliegen ihr um den Kopf herum geschwind. Ehe sie nun recht unter der Kuh umsieht, steht ein langer Mann neben ihr und spricht ihr zu: »Ach, meine liebe Apel! Wie habe ich Mitleid mit dir, daß es dir also übel geht. Bist so hart und armselig, hast auch einen solchen argen, bösen Mann, der dich so übel hält, vermeint auch, er wolle alles vertun, damit dir hernach nichts übrig bleibt. Tue eins und folge und sage mir zu, daß du mein wollest sein, so gebe ich dir meine Treue darauf, daß ich dich zu dieser Stunde an einen solch herrlichen, lustigen Ort will führen, da du für und für nichts denn Essen, Trinken, Singen, Springen, Tanzen und in Summa solche gute Tage haben sollst, dergleichen du dein Leben lang nie gesehen und gehört: dann es um das Himmelreich nicht also, wie deine Pfaffen davon sagen, beschaffen ist! Ich will es dir viel anders weisen.«

Auf dieses gibt das armselig Mensch aus unbedachtem Mut ihm seine Hand, ergibt sich und sagt ihm zu, sie wolle sein werden. Im Augenblicke wird sie leibhaftig von ihm besessen. Da die Nachbarn zulaufen, legt sie sich vor der Türe in eine Kotlache, in der Meinung, sich zu ertränken, und als man sie ins Haus bringt, schreit sie: »O, laßt mich gehen! Seht ihr nicht, wie köstlich ich lebe, daß ich nichts denn für und für esse, trinke, springe, tanze und gutes Leben hab?«

Der Armenier

Psellus erzählt in seinem Werk *De operatione Daemonum*:

»Ich hatte einen älteren Bruder, der ein Weib genommen, das, sonst untadelhaft, nur äußerst schwer niederkam und dann jedesmal mit allerlei Arten von Krankheiten befallen wurde. Einst an einer solchen niederliegend, delirierte sie über die Maßen, und indem sie ihr Kleid zerriß, murmelte sie allerlei in einer fremden Sprache, von der die bei ihr Anwesenden nichts verstanden. Alle, die zugegen waren, zagten deswegen um sie, und niemand wußte ein Mittel, um der verzweifelten Krankheit zu begegnen.

Einige Frauen brachten indessen einen fremden Menschen herzu, einen Graukopf, hochbejahrt, schwarz, verbrannt und runzelig von Haut, der, mit gezogenem Schwert beim Bette stehend, sie in seiner Landessprache, dem Armenischen, bedrohte und ihr viele Scheltworte gab. Das Weib aber antwortete ihm in derselben Sprache, am Anfange mit Kühnheit, und indem die Ereiferte, aus dem Bette steigend, sein Schelten derb erwiderte. Der Barbar wiederholte aber nun seine Beschwörungen und drohte, wie vom Zorne übernommen, sie zu schlagen. Da fügte das Weib sich aus Furcht. Zitternd redete sie demütige Worte und wurde bald vom Schlafe übermannt. Wir aber staunten alle, nicht über ihre Wut, sondern weil wir sie Armenisch reden hörten, sie, die nie einen Armenier auch nur gehört und außer dem Bette und dem Spinnrocken nichts verstand.

Da sie wieder zu sich gekommen, fragten wir sie, was ihr begegnet und ob sie das Vorgefallene wahrgenommen und im Gedächtnis behalten habe. Sie erwiderte, sie habe ein dämonisches Gespenst gesehen, einen Schatten, einem Weibe gleich, mit im Winde fliegendem Haaren, das mit Ungestüm auf sie losgekommen. Aus Entsetzen darüber sei sie aufs Bett zurückgesunken und habe von allem, was sich seither zugetragen, keine weitere Erinnerung.« Sie redete also wieder in ihrer gewöhnlichen Sprache und wurde von ihrer Krankheit befreit.

»Der Satan, wenn er berücken will«, sagt Majolus in seinen Werke *Dierum canicularium*, »nimmt viele Gestalten an; nur die Taube und das Lamm, glaubt man, sei ihm verboten. Die Form der Ziege und des Bockes kommt gar häufig in den Versuchungen vor, weil das geile und hochmütige Tiere sind. Will er vertraulich tun, nimmt er die Gestalt eines Hundes oder einer Katze an. Ist seine Absicht, einen irgendwo hinzubringen, erscheint er in Rossesgestalt. Ist durch eine Enge irgendwo einzugehen, als Fledermaus, Maus oder Marder. Will er eine Rede hemmen oder sie verbergen, summt er als Fliege dem Gestörten, was er will, ins Ohr. Setzt er sich vor, gegen Tiere und Menschen zu wüten, erscheint er als Wolf; will er schrecken und verwirren, als wütender Hahn dem Pachomius, als Geier dem Romualdus, als Fuchs dem Hilarion, als Hund dem Dunstan, als Schlange dem Leonard von Corbey, als Drache der Margaretha und dem Ferdinand Gonsalvo, Grafen von Kastilien, und seiner Witwe Theodora, als Engel der Juliana. Weil zu allem diesen nun die Menschengestalt auch taugt, zeigt auch sie sich als Hülle, obgleich nicht überall in gleicher Weise. So dem Abte Robert als aufgeschürzter Bauer mit langen, nackten Beinen, auf dem Rücken einen Korb, vor der Brust ein Holz mit Stricken. Dem Maximus von Rhegio als Schiffer im gelandeten Schiffe, dem Evagrius als ein keuchender Kleriker, dem Macarius einmal als Schnitter, dann als Arzneienbereiter, dem Nathanael als Eselstreiber, dem Apelles als schönes, geputztes, verführerisches Weib. Er ist jedoch dann jedesmal mitten durch die Umhüllung zu erkennen, denn da die Kreatur nach Gottes Bild geschaffen worden, so kann die höchste Verunstaltung dieses Bildes keinen vollkommenen Leib annehmen. Er ist daher entweder schwarz, unsauber, stinkend, furchtbar oder doch wenigstens erdunkelnd, dabei häßlichen Angesichts, mit schnabelartig gebogener oder platter Nase, versteckten, flammenden Augen, krallenden Händen und Füßen, die Beine haarig, oft eines oder das andere lahm. Die ganze Statur ist nie proportioniert und wohlgestaltet, sondern immer in etwas ungewöhnlich und die innere Unschöne verratend. Darum geht auch keine ordentliche Rede von diesem Bilde aus, sondern nur eine der menschlichen ähnliche ertönt in der Luft, wie wenn sie auf einem Instrumente nachgemacht würde, oder wie hohle Steine diese Stimme wiedergeben. Zischend, lispelnd, verwirrt, dunkel, schwach und unkräftig tönt sie wie aus einem Fasse oder einem Scherben hervor.«

So die Vision. Als später das klösterliche Leben blühte, waren manche Äbte und Mönche hellsehend und machten Erfahrungen von mancherlei Art in diesen Gebieten, die sie dann bei ihren Zusammenkünften bisweilen sich mitgeteilt. Cäsarius hat einen Teil solcher Gesichte in seinem Buche aufgeschrieben. So hatte der Abt Hermann von St. Maria, ein frommer, ernster Mann, um die Gabe, Dämonen zu sehen, gebetet, und seine Bitte war ihm gewährt worden. Nun sah er sie im Presbyterium seines Klosters, allen anderen unsichtbar, mit den Mönchen verkehren. Bald war es die Gestalt eines viereckten Bauers mit breiter Brust, spitzen Schultern, kurzem Halse, das Haar an der Stirn geschoren, sonst in Borsten herabhängend, der vor einem der Mönche stand. Dann wieder war es die Figur eines Farrenwedels, der einen andern störend anwedelte, oder mehrere fanden sich zusammen, die weiberartig und mit schwarzen Schleiern aus den Wänden kamen und sich zu den heftigen, mürrischen und faulen Mönchen hielten. Ein anderes Mal hatten sie sich vorzüglich häufig eingefunden, flogen, da die Mönche im Singen, Chor gegen Chor, sich verwirrt, von einem zu dem anderen, alles aufregend und vollends turbierend und dann in Drachengestalt davonfliegend. Sie hatten dunkle Körper und ihr Gesicht glich dem Eisen, das man glühend aus dem Feuer genommen. Öfters sah er sie in der kleinsten Gestalt im Chore umherlaufen, bisweilen in furchtbarer Weise Funken werfend, daß er Schaden für sich von diesen Gesichten befürchtet. In einer Heiligengeistmesse bat er daher Gott, die Gabe wieder von ihm zu nehmen, und er sah nun den Dämon in Form eines überaus glänzenden Auges, etwa eine Faust groß, an dem alles zu leben schien, gleichsam als ob es sagen wolle: Jetzt betrachte mich noch einmal aufmerksam, denn du wirst mich nicht mehr wiedersehen! Nun verschwanden fortan die Erscheinungen allmählich.

Fata morgana

Der Jude Sedechias, der zur Zeit Ludwigs des Frommen lebte, hatte sich, erzählen die Chroniken, vorgesetzt, die Menschen vom Dasein der Elementargeister, wie die Kabbala sie auslegt, zu überzeugen. Er gebot ihnen daher, sich in Sichtbarkeit zu zeigen. Sie taten es in aller Pracht, und man sah in den Lüften ein wunderbares Schauspiel. Wesen in menschlicher Gestalt zeigten sich, wie in Schlachtordnung aufgestellt, nun wieder unter Waffen ruhig stehend oder unter prächtigen Gezelten lagernd. Bisweilen hatten sie in Luftschiffen von wunderbarem Baue sich eingeschifft, und die Flotte segelte nun, von milden Winden getrieben, durch die Bläue.

Das war dieselbe Erscheinung, die man so oft auch anderwärts, z.B. in den schottischen Hochlanden, gesehen. So erzählt z.B. Walker: Im Jahre 1686 waren durch die Monate Juni und Juli viele Leute an der Croßfordfähre, zwei Meilen unter Lanark, am Clyde versammelt, die sahen Bäume und den Boden mit Kappen, Hüten, Schwertern und Waffen bedeckt. Bewaffnete zogen in Ordnung nach der Wasserseite, eine Schar begegnete der anderen, sie gingen durcheinander, sich kreuzend, und fielen dann nieder und verschwanden, und andere traten dann an ihre Stelle. Ich ging selber drei Nachmittage nacheinander hin, und so viel ich sehen konnte, kam unter den Versammelten auf zwei, die sahen, immer einer, der nicht sah, und obgleich ich selbst nichts erblickte, so konnten doch alle, die in meinem Falle waren, die Furcht und den Schrecken der Sehenden nicht verkennen. Bei mir stand einer, der sprach: »Ein Pack verdammter Hexen und Zauberer, die das zweite Gesicht haben; der Teufel reitet sie, das sehe ich!« Mit einem Male aber ging eine völlige Veränderung aller seiner Gesichtszüge vor, und solche Furcht und Zittern befiel ihn, wie bei irgendeinem der Weibsleute, die ich dort gesehen, und der Ausruf folgte: »O, ihr alle, die ihr nichts seht, urteilt nicht, denn ich sage euch, es ist alles wahrhaft und allen erkennbar, die nicht stockblind sind!« Die Sehenden beschrieben unterdessen das Aussehen der Geschütze, ihre Länge und ihr Kaliber, die Schwertgriffe, ob sie schmal oder dreieckig oder mit hochländischen Stichblättern versehen waren, sowie die Zipfel der schwarzen oder blauen Kappen. Und alle, die dergleichen sahen, erblickten, wohin sie immer sehen mochten, überall eine Kappe und ein Schwert im Wege.

Ich habe mich bisher umsonst bemüht, einen Grund für diesen letzteren Umstand auszufinden.

Das Zauberland Labourt

Die Basken sind bekannt als die zähesten Anhänger an Herkömmlichkeit, Lebensgewohnheit, Heimatlichkeit, alte Sitten und frühere Überzeugung. Und sie haben in diesem Sinne, die einzigen unter den jetzigen Südeuropäern, wenn schon ein kleines Volk, ihre alte Sprache unverändert aufbewahrt. Ihre ältesten Vorfahren würden in ihr mit ihnen sich verständigen und in ihrer Sitte sich zurechtfinden können.

Aus der Mitte dieses Volkes französischen Anteils, aus dem Ländchen Labourt, wurde bei Heinrich IV. vielfach die Anklage auf allgemein verbreitetes Hexenwesen und

Zauberei gestellt, und er ernannte im Jahre 1609 eine Kommission, bestehend aus dem Präsidenten Espaignet, Staatsrat, und dem Rat beim Parlament von Bordeaux, de Lancre, um an Ort und Stelle die Untersuchung zu führen und den Schuldigen den Prozeß zu machen, mit Vorbehalt der Oppositionen und Appellationen, die eingelegt werden könnten. Sie hielten sich vier Monate im Lande auf und überzeugten sich bald, daß die Anklage nicht grundlos sei. Die übergroße Zahl der Beweise machte ihnen Grauen, und die seltsamsten Tatsachen kamen zu ihrer Kenntnis. Ihre Ankunft hatte übrigens einen panischen Schrecken im ganzen Lande hervorgerufen. Zu Wasser und zu Lande flüchtete alles. Wallfahrten nach dem Montserrat und St. Jakob wurden zum Vorwand genommen. Ober- und Niedernavarra und alle spanischen Grenzprovinzen füllten sich mit Flüchtigen, und die spanischen Inquisitoren begaben sich an die Grenze, um die Fliehenden zurückzuweisen. Die Untersuchung ging unterdessen ihren Gang, die Resultate hat de Lancre in einem Buche zusammengefaßt. Er spricht darin von des Landes Volk und Art in folgender Weise:

»Das Land von Labourt ist ein Amt, zusammengesetzt aus siebenundzwanzig Pfarreien, mit einer Bevölkerung von etwa 30 000 Seelen, ohne Handel und Gewerbe. Die Einwohner siedeln dem Meer entlang, einwärts in die Berge sich ausdehnend, und sprechen, wie ihre Nachbarn, die eigentümliche Baskensprache. Das Land ist also ein Bergland, zugleich Grenzland dreier Königreiche: Frankreich, Spanien und Navarra, Scheide dreier Sprachen, zwei Diözesen angehörend und gleicherweise zwischen Land und Meer geteilt. Das Meer aber macht bäurisch, roh und übelgesittet, der Geist wie der Wohlstand solcher, die sich ihm hingegeben, ist an das Seilwerk und die beweglichen Wimpel geknüpft und also beweglich wie der Wind. Hirse, die die Berge ihnen treiben, und Fische, die das Meer spendet, bilden ihre Nahrung, der Himmel ist dabei ihre Decke und die Segel sind ihr Tischtuch. Sie sind so gewöhnt, das unstete Element in Aufstand und Sturm zu sehen, daß sie nichts so sehr fürchten und scheuen, als seine Ruhe und seine Stille, all ihren Wohlstand seinen Wellen anvertrauend, die sie Tag und Nacht auf und nieder schaukeln. Daher kommt es, daß sich ihrer Sitte, ihrem Umgang, Gespräch und selbst ihrem Glauben die Art des Meeres mitteilt, die auch selbst dann nicht von ihnen abläßt, wenn sie wieder das Land betreten. Sie sind dann immer wie in Wellen schlagend, hastig, jähzornig, bei der mindesten Grille, die ihnen durch den Kopf fährt, auf euch sich werfend und euch den Dolch an die Kehle setzend. Das Land würde ihnen übrigens seinen Ertrag nicht versagen, hätten sie nicht ihre Neigung vorzugsweise dem Ozean zugewendet, dem regellosen, ungebahnten Elemente, dessen Befahrung eine wahre und bare Verzweiflung ist. Nun ist folglich ihre Erde ihnen karg, unfruchtbar und arm geworden. Sie selber aber sind auch träge und faul, wenn sie von ihren Fahrten zurückkommen, und ihr Müßiggang führt sie, ehe sie alt geworden, zu einer Bettelhaftigkeit, die sie wieder schwer drückt, weil sie als nächste Nachbarn der Spanier ungemein viel von ihrem Hochmut und ihrer Anmaßung in sich fühlen. Sie haben dabei nicht einmal einen sicheren Hafen in ihrem Lande und müssen, wenn sie von Terre neuve, Kanada, den beiden Indien anlangen, in St. Sebastian oder Fontarabia anlegen, wo sie unter spanischem Drucke stehen, was sie denn noch abhängiger macht.

Diese ihre Entbehrungen töten in ihnen die Vaterlandsliebe, und ihre lange Abwesenheit auf ihren Meeresfahrten erstickt überdem in ihnen ihre Liebe zu Frau und Kind, die mit den Greisen allein zurückgeblieben, und macht sie gleichgültig und kalt. Wünschen ihre Frauen auch die Rückkehr, des kleinen Verdienstes wegen, den sie gemacht, so ist es doch nur die Winterszeit, die sie in die Heimat führt, in der sie dann, da sie keinerlei Gewerbe ausüben, das Erschwungene in den Wirtshäusern verzehren, ohne ihrer Familie etwas davon zuzuwenden, worauf sie dann im

Frühjahr wieder so arm ausfahren, als sie zuvor gewesen, und, häufig verunglückend, nicht mehr wiederkehren. Sie kennen überhaupt ihre Weiber nicht einmal recht, weil sie nur die Hälfte des Jahres mit ihnen leben; was aber ihre Kinder betrifft, so ist die Gewohnheit, die sie haben, die Weiber mehrere Jahre zuvor, ehe sie dieselben heiraten, auf Probe zu nehmen, auch ihrem Verhältnisse zu denselben nachteilig.

Was nun die Frauen betrifft, so leben sie ihrerseits in einem gleichen oder noch verdrießlicheren Verhältnisse zu den Männern, deren Umgang sie nur zur Hälfte genießen und die sie, unter Erwarten, Zweifel und Ungewißheit geteilt, nur halb für ihre Gatten halten. Sie sind ihnen und ihren Familien keine Stütze und behandeln sie nur vorübergehend als ihre Frauen, weswegen denn auch viele bei ihrer Heimkehr geschehen lassen müssen, daß die Mütter ihren Kindern einen anderen Vater gewählt. Wie nun die Inder auf Hispaniola den Dampf eines gewissen Krautes, Kohoba genannt, zu sich nehmen, der ihnen den Geist verwirrt, und wenn sie also eingenommen sind, die Hände zwischen die Knie schiebend und den Kopf niederhängend, eine Zeit hindurch in der Ekstase beharren, worauf sie dann, aufstehend, Wunderdinge erzählen, von ihren falschen Göttern, die sie Cemis nennen, eben wie unsere Herren, wenn sie vom ›Sabbat‹ kommen, so halten es diese Frauen mit dem Petun oder der Nikotiana, die jede in ihrem Garten, wie klein er immer sein mag, anpflanzt, und deren Dampf sie gebrauchen, um sich das Gehirn zu befreien und des Hungers sich einigermaßen zu erwehren. Nun weiß ich zwar nicht, ob dieser Dampf sie betäubt, wie jene Pflanze den Inder, aber das weiß ich, daß er ihnen den Atem und den ganzen Leib so stinkend macht, daß keine Kreatur, die nicht daran gewöhnt ist, den Gestank ertragen kann. Sie aber gebrauchen sich der Durchräucherung viermal des Tages, und also an diesen Gestank und an den Meergeruch der Männer gewöhnt, scheuen sie keinen anderen. Früher, als Mädchen sonst, der Freiheit des Gebirges genießend, schon durch die Art ihres Kopfputzes an die Nuditäten des Heidentums erinnernd, haben sie bei dem engen Verhältnisse im Umgange der Geschlechter zu oft auf die Verführung gehört, als daß jene andere durch die Dämonen sie erschrecken sollte. Weder sie, noch die Männer sind überdem in der Furcht Gottes auferzogen worden. Selbst ihre Priester haben sich zum Teile dem Dienste des Satans hingegeben und sogar ihre Kirchen profaniert. Denn wir haben es gerichtlich erhärtet, daß der ›Sabbath‹ in der Kirche des heiligen Geistes auf dem Berge Rhune und in der Kirche von Dourdar abgehalten worden. Statt also die Gemeinde zu fördern und auf besseren Weg zu bringen durch die kirchliche Hilfe, führen sie dieselbe vielmehr auf Abwege, indem sie alles, was sie am Tage in der Kirche üben, zur Nachtzeit im Dienste des Bösen wiederholen. Auch daran nehmen die Weiber wieder ihren Teil, denn sie haben in den Kirchen freien Zutritt, unter dem Namen der Benedikten, die sich des äußerlichen Haushaltes annehmen, den Altar auszieren, die Leinwand in Ordnung halten und dergleichen Geschäfte üben. Schon vor Tagesanbruch muß eine solche in der Kirche sein, sowie am Abend die letzte, um die Altäre abzuräumen und die Lichter zu erlöschen, was dann in einem Lande von so freien Sitten zu manchen Dingen Veranlassung geben kann, die die Heiligkeit des Ortes nicht verhindert.

Aus allem diesen erklärt sich, woher die große Verbreitung des Zauberwesens in diesem Lande kommt. Die Männer sind leicht und beweglich, wie im Körper, so im Geiste, entschieden und hastig bei allen ihren Handlungen, immer den Fuß in der Luft, mehr zur Rache und zum Totschlag als zum Diebstahl geneigt, wie ich denn nie bei dem Parlamente einen unter ihnen als Dieb habe verurteilen sehen. Da sie aber nun doch arm und bedürftig sind und zu stolz, um betteln zu gehen, finden sie sich nur allzusehr geneigt, in die Täuschungen des Teufels sich einzulassen.

Die Frauen ihrerseits, dem Müßiggange sich ergebend, weil sie eben wenig zu hausen und zu verwalten haben, dabei von tödlicher Langeweile verzehrt, geben gleichfalls leicht seinen Versprechungen sich preis, wenn er ihnen die Sinne blendet und ihnen Freuden- und Wunderdinge vorspiegelt, die ihnen in seinen Orgien und auf seinen Sabbaten zuteil würden, und allen seinen Pomp und all seine Herrlichkeit auslegt, daß sie meinen, ein irdisches Paradies werde ihnen zum Los, zu dem nur die Ausgewähltesten und Erlesensten zugelassen würden. Die größte Anstrengung des Satans ist dabei gegen die armen Kinder hingerichtet, die, da sie die Kirchen für wahre Gotteshäuser ansehen, die Pfarrer aber als Schutzherrn, sich in sie wie in Asyle flüchtend, sie profaniert, die Pfarrer aber zum Teile selber vom Übel angesteckt gefunden. Doch ist kein anderes Mittel ihnen übrig geblieben, und man sieht sie truppenweise in den Gotteshäusern schlafen, und es scheint ihnen, der Teufel habe keine Macht über sie, um sie von dort wegzureißen und in seine vermaledeiten Versammlungen zu bringen.«

Von diesem Punkte aus hat das Übel, weiter westwärts sich verbreitend, die ganze spanische Halbinsel überzogen. Um dieselbe Zeit, als die französische Kommission in Labourt wirtschaftete und mit Feuer den Krebs wegzuätzen sich bemühte, blieb auch die Inquisition in Spanien nicht müßig und schloß ihren Bemühungen sich an. Im November 1610 kam es zum Autodafé in Logrono in Kastilien, das feierlich über die Schuldigbefundenen abgehalten wurde, über welchen Akt an eben diesem Orte ein Bericht gedruckt wurde, aus dem de Lancre umständlich referiert. Dreiundfünfzig Personen wurden dabei aufgeführt, einundzwanzig, Männer und Frauen, gingen dabei als Pönitenten barhaupt, mit einer Kerze in der Hand und einem Stricke um den Hals. Die gleiche Zahl, mit der Papiermitra auf dem Haupte, als Zeichen, das sie gesühnt waren, folgten diesen. Dann trug man die Gebeine von fünf Verstorbenen mit ihren Bildern, und sechs andere schlossen zuletzt den Zug, mit dem Habit des heiligen Benedikt und der Mitra auf dem Haupte, andeutend, daß sie schon ehemals von der Inquisition entlassen waren. Die fünf Bilder mit den Gebeinen und die sechs zuletztgehenden, unter denen Maria de Rocaya, als eine Meisterin im Zauberwesen, vor allen sich ausgezeichnet, wurden dem weltlichen Arm übergeben. Unter den übrigen waren besonders zwölf Zauberer und Zauberinnen, denen der Prozeß gemacht worden; andere waren auf andere Verbrechen angeklagt. Unter ihnen wurden mancherlei Leibesstrafen belegt, achtzehn andere aber, die bekannt, daß sie all ihr Leben mit Zauberern in Verkehr gestanden und mit Tränen im Auge um Barmherzigkeit gebeten, weil sie zum Glauben zurückkehren wollten, wurden als Bußfertige angenommen und wirklich ausgesühnt. Sie waren aus Navarra und den benachbarten spanischen Städten und zum Teil mit den Flüchtlingen aus dem französischen Baskenlande verbunden.

Da der Sabbat ein Volksfest in diesen mystischen Gebieten ist, so begreift sich, daß alle Berichte von dorther nach dieser Seite durchaus volksmäßig sind und sich mit dem grobfleischigen Akte in seiner Art ausschließlich beschäftigen. De Lancre führt darüber umständliche Aussagen, die bei der Kommission gemacht wurden, an, von denen wir nur das Allgemeine und Instruktive hier anführen wollen, das Einzelne, Widerwärtige und Obszöne übergehend. Er berichtet nämlich unter anderem, die Mädchen und Frauen von Labourt, statt über die verdammliche Sache zu erröten und ihr Vergehen zu beweinen, hätten vor Gericht alle Umstände und das schmutzigste Detail mit solcher Unverschämtheit und Lust erzählt, daß man gesehen, wie sie eine Ehre dareingesetzt und ein besonderes Vergnügen an der Auseinandersetzung gefunden, weil sie die schmutzigen Liebkosungen des Dämons allem anderen vorgezogen:

»Sie erröteten nicht im geringsten, welche schlüpfrige und unsaubere Frage man immer an sie richtete, so daß unser Dolmetscher im Baskischen, der ein Priester war, mehr Scham hatte, unsere Fragen ihnen zu übersetzen, als sie, die Antwort darauf zu geben, und zwar – Mädchen oft von 13 bis 14 Jahren – schneller als man fragen konnte.« Das galt jedoch nur eben von den Mädchen, die noch nichts anderes kannten als diese Schule und in ihrer Unwissenheit glauben mochten, sie hätten es mit einem Gott zu tun, und darum auch alles offen heraussagten. Unter ihnen fanden sich denn auch wohl solche, die man zum Abscheu vor dem Laster bringen konnte und die dann, so viel sie vermochten, sich anstrengten, vom Satan loszukommen. Die alten Zauberweiber aber hüteten sich wohl, die Sache aufzudecken, und setzte man ihnen mit Schärfe deswegen zu, dann ertrugen sie alles, als hätten sie die beste Sache zu bewahren. Man mußte jener noch Dank wissen, von der Maria Dindarte von Sare aussagte, sie habe, als der Satan sich mit ihr zu schaffen gemacht, ihn gebeten, ihr zuvor eine andere Gestalt zu geben, was er ihr denn auch bewilligt. Dieser Rest von Scham, die, wie es scheint, unaustilgbar dem Menschen eingepflanzt, auch in diesen Szenen der Prostitution sich nicht gänzlich verdrängen läßt, äußerte sich darin, daß, während sonst alles öffentlich geschah, die Sache vor den anwesenden Kindern sich durch eine dicke Wolke verbarg, die zwischen dem Satan und ihnen sich erhob.

Bei der Versammlung war es übrigens wie auf Erden: Die Schönsten und Jüngsten galten am meisten. Die Ausgezeichnetsten saßen in prächtiger Kleidung an der Seite des Meisters vom Stuhle und galten als die Königinnen des Sabbats. War daher das Mahl und der Tanz beendet, dann nahm er sie oder wer ihm sonst am besten gefiel, beiseite, brachte sie, nach der Aussage der 16jährigen Margarethe von Sare, auf ein seidenes Bett und tat nun an ihnen nach seinem Wohlgefallen, je unnatürlicher und gottverhaßter, um so besser. In jeder Lust, am meisten solcher zügellosen, aber liegt ein Stachel und ein Widerhaken; das bewährte sich denn auch in diesem Falle und drückte sich in den Aussagen in einer sehr plastischen Weise aus. Alle bekennen, wie auch Remy versichert, daß nichts Kälteres und Unlieblicheres als dergleichen Werk könne erdacht werden. Und Nicolea Morelia versicherte, so oft sie von solchem elendigen Handel abgeschieden, habe sie sich müssen zur Ruhe legen, als wäre sie durch ein langwieriges Abtreiben und Jagen übermüde geworden. Sie klagten dabei alle, wie sie ganz und wider ihren Willen mit den Geistern müßten zu schaffen haben, und es helfe ihnen nicht, wie sehr sie sich wehren möchten. Dabei seien die Geister eifersüchtig, keiner leide, daß ein anderer um die Seine buhle. Der Mann der Nicolea Morelia sagte dabei aus, wie, als sie mannbar worden und nun viel Geisterspuk um sie gewesen, sie darum von den Ihren oft viel geschlagen worden. Unverheiratete werden nicht leicht gewählt, weil sonst die Gelegenheit, nebenbei einen Ehebruch zu begehen, fehlt; sie werden daher bis später aufbewahrt.

Wie alle sich also ihrem Meister preisgeben mußten, so auch waren sie in ihm aneinander angewiesen. Jeanette d'Abadie sagte aus, wie sie Männer und Frauen ohne Unterschied auf dem Sabbat sich vermischen gesehen. Der Teufel habe dabei das Losungswort gegeben, jede Person an die andere anweisend, die der Natur und Sitte am meisten widerstrebte: die Tochter an den Vater, den Sohn an die Mutter, die Schwester an den Bruder, den Täufling an die Pate, das Beichtkind an den Beichtvater, ohne allen Unterschied des Alters oder des Berufes. Das sei ihr selbst unzählige Male begegnet, ihr, die außer dem Sabbat sich nie einen Fehltritt zuschulden kommen lassen, dort aber seit ihrem dreizehnten Jahre, auf Geheiß des Satans, ohne Bedenken alles tue, was er ihr gebiete, weil die Verantwortung dann auf ihn falle. Es sei ein fortdauernder Unflat, in dem sich alles wälze. Übrigens galt nach der Aussage derselben Zeugin das gleiche hier, wie vom Verkehr mit dem Dämon: Es war nur Unlust im Grunde von allem zu gewinnen. Und in der Darstellung bei Remy bekennt Petron, der Hirt von Dalheim: so oft er die Abrahele umfangen, sei er gleich an allen seinen Gliedern erstarrt. Ein Zeugnis, das den nervös konvulsiven Zustand, in dem die Teilnehmenden sich befunden, vollkommen ins klare setzt.

Da der Akt in einer der Naturordnung widersprechenden Weise sich begibt, so kann keine natürliche Frucht aus ihm hervorgehen. Jene Jeanette sagte auch ausdrücklich, aus jenen Verbindungen, sei es mit dem Meister oder mit den anderen Anwesenden auf dem Sabbat, werde keine je geschwängert, eine Aussage, der jedoch andere widersprachen. In einer Aussage bei Remy heißt es: Man nenne die Kinder, die aus solcher Buhlerei entsprängen, Adamskinder. Sie weinten Tag und Nacht, seien schwer wie Blei, ausgesogen, ungestaltet, stets hungrig und mager, und es gedeihe nichts an ihnen, wenn auch fünf Ammen ihrer sich annähmen. Das sind die sogenannten Kielkröpfe, Kinder mit der Rachitis oder dem Kretinismus behaftet: ein Naturübel, dessen Grund das Volk in solchen dämonischen Verhältnissen zu finden glaubte.

Die drei Brüder

Ein Exorzist teilt aus seinen Erfahrungen das folgende Erlebnis mit:

»In der Karwoche 1836 kamen drei Brüder protestantischer Konfession aus Rheinbischofsheim im Badischen, Jakob, David und Friedrich, mit dem Briefe eines katholischen Pfarrers aus dem niederrheinischen Elsaß, der sie exorzistischer Behandlung empfahl, weil sie und ihre jüngere Schwester und ihr ganzes Haus fortdauernd von bösen Geistern geängstigt würden. Aus den Unterredungen, die ich mit den drei Jünglingen in Gefolge dessen hatte, ging ungefähr folgendes hervor:

Von gemeinen Bauersleuten abgestammt, von Jugend auf

mit Landarbeit beschäftigt, waren sie von je gesund und stark. Der älteste, Jakob, lernte das Schmiedehandwerk; der zweite, David, nahm Dienst beim Heere; der dritte, Friedrich, blieb immer zu Hause.

Als Jakob noch in der Ferne war, kam es den David auf einmal ganz sonderbar an: Er fühlte sich wie von einem Winde angeblasen, und eine solche Kompression entstand auf der Brust, daß er Blut auszuwerfen begann. Er wurde ärztlich behandelt und kam nach Karlsruhe ins Krankenhaus. Alle angewendeten Mittel aber waren vergebens, und er erhielt endlich seinen Abschied. In der Heimat angekommen, ward sein Zustand um nichts besser, und zugleich begaben sich höchst sonderbare Dinge im Hause und im Stalle. Gleichzeitig hatte Jakob in der Fremde zu sehen angefangen, was in der väterlichen Wohnung vorging. Und nun begann auch der jüngere Bruder Friedrich bald, ebenso wie David, gequält zu werden, und so auch eine jüngere Schwester, doch nicht im gleichen Grade, wie die Brüder. Im Hause rumpelte und polterte es zwischendurch auf eine entsetzliche Art, und im Stalle verdarb das Vieh auf eine unnatürliche Weise. Wenn die Brüder übers Feld gingen oder mit dem Fuhrwerk fuhren, warf es öfters aus der Luft mit Steinen nach ihnen.

Manchmal, sagten sie, habe beim heitersten Himmel plötzlich ein Donnerwetter gestanden, und einige Male sei ein unbekanntes Tier vor ihnen hergegangen und dann an einem bestimmten Ort wieder plötzlich verschwunden. Körperlich litt Jakob wenig, aber er war eine Art von Visionär und sah, wie er sagte, die Unholden kommen. Einen Augenblick später wurden dann die Brüder wie angeweht und fühlten die innere Bewegung, die sich bis zum Blutsturz steigerte, doch also, daß sie, wenn der Anfall vorübergegangen, ihre Kräfte wiederhergestellt fühlten, als habe ihnen nie etwas gefehlt. Oft war es ihnen, als wenn sie von unsichtbaren, aber doch fühlbaren Händen geprügelt, oft als wenn sie mitten durch den Leib gestochen würden.

Sie schrieben diese Dinge weder dem Teufel, noch eigentlichen Gespenstern, sondern bösen Leuten zu. Der Seher wollte ganz bestimmt die Erscheinungen erkannt haben als noch lebende und selbst mit ihnen verwandte Personen, und die sonderbarsten Geschichten wurden dabei zum Beweis angeführt. Sie hatten gleich anfangs vielfältige ärztliche Hilfe gesucht, aber nirgends welche gefunden. Was Wunder, wenn sie Zauber mit Zauber zu vertreiben Rats wurden und zu solchen gingen, die im Rufe jener Künste standen. Die halfen ihnen zu verschiedenen Malen durch sympathetische Mittel, aber nur kurze Zeit, weil, wie sie behaupteten, die Helfer von den anderen besser bezahlt wurden.

Welche Meinung ich aus allen diesen Erzählungen mir über den eigentlichen Grund der Sache abziehen sollte, wußte ich nicht. Ich sah die beiden jüngeren Brüder David und Friedrich für Hektiker an, denn ihr Zustand, besonders der des letzteren, deutete auf einen hohen Grad des Leidens. Es schienen sonst nichts weniger als furchtsame, exaltierte Leute zu sein; wenn ich daher bei der Betrachtung, sie seien Protestanten, unter denen dergleichen, besonders in dortiger Gegend, noch weit mehr als bei den Katholiken spukt, geneigt war, das ganze einem Spiele der Einbildungskraft zuzuschreiben, so machten mich auf der anderen Seite ihre ruhige Erzählung, ihre unverfänglichen Antworten auf verfängliche Fragen, die ich ihnen stellte, gänzlich wieder an dieser Meinung irre. Nachdem ich mich endlich beraten und nachdem ich ihnen den Sinn der kirchlichen Benediktion in etwas erklärt hatte, gab ich ihnen diese wiederholt alle Tage ein- oder zweimal. Sie bezeugten, es werde ihnen leichter, ja sie schienen gänzlich von ihrer Plage frei. Ich entließ sie daher in der Osterwoche mit einem Briefe an den Pfarrer, der mir sie zugesendet, worin ich ihn bat, in Betracht meiner Ungewißheit über die eigentliche Bewandtnis der Sache an Ort und Stelle Untersuchungen über die Verhältnisse der Familie, über die

Umstände der Leute, unter denen sie aufgewachsen, und überhaupt über alles das, was Licht geben könne in der Angelegenheit, anzustellen.

Anfangs Juni kamen die Brüder zu meinem nicht geringen Erstaunen zum anderen Male zurück und brachten einen Brief vom Pfarrer mit, der schrieb, wie er selber in ihr elterliches Haus in Bischofsheim gegangen, wie er dort alle Umstände geprüft und untersucht, aber nichts Bedeutendes über den Grund der Sache ausgefunden. Er habe die Brüder darauf von den Ärzten untersuchen lassen, und diese hätten, wie die beiliegenden Zeugnisse auswiesen, keine leibliche Krankheit ausgemittelt.

Zweimal habe er an den Generalvikar um die Erlaubnis zum Exorzismus geschrieben, der aber habe nur ausweichend geantwortet. Er habe das Haus nun gesegnet, und es sei allerdings von allem Spuk befreit worden, das halbtote Vieh sei jetzt auch wohl, nur die drei Brüder würden fortdauernd gepeinigt, und er bitte mich deswegen wiederholt, den Exorzismus anzuwenden. Von den ärztlichen Zeugnissen lautete das des Dr. Kühn dahin: Die drei Brüder seien vor mehreren Jahren, an einem Lungenblutspeien leidend, von ihm behandelt worden, die verordneten Heilmittel aber ohne Erfolg geblieben, weil die Ursachen des Übels nicht hinreichend ergründet werden konnten. Der Arzt Humann in Herrlisheim erklärte: Er habe die Brüder stetoskopisch untersucht, aber nichts an ihnen gefunden, das auf einen organischen Fehler der Kranken oder eine physiologische Störung im Ganzen der Funktionen ihres Körpers hingedeutet.

Die Brüder, bei mir angelangt, versicherten mir nun, wie sie bei ihrer früheren Abreise von hier zwei Tage lang von allen Anfällen freigeblieben, worauf aber das Übel zurückgekehrt sei und sie wieder vor wie nach plage. Während ihrer vorigen Abwesenheit sei zu Hause alles drunter und drüber gegangen, es habe fürchterlich herumgelärmt und im Stalle sämtliches Vieh sterben zu wollen geschienen. Der bekümmerte Vater sei darauf schnell zum katholischen Pfarrer gelaufen, damit er wieder helfe, der aber habe, da er verhindert gewesen, ihm gesegnete Palmen mitgegeben, und da er diese im Stalle verbrannt, sei das Vieh sogleich gesund und wohl aufgestanden. Der Pfarrer sei darauf später gekommen und habe das Haus abermals ausgesegnet, worauf dann seither nichts Widriges weiter vorgefallen. Nur sie litten am alten Übel und bäten mich flehentlich, ihnen zu helfen, da ich, wie sie fest glaubten, zu helfen vermöge.

Ich mußte also, ich mochte wollen oder nicht, wieder an die Arbeit, was mich bei der Unklarheit der ganzen Sache gar sehr drückte. Ich ließ sie ihre Geschichten wieder erzählen, ich stellte Fragen, ich ließ sie die Antworten schriftlich abfassen, aber ich kam auf keinen Grund, gleich wie das erstemal. Ihre Erzählungen bestätigten zum Teil das früher Angeführte, zum Teil auch fügten sie Neues hinzu. Ich habe wieder Manches vergessen, nur einiges will ich daher anführen, was ich von Jakob aufgeschrieben vor mir liegen habe.

Er schrieb: Als er noch in der Fremde gewesen, sei bei Tage und bei Nacht oft ein Mann zu ihm in die Werkstätte gekommen, der ihm gezeigt, wie derzeit im Hause alles stehe. Er habe immer verlangt, er solle ihm Geld herauswerfen und er wolle ihm zeigen, was er vermöge. Wollte dann Jakob fort, dann konnte er nicht von der Stelle; an der Arbeit wurde er jedoch weiter nicht gehindert. Die Sache sei jedoch bald zum Ärgeren ausgeschlagen; der Besuchenden seien mehr geworden. Sie nahmen allerlei mit ihm vor und zwangen ihn, zur Nachtzeit zu schwören. Er mußte oft Särge tragen, wurde selbst hineingelegt oder mußte Leichen ausgraben. Sie kreuzigten ihn; war's aber zu Ende gekommen, dann zeigte sich, daß es immer nichts gewesen. Nackte Weibsleute erschienen, trieben mit den anderen allerlei Mutwillen, setzten sich auf sein Gesicht usw., wobei er dann wirkliche Pollutionen hatte. Sie hätten ihn wohl auch mit fortgenommen, wobei es ihm gewesen, als gehe er durch seine eigenen Augen heraus, und führten ihn zu Spiel und Schmaus. Sie zeigten ihm, wie sie zu Hause das Wasser im Brunnen verdorben, und versprachen, wenn er eine von ihnen heirate, so wollten sie es wieder gutmachen.

So ging es immer wie im Wahnsinn fort, und wenn die Erscheinungen ihn bald zu fressen drohen, mit Pistolen schießen, ihn schlagen, einander selbst in die Haare geraten, dann wieder mit Kutschen und Pferden daherfahren, ein anderesmal ein mit goldenen und silbernen Ketten behängter Mann erscheint und ihm zwei goldene Ringe um seine Arme gegeben werden, wenn sie dann mit ihm in die Wolken fahren, auf den Berg Sinai steigen, ihm neun goldene Schlüssel geben, drei Kleider machen, ein weißes Bett vor ihm aufschlagen, dazwischen wieder mit Kanonen schießen, Musik machen, einen Sturm auf das Paradies ausführen und alles verheeren und zerstören: wer könnte klug werden aus dem allen? Er beklagte sich: Diese Phantasmen erschienen ihm beinahe in jeder Nacht, worauf dann jedesmal für die anderen Brüder gewisse Übel sich ergäben. Auch darüber schrieb er vieles auf, woraus jedoch gleichfalls nichts Vernünftiges herauszubringen war. Standhaft war die Behauptung, die Hauptpersonen seien nahe Anverwandte, unter anderen des Vaters Schwester, eine verrufene Frau mit ihrer ebenso verrufenen Tochter. Diese letztere eben sollte Jakob heiraten, gerade die aber mag er nicht. Auch ihr eigener Pastor sei unter den Unholden gewesen.

Mir kam der Gedanke: Da jene verrufene Tante sie alle drei aus der Taufe gehoben, es möge damals der erste Grund zum Übel gelegt worden sein, und ich erneuerte deswegen mit ihnen die Taufgelübde. Ich fuhr fort, mit ihnen zu beten, belehrte sie über die kirchliche Benediktion und sprach diese über sie aus. Zuletzt entschloß ich mich, auch den *Exorcismus contra maleficia* über sie zu sprechen. Von auffallenden Wirkungen desselben kann ich nichts Besonderes anführen; denn daß Friedrich darunter einigemal schwitzte, so daß der Schweiß tropfenweise herabfiel, war wohl aus seinem leidenden Zustande zu erklären. Sie versicherten auch diesmal, nach jedem Gebete über sie befänden sie sich leichter, aber es komme doch jeden Tag aufs Neue wieder; es bringe schon Erleichterung, wenn sie auch nur im Kloster sich befänden. Sie meinten immer, wenn ich es aufs allerhöchste nähme, es müßte gewiß besser, müßte ganz gut werden.

Beinahe drei Wochen waren so vorübergegangen, aber gründlich war nicht geholfen; das Geld ging den Leuten aus, bei ihrer langen Abwesenheit vom Hause forderten die sich häufenden Arbeiten immer dringender ihre Gegenwart. Ich konnte und wollte sie mit leeren Versprechungen nicht einen Augenblick aufhalten. Ich entließ sie daher mit einem Schreiben an den Pfarrer, worin ich diesem alles mitteilte, was vorgegangen, und wie ich nie ein sicheres Zeichen einer dämonischen Einwirkung gefunden. Daß der Exorzismus ohne Wirkung geblieben, könne wohl daher kommen, daß die jungen Leute außerhalb der Gemeinschaft mit der Kirche lebten. Dieser Mangel hätte allerdings durch meinen Glauben und mein Vertrauen ersetzt werden können, da das aber nur eine göttliche Gabe sei, die Gott, wem er will, zuwendet, so könne doch niemand mich wegen der Erfolglosigkeit anschuldigen. Die magnetische Behandlung durch einen zuverlässigen und religiösen Arzt sei vielleicht in diesem Falle anzuraten, auch möge der Pfarrer wohl selber, nach guter Erwägung aller Umstände, privatim und ohne den Leuten zu sagen, was vorgehe, den Exorzismus anwenden.«

Sie zogen damit hin, und der Erzähler hatte, als er dies niederschrieb, seither nichts weiteres über sie vernommen.

Der Friede von 1682 war der Sache der Calvinisten in Frankreich sehr nachteilig gewesen; scharenweise war das Volk im Süden zur Kirche zurückgekehrt. Die entschlossensten unter seinen Führern hatten daher im folgenden Jahre einen Aufstand in der Dauphiné und in Vivarès angerichtet. Dieser aber war sehr unglücklich ausgefallen und die Häupter hatten nach Genf, nach Holland und Deutschland sich geflüchtet, um dort ihrer Sache Hilfe zu suchen.

Jurieu, einer derselben, hatte 1685, um die Gemüter vorzubereiten, eine Deutung der Apokalypse geschrieben, worin er den binnen fünf Jahren bevorstehenden Sturz der Kirche und die Rückkehr der Reformation in Frankreich ankündigte. Das bewirkte die größte Aufregung unter jenen Völkern, in denen das neue Prinzip gewurzelt, und die Zeichen von ekstatischen Zuständen, die im Gefolge derselben da und dort erschienen, brachten wahrscheinlich die Masse der geflüchteten Häupter der Konfession in Genf auf den Gedanken, diese Zustände zu ordnen und zu disziplinieren und sie zu einem Bundesgenossen in dem wiederausbrechenden Krieg zu machen. Der Schauplatz, den man für diese Prophetenschule fand, war eine Glashütte, Peyra genannt, im Gebirge der Dauphiné, mitten unter Wäldern und Felsen. Zu ihrem Vorstand wählte man den du Serre, einen der entschiedensten Protestanten in jener Gegend, der, ein Eingeborener des Landes, in Geschäften der Hütte häufig nach Genf hinüberkam, wo man unterdessen einen Ausschuß gebildet, der den Aufstand betrieb und zwei Prediger, den Henry und Perrin, hinübergesendet, um durch ihre Predigten das Volk in Bewegung zu bringen.

Du Serre ließ sich nun von seinen Glaubensgenossen in der Umgegend fünfzehn Knaben anvertrauen, während die gleiche Zahl von Mädchen sich um seine Frau her sammelte. Diesen flößte er nun zuerst den entschiedensten Haß gegen die Kirche ein und eröffnete ihnen dann, Gott habe ihm seinen Geist mitgeteilt, daß er ihn jedem gebe nach seinem Gutbefinden. Er aber habe sie ausgewählt, um sie zu Propheten und Prophetinnen umzubilden, wenn sie anders sich bereiten wollten, eine so große Gabe in der Weise, wie Gott sie vorgeschrieben, zu empfangen. Die Kinder waren in ihrer Unschuld willig und mußten sich nun einer strengen Disziplin unterwerfen, wobei besonders regelmäßig wiederkehrende Fasten, ununterbrochen durch drei Tage fortgesetzt, eine Hauptrolle spielten, während Vorlesungen über die Apokalypse und den Antichrist in Rom und seinen nahen Sturz ihrem Geiste die Richtung nach dieser Seite gaben und sie mit der Sprache der Propheten vertraut machten. Unter dieser Zucht traten nach und nach bei den meisten Zöglingen die Erscheinungen des Somnambulismus hervor: Sie warfen sich rückwärts an die Erde, die Augen geschlossen, die Gegend der Herzgrube und der Kehle schwoll auf, und sie blieben eine Zeitlang außer sich. War es so weit gekommen, dann schloß der Meister, seine Lehrjahre seien vorüber. Er versammelte dann die ganze Genossenschaft, stellte den Loszusprechenden in die Mitte der Schar und sagte ihm, die Zeit seiner Inspiration sei nun gekommen. Dann küßte er ihn mit ernster und geheimnisvoller Miene, hauchte ihm seinen Atem in den Mund und kündigte ihm an, wie er jetzt den Geist der Prophetie empfangen. Die anderen hatten voll Staunens der Geburt des neuen Propheten beigewohnt und wurden von der Sehnsucht bewegt, bald auch ihrerseits zur gleichen Weihe zu gelangen. Nachdem er alle also losgesprochen, sandte er sie aus, jeden an seinen eigenen Ort, ihnen einschärfend, die Gabe der Prophetie wieder anderen zu verleihen, die sich dazu als tauglich befunden und die die gleiche Schule, wie sie selber, durchlaufen hatten.

Unter den jungen Zöglingen der Prophetenschule waren besonders zwei ausgezeichnet: ein junger Mensch von 25 Jahren, Gabriel Astier aus dem Orte Clieu, und ein junges

Hirtenmädchen aus dem Dorfe Cret, genannt die schöne Isabelle. Beide wählten, während die anderen sich im Dunkeln hielten, ihrerseits gegen Ende des Jahres 1688 einen größeren Schauplatz: Jener ging nach Vivarès hinüber, die andere nach Grenoble, gleichzeitig als der Prinz von Oranien nach England übersetzte. Das calvinistische Volk glaubte gern den Propheten, die ihm den Sieg seines Glaubens verkündigten, und so entstand eine große Aufregung in jenen Gegenden. Die Aufmerksamkeit der Behörden verhinderte jedoch, daß es in der Dauphiné zu einem Aufstand kam. Die Prophetin wurde in Grenoble verhaftet und trat, in der Folge zur Einsicht ihrer Irrtümer gebracht, zur Kirche zurück.

Astier in Vivarès aber, dadurch vorsichtiger geworden, zog sich ins Geheimnis zurück und weihte zuerst seine ganze Familie ins Prophetenamt ein, dann auch andere, flüchtete dann, als die Sache dennoch ruchbar wurde, nach Boutières, ins wilde, unzugängliche Gebirge und hielt nun mit den Bewohnern nächtliche Versammlungen ab. Auf den Bergesgipfeln versammelte sich das Volk, je zu 4-500, manchmal auch 3-4000, gleichzeitig an verschiedenen Orten, am Tage, den der Prophet anberaumt, Männer, Frauen und Kinder.

Der Prophet stand in ihrer Mitte, an einem erhabenen Orte, und eröffnete die Versammlung mit dem lauten Rufe: »Erbarmen! Erbarmen!« Das Volk antwortete mit demselben Rufe, auf den Knien liegend, und die Berge tönten ihn zurück. Dann wurde ein Gebet abgehalten und von allen Anwesenden ein Psalm gesungen. Nun erhob sich der Vorsitzende, die Versammlung tat desgleichen, und nachdem jener ausgerufen, die Hände über sein Haupt haltend: »Werft euch rücklings nieder, ohne Gefährde!« warfen sich alle rücklings, während der Prophet, nach Maßgabe, wie der Stürzenden mehr wurden, die Arme tiefer sinken ließ. Man hielt den Umstand, daß also 3-4000 Personen manchmal auf den Rücken stürzten, ohne sich Leides zu tun, für eine Gabe der Propheten. Inmitten der Liegenden fiel nun der Prophet selber in den ekstatischen Zustand, wurde aus diesem dann von den zunächst um ihn her liegenden Kandidaten des Prophetenamtes wieder zu sich gebracht, fing darauf zu weissagen an und ging dann auf den am besten Vorbereiteten unter den Neophyten zu, hauchte ihm in den Mund und sagte dabei: »Empfange den heiligen Geist!« Er überließ sofort dem Neueingeweihten seine Stelle, der nun auch zu prophezeien begann und die empfangene Gabe weiter mitteilte.

Daß die Sache nicht auf Einbildung und Künstlichkeit beruhte, sondern in physischen Zuständen wurzelte, bewiesen die Schauder, die die Niederstürzenden befielen, die Dehnungen und Streckungen in Armen und Beinen, die Konvulsionen, die sie schäumen machten, und die Anschwellungen, die sie erfuhren. Sie sagten wohl auch aus, daß der Geist sich ihnen mitteile, wenn sie früher Gefallene auf den Schoß genommen, und daß er gewöhnlich durch die Lende eintrete, die ihnen wie von Eisen scheine.

Das Land hatte sich bald mit Filialen der ersten Schulen bedeckt; ein allgemeiner Aufstand war zu befahren, der sich leicht über den ganzen Süden, bis zur Gascogne hinauf, verbreiten konnte. Man traf daher ernstliche Anstalten. Im ersten Gefechte zerstreute sich der Wahn der Aufgeregten, sie seien unverwundbar und könnten mit dem Rufe: »Tartara!« die Heere ihrer Gegner in die Flucht jagen. Mehrere andere Gefechte folgten, die bewaffneten Haufen wurden zerstreut, Astier gefangen und gerichtet und die Provinz also beruhigt. Funken des Brandes waren indessen auch nach den Cevennen geweht worden, und im Jahre 1702, mit dem Beginn des Erbfolgekrieges, brach die erstickte Flamme von neuem aus und erregte den Cevennenkrieg, den die Propheten leiteten. Sie waren hier in vier Stufen übereinander abgegliedert. Die unterste erfaßte die Erweckten, die zweite die, welche den Geist durch den Odem erlangt, die dritte solche, welche die Weissagung erlangt, die vierte jene, welche die Gabe schlechthin hatten, und, mit Weltlichem nicht ferner beschäftigt, weder weissagten, noch im Rate saßen. Alles, was man zur Zeit der Manichäer und Wiedertäufer gesehen, wiederholte sich aufs neue in diesem denkwürdigen Kriege, den das Bergvolk mit großem Mute und Entschlossenheit geführt, worin es aber auch nur allzuoft mit kalt überlegtem Morde und Grausamkeiten sich befleckt und vielfältigen Täuschungen zur Beute geworden, woran, wie am Ausgange des ganzen Unternehmens, eben sich erwiesen, daß der Geist, dem es vertraut, kein guter Geist gewesen.

Das Bacchanal

Bartholomäus de Spina berichtet in seinem Buch *Quaestio de Strigibus*:

»Ein ausgezeichneter Arzt von Ferara, der sich in dieser Stadt besonders mit der Krankenpflege der Armen abgibt, Sozinus Bentius genannt, hat mir in den letzten Tagen in der alleraufrichtigsten Wahrhaftigkeit Folgendes erzählt:

Er habe vor drei Jahren sich auf dem Lande befunden, um seinen Besitzungen nachzusehen, und da sei er zufällig mit seinem Bauern in ein Gespräch über die Hexen geraten. Der Arzt hatte darin behauptet, es seien alles Einbildungen, was man davon erzähle, besonders aber, wenn man glaube, daß sie körperlich sich auf die Fahrt begäben. Der Bauer aber (der noch gegenwärtig lebt und Thamasinus Pollastros genannt wird, jetzt wohnend in dortiger Gegend an dem Orte Clavica Malaguzzi genannt), erwiderte, er kenne einen Bauer, der in der Nähe wohne und der selbst mit eigenen Augen, bei nächtlicher Weile, Männer und Frauen in großer Zahl gesehen, die getanzt und allen Lüsten sich hingegeben. Der Arzt erstaunte über diese Rede und bat seinen Pächter, den Bauer zu ihm zu bringen. Dieser kam, und über die Sache befragt, gab er folgende Auskunft:

Eines nachts, als ich drei Stunden vor der Dämmerung aufgestanden, um meine Ochsen und meinen Wagen Euerm Pächter zur Unterstützung in einem Geschäfte zuzuführen, und damit bis zu jener Ebene gekommen war (auf die er mit der Hand hinwies, weil sie nahe lag), sah ich von ferne viele Feuer an verschiedenen Orten, wie große Lichter, und zwischen ihnen eine große Menge von Männern und von Frauen, die gleichsam untereinander stritten oder auch miteinander tanzten. Als ich aber näher kam, erblickte ich in dem hellen Lichte, das die Feuer um sich verbreiteten, mehr denn sechstausend Menschen, und dabei Tische zugerüstet, an denen viele saßen und mit Essen und Trinken sich ergötzten; mehrere tanzten und übten mancherlei Spiele, andere nahmen sich Dinge heraus, über die es unschicklich ist, sich umständlicher zu verbreiten. Unter der Menge sah ich einige mir schon bekannte Männer und Frauen, und mit mehreren habe ich geredet. Aber nach einer Stunde huben sich alle auf ein gewisses Zeichen in großer Eile weg und schwanden wie in einem Nebel dahin.« Auf dieses Zeugnis hin änderte der Arzt seine Meinung und hielt, was er früher für Wahn erklärt, nicht bloß für möglich, sondern auch für in Wahrheit wirklich sich zutragend.

Der gestohlene Becher

Wilhelm von Newbridge erzählt von einer Begebenheit, die, als er noch in Knabenjahren war, in der Provinz von Deir, unfern von seinem Geburtsort, vorgefallen.

Aus einem Orte, nahe am östlichen Meere, da, wo das berufene Wasser Vispe sich befindet, hatte ein Bauer seinen Freund im nahen Dorfe besucht und war tief in der Nacht nicht ganz nüchternen Mutes zurückgekehrt. Da vernahm er vom nächsten Hügel, unfern vom Wege, den ich oft gesehen, die Stimme einer lustigen Gesellschaft. Er wunderte sich, wer so tief in der Nacht noch solchen Lärm verführe, und da er in der Seite des Hügels ein Tor erblickte, ging er hinein, um zuzusehen. Er fand dort einen weiten, hellerleuchteten Raum und viele Männer und Frauen, wie bei einem Mahle zu Tisch sitzend. Einer der aufwartenden Diener, als er ihn also in der Türe stehend sah, brachte ihm einen Becher, den er annahm, aber den Inhalt, weil er ihn auszutrinken Bedenken trug, ausgoß, darauf dann den Becher zu sich steckte und sich entfernte. Es wurde nun innen Lärm, um des Bechers willen, die Gäste verfolgten ihn, er aber entrann ihnen der Trefflichkeit seines Rosses wegen und kam glücklich in seinem Orte heim. Der Becher, von unbekannter Form, kam an den älteren Heinrich, König von England, dann an David, den Bruder der Königin, und lange im schottischen Schatz bewahrt, wurde er vor einigen Jahren, wie die Sage geht, dem König Heinrich II., der ihn zu sehen gewünscht, vom schottischen Wilhelm überlassen.

Der Hügel in dieser Erzählung ist der alte Venusberg, in den alljährlich das wilde Heer einzieht, der Becher aber ist das Oldenburger Trinkhorn, das Graf Otto auf der Jagd der Jungfrau abgewonnen, die, aus dem Osen- oder Asenberge hervorgehend, es ihm geboten, mit einem Trunk gefüllt, den er ausgegossen, während er das Horn, seinem Pferd die Sporen gebend, mit sich genommen. Die deutsche Sage, nach England hinüber verpflanzt, hat dort nur örtliche Färbung angenommen.

Der Zauberer Goffredy

Der Provenzale Louis Goffredy von Beauvezer hatte, nach seinem Eingeständnis, unter anderm auch von seinem Onkel ein Buch über die Magie erhalten, das er anfangs nicht geachtet, dessen Sprüche er jedoch eines Tages versucht. Da war der besprochene Geist erschienen, hatte seine Bedenklichkeiten gegen einen Bund ihm ausgeredet und einen solchen auf die Bedingung abgeschlossen, daß er gegen dreifache Hingabe seiner Seele, seines Leibes und aller seiner Handlungen ihm hinwiederum Dreifaches zu leisten versprach: ihn zum geehrtesten aller Priester in der Provence zu machen, ihm 34 Jahre Leben ohne Krankheit und sonstige Beschwer zu verschaffen und alle Frauen, die er anhauche, in seinem Namen in Liebe für ihn zu entzünden.

Er geht nun nach Marseille und erhält dort an der Kirche des Accoules ein Benefizium. Der Ruf seiner Heiligkeit erfüllt bald die Gegend, alle Frauen drängen sich zu seinem Beichtstuhl, und er findet nun Gelegenheit, den Zauber seines Atems mehr als tausendmal, wie er sagt, anzuwenden, und freut sich nun, wie alles umher in Liebe gegen ihn entbrennt. Die Gattin des Wirtes Perrin wurde so weit gebracht, daß ein Herzklopfen ihr jedesmal seine Annäherung von ferne verkündigte; eine andere, Bouchette genannt, und eine dritte, Pintade mit Namen, wurden gleichfalls nach und nach die Opfer seiner Lüste. Vorzüglich aber hatten die drei Töchter eines Edelmannes, Mandals de la Pallus, und unter ihnen wieder zumeist die damals zehn Jahre alte Magdalena, diese seine Lust aufgeregt, weil sein Ruf ihm freien Zutritt im Hause verschafft hatte. Da das Mädchen ihn zu seinem Beichtvater angenommen, hatte er in diesem Verhältnisse sich schon viele Freiheiten mit ihr erlaubt und eine tiefe Melancholie sich in ihr aus solchem Verkehr entwickelt. Sie lebte öfters auf einem Gute in der Nähe der Stadt, und auch er ging dort gleichfalls ab und zu. Zuerst hauchte er die Mutter an, daß auch sie, ihm zugewonnen, dem Verführer die Tochter zuführte, die er ebenfalls so oft die Macht seines Atems fühlen ließ und die er überdem noch mit anderweitigem Zauber vielfältig anging, bis sie, unterdessen im Alter vorgerückt, sich ihm ergab.

Als er sie einst auf dem Landgute allein gefunden, bestimmte er sie, ihn in eine Höhle, die dem Gute nahe lag, zu begleiten, wo er ihr große Wunder zu zeigen versprach.

Sie fanden dort viele Männer und Frauen im Tanze um den Bock begriffen. Magdalena hatte anfangs einen großen Schrecken; Goffredy aber machte ihr Mut: Es seien nur ihre Freunde, die sie hier versammelt sehe und deren Gesellschaft sie fortan angehören solle. Er hatte ihr zuvor gesagt, um ihretwillen habe er alle dämonischen Gewalten zu Hilfe gerufen, und da er in ihr nun alles gewonnen, wolle er sie im Bande der Ehe einigen mit dem Fürsten der Dämonen, damit sie in ihm sich untereinander, mit um so größerer Sicherheit, untrennbar vereinigt fänden. Sie nun, die zuvor schon den Grundsatz anerkannt, daß die geistlichen Väter das Recht hätten, über ihre geistlichen Töchter zu verfügen, ließ auch diesen Antrag sich gefallen. Das wurde nun in dieser Versammlung abgeschlossen und vollzogen. Sie wurde mit Schwefel, Salz und Urin getauft, sagte nun aus ganzem Herzen, aus allen ihren Kräften und aus ganzer Seele ihrem Gotte und ihrem Glauben ab und unterschrieb die Absagung mit dem Blute aus dem kleinen Finger der rechten Hand, den er geritzt. Sechs oder sieben schriftliche Gelöbnisse folgten diesem ersten, um den geknüpften Knoten noch schärfer zu schürzen. Sie wurde dann am Kopfe, am Herzen und an verschiedenen anderen Stellen bezeichnet; und nun umtanzten die sämtlichen Anwesenden sie jubelnd, und in allgemeiner Akklamation riefen sie die Neuaufgenommene zur Fürstin des Sabbats aus, den sie von nun an regelmäßig in dieser Eigenschaft besuchte. Goffredy selbst hatte seit seinem Bunde schon ihm angehört, man hatte ihn dort zum Fürsten der Sabbatgemeinden von Frankreich, Spanien, England, Deutschland, der Türkei, also von Europa und einem Teile Asiens ernannt, und er hatte als solcher die Sabbate aller dieser Länder besucht und den Vorsitz in ihnen geführt. Ihr Meister gab darauf den Dämon Asmodi ihr bei, damit er ihr diene, sie ihm bewahre und in der Liebe zu ihm sie erhalte und steigere.

So waren die Dinge eine Zeitlang hingegangen, als ihr der bizarre Gedanke kam, ins Kloster der heiligen Ursula einzutreten, das unter der Obsorge der Priester der christlichen Doktrin blühte. Goffredy widersetzte sich diesem Vorhaben aufs äußerste, da er aber über dasselbe nicht Meister zu werden vermochte, drohte er, die Mächte der Hölle gegen das Kloster loszulassen. Drei Jahre blieb sie bei den Ursulinerinnen in ziemlicher Ruhe, nur daß mittwochs und freitags, den kritischen Tagen, wo sich der Sabbat abhielt, eine schwarze Melancholie ihrer sich bemeisterte, die sie sich selber und aller Welt unerträglich machte. Sie wird nun nach ihrer Aufnahme von fünf Dämonen besessen, und neben ihr Louise Cappel von dreien, und das sonst so ruhige Kloster wird voll von dem Lärm und den Kontorsionen der Besessenen, daß Schrecken und Entsetzen die Vorsteher ergreift.

Offensichtlich lag ihrem Zustande eine mondsüchtige Anlage zugrunde, die ein schlechter Priester zum Dämonischen gewendet und zuletzt bis zur Besessenheit gesteigert hat. Das Mittel, dessen er sich zunächst bedient, war der Atem, jene Aura, in der sich so viele Naturrapporte knüpfen: im Kirchlichen so häufig der Überleiter des Geistes von oben und seiner Gaben, darum auch im Antikirchlichen des Geistes von unten und seines Fluches.

Die Zauberhaare

Eine ergötzliche Geschichte überliefert die Volkssage aus Bergamo:

Drei Männer, Anhänger des in der ganzen Lombardei als Magier berüchtigten Priesters Simon, waren miteinander übereingekommen, vom Dämon jeder 1000 Goldstücke zu fordern und dabei für alle insgemein den Genuß eines schönen Mädchens. Sie riefen demgemäß den Dämon an, der, ihnen erscheinend, alles zu leisten versprach, wenn sie ihm ihre Seelen übergäben. Sie sollten jedoch zuvor einige Haare des Mädchens herbeischaffen und diese auf einen

Altar im Walde, dem Hause des Mädchens nahe, legen, wo sie ihm dann mit Weihrauch zu opfern und ihn als Gott anzubeten hätten.

Sie verschrieben ihre Seelen dem Dämon und gingen dann ins Haus des Mädchens, sie um einige ihrer Haare zu bitten. Sie weigerte sich eine Zeitlang, tat aber dann, als ob sie einwillige und schnitt von der Kuh im Stalle einige Haare ab, die sie als die ihrigen ihnen übergab. Sogleich bauten sie den Altar, taten Meßgewänder an, zündeten Kohlen im Rauchbecken und zitierten den Dämon, der bald erschien und die 1000 Goldstücke für jeden auf den Altar niederlegte.

Aber nun brach die Kuh mit einem Male aus dem Stalle, eilte in den Wald, und mit Hörnern und Zähnen die Magiker angreifend und mit den Beinen sie anspringend, verwundete sie einen um den anderen, zerstörte den Altar und warf die Leuchter und alles um. Die Leute kamen herzu, fanden die Magiker also übel zugerichtet und brachten sie vor den Inquisitor, der sie greifen ließ, ihre Sache untersuchte und sie auf die Galeeren schickte.

Der Marschall de Laval

Gilles de Laval, zugenannt de Raiz, Marschall von Frankreich, von edler Abkunft und Erbe großer Güter, die er noch durch seine Heirat mit der Katharina von Thoners mehrte, war einer der reichsten Besitzer des Landes geworden und hatte sich in den Kriegen gegen die Engländer in damaliger Zeit nicht wenig ausgezeichnet. Mit zwanzig Jahren, nach dem Tode seines Vaters, hatte er sogleich mit einer sinnlosen Verschwendung angehoben. Er hielt sich eine Garde von 200 Mann zu Pferde. Eine Kapelle von 25 bis 30 Personen, Chorknaben, Musiker, Kapläne mußten ihm, neben noch einer großen Zahl von Bediensteten, aller Orten zu Pferde folgen, für die er, wie für andere, immer offene Tafel hielt. Reiches Silbergeräte, kostbare Gewänder von Goldstoffen gehörten dieser Kapelle. Eine tragbare Orgel mußte überall dem Zuge folgen. Seine Kapläne wurden, wie an den Kathedralen, Dechanten, Sänger, Archidiakone, Scholaster genannt, und einer unter ihnen führte den Namen eines Bischofs. Sie waren in Scharlach mit Grauwerk gekleidet, hatten reiche Gehälter, und er hatte mehrere Male beim Papste um die Mitra für sie angehalten. Zugleich ließ er mit großen Kosten Schauspiele aufführen oder vielmehr Mysterien, wie man sie damals nannte. Er fand bald solche, die seine Leidenschaften in aller Weise hegten und aufregten, neben vielen unteren Ranges, besonders Gilles de Sillé und Roger de Brigueville. Um seine enormen Ausgaben zu decken, mußte er natürlich seine Güter unter dem Wert verschleudern, und es würde ihm keines geblieben sein, hätten sich seine Verwandten nicht der Sache angenommen und ein Verbot des Königs ausgewirkt, irgendeine Besitzung weiterzuverkaufen, und ein Verbot des Parlaments an alle, irgendeine anzukaufen. Er in dieser Verlegenheit suchte Hilfe bei der Chymie, die ihm den Stein der Weisen verschaffen sollte. Adepten fanden sich bald ein bei ihm: Schon war das Quecksilber fest gemacht, aber das philosophische Ei brach, ehe es denn ausgebrütet worden.

Er suchte nun Hilfe bei dem, der im Rufe stand, der Inhaber aller verborgenen Schätze zu sein. Auch dazu fanden sich Vertraute dieses Meisters bei ihm ein. Ein Arzt aus Poitou zog seine Kreise im Walde. Der Schwarze war, wie er sagte, in Gestalt eines Leoparden an ihm vorübergegangen; daß er geschwiegen, daran war eine Fehle in seinen Anstalten schuld gewesen. Er wollte heimkehren, um gründlicher nachzusehen. Reich belohnt zog er ab und kehrte nicht wieder. Ein Florentiner, Franz Prelati, großer Alchymist und Magier, trat an seine Stelle ein und bediente sich eines Buches aus der Bibliothek des Marschalls. Später im Gefängnis gestand er, wie er mehrmals den Dämon in

Gestalt eines jungen Mannes von 20 Jahren, der sich Baron genannt, gesehen, wie der ihm einst ein schwarzes Pulver gegeben, mit dem Befehl, es dem Marschall hinzutragen, und wie er ihm ein anderesmal eine Anzahl Goldbarren gezeigt, die aber hernach sich nur als Haufen Sand und gelblicher Erde befunden.

Der Marschall seinerseits hatte eine Verschreibung mit seinem Blute gemacht, worin er versprach, dem Dämon alles zu geben, was er von ihm verlange, ausgenommen sein Leben und seine Seele. Er hatte ihn darauf angebetet, ihm Opfer, Räucherungen, Almosen und eine zu seiner Ehre geordnete Feier dargebracht und dies alles damit besiegelt, daß er gleich zum Einstand ihm das Herz, die Hand, die Augen und das Blut eines Kindes dargebracht. Nun bemerkte man ein altes Weib, das im Land und den Heiden umherstreifte, sich an die kleinen Kinder machte, die das Vieh hüteten oder bettelnd umherliefen, und ihnen schmeichelte, immer aber das Gesicht mit einem schwarzen Tuche halb bedeckt hielt. Sie lockte sie also zu dem Schlosse des Raiz, wo sie spurlos dann verschwanden.

Anfangs waren es nur Bauernkinder und Heimatlose, die also verkamen, bald aber, bei wachsender Keckheit, kamen auch die Städtischen, bis nach Nantes hinein, an die Reihe. Bodin erzählt, wahrscheinlich aus den Akten: Nachdem der Werwolf acht Kinder in solcher Weise dem Teufel geschlachtet, habe er zuletzt versprochen, das neunte, sein eigenes, und zwar im Mutterleibe, durch Öffnen desselben, ihm ein angenehm Opfer, umzubringen. Doch gelangte er nicht zu einem vertrauten Umgang mit ihm von Angesicht zu Angesicht, und er pflegte zu sagen, der Unbekannte müsse ein gemeiner Kerl sein, daß er mit Standespersonen umzugehen sich scheue.

Diese Rede nun, das Kreuzeszeichen, das er etwa beim Eintritt in die Kreise gemacht, oder das Gebet, das er allemal gesprochen, besonders sein *alma redemptoris mater*, seine Anhänglichkeit an die Kapelle, die ihn umgab, und der geheime Vorsatz, den er hegte, durch eine Kreuzfahrt am Ende zu büßen: Das waren die Gründe, die seine Umgebung anführte, warum es nicht zu einem solchen Verhältnis kommen wolle.

Raiz ergab sich unterdessen den schändlichsten Lüsten, die die Einbildungskraft nur irgend erdenken kann, und so hatte die Blutgier sich in ihm mit dieser Lust verbunden, daß die unglücklichen Schlachtopfer seiner Brutalität nur im Augenblicke ihres Todes einen wahren Reiz für ihn erhielten und er aus grimmiger Lust fortsetzte, was er in der Verzweiflung angefangen. Er selber tötete mit eigener Hand seine unglücklichen Schlachtopfer. Ihr Geschrei, ihr Röcheln, ihre Konvulsionen ergötzten ihn, der sie noch zu mehren und zu verlängern sich mühte und, um dieser Lust recht in der Nähe zu genießen, auf die Sterbenden sich niedersetzte. Man fand im Turme von Chantocé eine ganze Tonne voll kalzinierter Gebeine von Kindern, deren Zahl man auf vierzig schätzte, die dieser Moloch alle in seinen glühenden Armen verbrannt. Nach seinem eigenen Geständnisse belief sich die Anzahl derer, die er also dort und im Schlosse Machecou geopfert, auf hundert, in den Abtritten von Suze fand man andere, ebenso wieder in Nantes, Vannes, so daß man die ganze Anzahl auf hundertfünfzig schätzte. Sie alle wurden den Dämonen Barron, Orient, Beelzebub, Satan und Belial geopfert, während man ihnen das Offizium vom Ostertage absang.

Bald nach Ostern, wo er neuerdings eine Fahrt nach dem heiligen Lande angelobt aber gleich darauf in Nantes mit denselben Abominationen sich besudelt hatte, wurde er endlich auf Befehl des Herzogs mit Prelati und einigen anderen verhaftet. Die Klage führte der Prokureur des Herzogs und der Promotor des Bischofs von Nantes. Sechs oder sieben Familienväter, deren Kinder zum Marschall gegangen und nicht wieder zurückgekehrt, waren gleichfalls klagbar. Der Prozeß wurde im neuen Turme von Nantes vor dem Kanzler der Bretagne, dem Bischof des Ortes und dem Inquisitor des Königreichs, Jean Merri, auf Häresie, Zauberei, Sodomie usw. geführt, vor Peter von Hopital, dem Präsidenten aber, in bezug auf alles, was seiner Kompetenz angehörte. Er war diesen gegenüber anfangs sehr keck, sagte, er wolle lieber gehangen sein an seinem Halse, als den Geistlichen Rede stehen, die alle mit Simonie und Schändlichkeiten sich befleckt. Er kenne den Glauben so gut wie sie und wundere sich, daß der Präsident ihnen gestatte, sich mit solchen Prozessen zu bemengen.

Er wurde indessen bald geschmeidiger, und die Zensoren der Kirche machten ihn einen Teil seiner Schandtaten bekennen, die Furcht vor der Folter tat das übrige. Er wurde mit Prelati konfrontiert, und die Geständnisse bewährten sich. Am folgenden Tage bekannte er in öffentlicher Audienz alle seine Verbrechen und wie er noch eine unzählbare Menge anderer Greuel begangen, schrieb aber alles der schlechten Leitung zu, die er in seiner Jugend gehabt und die keine Regel als seinen Willen und sein Vergnügen gekannt.

Am 25. Oktober 1440 wurde ihm sein Urteil vorgelesen, er darauf dem Beichtvater übergeben, eine Prozession für ihn, damit Gott ihm Geduld verleihen möge, abgehalten, und er dann auf der Magdalenenwiese den Flammen übergeben, doch aber seiner Reue wegen nach seinem Tode in geweihter Erde begraben.

Der Werwolf

Im Jahre 1603 wurde vor dem Parlamente von Bordeaux, unter dem Vorsitze des ersten Präsidenten Daffis, eines damals seiner Einsicht und Tüchtigkeit wegen durch ganz Frankreich berühmten Juristen, der Prozeß eines Wolfsmenschen, aus der Roche Chalais im Lande Guyenne, eingeleitet. Die Akten dieses wohlgeführten Prozesses hat de Lancre in seinem Buche *Tableau de l'inconstance* ausgebreitet, aus welchem Auszug die folgenden Umstände als wesentlich sich herausstellen.

Der ordentliche Richter hatte an Ort und Stelle, im Dorfe Paulot, die ersten Erhebungen gemacht auf das Gerücht hin, wie dort am hellen Tage ein Wolf ein junges Mädchen, Margaretha Poirer, angefallen und wie ein junger Mensch von 13 bis 14 Jahren, Jean Grenier, bedienstet bei Peter Combaut, sich gerühmt, daß er es gewesen, der sie in Wolfsgestalt angegriffen und sie verzehrt haben würde, wenn sie ihn nicht mit einem Stocke abgetrieben. Die Angegriffene war von dreien Zeugen die Zweitverhörte. Sie hatte gewöhnlich mit Grenier das Vieh gehütet. Dabei nun hatte er ihr zum öfteren erzählt, wie er, nach Belieben sich in einen Wolf verwandelnd, schon mehrere Hunde und zwei Kinder zerrissen; das Hundefleisch sei aber nicht so gut zu essen, wie das der Kinder. Eines Tages nun, wie sie wieder bei der Herde gewesen, habe sich ein wildes Tier über sie hergeworfen, sie bei ihrem Gewande an der rechten Hüfte fassend und es zerreißend, worauf sie mit ihrem Stocke auf dasselbe zugeschlagen. Das Tier sei dicker und kleiner als ein Wolf gewesen, habe auch einen kleineren Kopf gehabt, dabei braunes Haar und einen kleinen Schweif. Die dritte Zeugin, Jeanne Gaboriant, 18 Jahre alt, berichtete über manche Reden, die er geführt. Auf die Frage, warum er jetzt so schwarz sei, habe er erwidert, das komme von der Wolfshaut, die ihm Pierre Labourant, der an einer mächtigen Kette liege, gegeben und ihm dabei gesagt, wenn er sie umnehme, könne er sich in einen Wolf oder jedes andere Tier umwandeln. Das habe er dann auch vielmal getan und sei jedesmals beim abnehmenden Monde, montags, freitags und sonnabends, aber nur eine Stunde des Tages, gegen Abend oder Morgen gelaufen; ihrer aber seien neun, von denen er einige nannte, die miteinander liefen.

Das schien hinreichend, den Angeschuldigten in Haft zu bringen; und in ihr vernommen, gestand er freiwillig mehr, als die Zeugen ausgesagt. Er sei der Sohn eines Tagewerkers

Peter Grenier, den er vor drei Monaten verlassen, weil er ihn hart geschlagen, worauf er dann in der Gegend von Courtras teils auf dem Bettel umhergeirrt, teils im Dienste verschiedener Herren gestanden. Einst habe ihn ein junger Mensch, Peter vom Hause Tilhaire genannt, auf der Straße gefunden und ihm gesagt, im Walde von St. Anton wohne ein Herr, der sie zu sprechen verlange. Da er mit ihm hingegangen, hatten sie ihn schwarz gekleidet auf schwarzem Rosse gefunden, und da sie ihn gegrüßt, sei er abgestiegen und habe sie mit einem sehr kalten Munde geküßt, ihnen dann geboten, sich jedesmal einzufinden, wenn er nach ihnen verlange, und sei dann davongeritten.

Das sei vor drei Jahren geschehen, als er zehn bis elf Jahre alt gewesen, und sie hätten ihn darauf noch dreimal gesehen. Er habe sie sein Pferd putzen lassen, ihnen Geld versprochen und ein Glas Wein gereicht, wo sie dann wieder ihrer Wege gegangen. Zuvor seien sie aber von ihm mit einer Art Spieß, den er geführt, unter den Hinterbacken bezeichnet worden, wo sich auch wirklich an ihm ein kleines, rundes, unempfindliches Zeichen in Form eines Siegels fand. Er bestätigte die Aussage der Margaretha Poirer als vollkommen der Wahrheit gemäß und gestand, wie er in den Dörfern de la Doubla einst in ein Haus gegangen und ein Kind in der Wiege, das er allein gefunden, hinter eine Palisade im Garten getragen, soviel, als ihm beliebt, davon gefressen und den Rest einem Wolfe gelassen, der nahebei gewesen. So nannte er noch mehr andere, mit denen er ebenso verfahren, ihnen jedoch die Kleider nicht zerreißend, wie die Wölfe tun, sondern sie abziehend. Er laufe bei abnehmendem Monde ein bis zwei Stunden am Tage und bisweilen in der Nacht, aber auch an Kirchenfesten, am Tage vor Pfingsten, in der Fasten und besonders in der heiligen Woche. Der Herr vom Walde gebe ihm dann jedesmal, wenn er ihn laufen lassen wolle, die Wolfshaut und die Salbe, die er beide bei sich bewahre, und er nehme sogleich die eine um und salbe sich mit der anderen nackt. Peter de la Tilhaire besitze gleichfalls eine solche, und sie seien viermal miteinander gelaufen, ohne jedoch jemand miteinander zu töten. Sein Vater, gleichfalls ein Läufer, habe ihn mehrmals auf den Lauf mitgenommen, und sie hätten einmal miteinander ein Mädchen bei Grillaut getötet und gefressen. Nach dem Laufen finde er sich sehr ermüdet und Hände und Füße blutig von Dornen und Disteln zerrissen. Der Nagel seines linken Daumens war dick und lang und klauenartig; er habe, sagte er, ihn auf Befehl des Herrn vom Walde also wachsen lassen müssen. Dieser lasse ihn nicht aus dem Gesicht, so lange er die Wolfsgestalt habe, Sowie er, der Angeklagte, ihn aber aus den Augen verliere, komme er wieder zur Menschengestalt.

Man übergab ihn nun zwei Ärzten zur Untersuchung, und die befanden ihn im Geiste stumpf, beschränkt und unwissend, dabei von einem schwarzgalligen und melancholischen Temperament, erklärten jedoch, daß er nach ihrer Meinung keineswegs an der Wolfskrankheit leide. Zugleich hatte man auch die Väter der vom Angeklagten als gefressen angegebenen Kinder geladen und mit ihm konfrontiert, und es ergab sich, daß sie mit seinen Depositionen in bezug auf Zeit und Ort, die Form des Werwolfes, die Wunden, die Hilfe, die die Angehörigen geleistet, die Waffen oder Stöcke, die sie dabei geführt, die Worte, mit denen sie den Wolf angeschrieen, bis zu den geringsten Einzelheiten übereinstimmten.

Einmal hatte er aus drei Kindern das zarteste und fetteste ausgewählt und dabei angeführt, wie der Bruder des Vaters der drei Kinder ihn davon bewaffnet abgewehrt und, als er geflohen, ihm nachgerufen: »Je t'arroutterrai bien!«

Die Kinder wurden dem Richter vorgestellt, das angegriffene und verwundetete war wirklich das wohlbeleibteste unter den dreien, und Jean Roullier, ihr Vater, sagte aus, wie der Bruder jener Worte wirklich sich bedient. Man ging noch weiter und ließ ihn durch alle Dörfer und Häuser führen, wo er nach seiner Aussage durchgelaufen, und wie er in einem derselben den Mann gefunden, der jene Worte ausgesprochen, erkannte er ihn sogleich unter vielen anderen und faßte ihn beim Arm. Auch Margaretha Poirier wurde herbeigebracht. Er erkannte sie sogleich unter vier bis fünf Mädchen heraus, und sie ihn hinwiederum, und sie zeigte den Justizbeamten und ihm die noch nicht ganz geheilten Wunden an Mund und Kinn. Auch sein Vater wurde gehört und mit ihm konfrontiert.

Der Sohn schwankte etwas in seinen Angaben, als er ihn sah, und man überzeugte sich, daß Elend und Gefängnis ihn stumpf gemacht. Aber nach einigem Ausruhen bestand er auf seiner früheren Aussage gegen ihn, die auch darauf ging, seine Mutter habe sich von ihm getrennt, weil sie ihn einst Füße von Hunden und Kinderhände hätte ausbrechen sehen.

Die Entscheidung des Parlamentes war so weise, wie die Führung des ganzen Prozesses musterhaft. Der Gerichtshof urteilte, man dürfe den Knaben, den der Dämon gegen andere Kinder bewaffnet, nicht verloren geben, um so mehr, da er nach dem Berichte der Geistlichen, die sich seiner angenommen, schon sein Verbrechen zu verabscheuen angefangen, was in vielen Tränen sich zu erkennen und die Hoffnung gebe, ihn Gott und einer besseren Lebensweise wieder zu gewinnen. Erwägend jedoch, daß er den Augen der Bewohner der Dörfer, wo er seine Verbrechen ausgeübt, entzogen und in eine Lage gebracht werden müsse, daß man einerseits eine so verwahrloste, der Gottesfurcht entfremdete Natur nicht länger zu fürchten habe, andererseits aber sich in Stand gesetzt finde, sie wieder auf bessere Wege zu bringen, hat der Rat den Jean Grenier verurteilt, auf Lebenszeit in ein Kloster der Stadt eingesperrt zu werden, um demselben alle die Zeit dienstbar zu sein, dabei unter Todesstrafe ihm verbietend, sich je von diesem Einsperrungsorte zu entfernen. Sein Vater und Peter, genannt Tilhaire, wurden weiterer Untersuchung aufbehalten, nach Monatsfrist jedoch entlassen.

Dort in seinem Kloster besuchte ihn nun später, 1610, de Lancre, und erfuhr von ihm noch manches Bedeutende. Er war damals ein junger Mensch, 20 bis 21 Jahre alt, von mittlerer Größe, eher klein für sein Alter, hatte wilde, kleine, tiefliegende schwarze, wirre Augen, deren Haltung zeigte, daß er sich seines früheren Zustandes, von dem er einige Kenntnis hatte, schämte und niemand ins Gesicht zu schauen wagte. Er hatte sehr lange, helle, mehr als gewöhnlich breite, etwas geschwärzte und durch das Herumbeißen mit den Tieren beschädigte und abgenutzte Zähne. Seine Nägel waren lang und einige schwarz von der Wurzel bis zum Ende, darunter auch der Daumennagel, den der Waldherr ihm zu beschneiden verboten, und diese also geschwärzten waren dabei auch wie halb abgeschliffen und sonst noch außergewöhnlich, weil er der Hände nach Art der Füße sich bedient. Er war einigermaßen stumpfsinnig, doch nicht so, daß er darum sinnlos gewesen wäre und nicht schnell ausgeführt hätte, was die guten Karmeliten, die sich seiner mit Liebe angenommen, ihm befahlen. Er zeigte nur wenig Geist und kam schwer zustande mit Dingen, die nur bloß gesunden Menschenverstand forderten: wie einer, der immer bei den Herden zubracht und nichts von der Welt gesehen.

Er machte kein Geheimnis daraus, daß er ein Werwolf gewesen und daß er auf Befehl des Waldherrn über Land gelaufen, und meinte nur, das sei ihm nicht schimpflich, da er aufgehört habe, ein solcher zu sein. Er gestand aber auch dabei ohne Hehl, daß er noch immer eine große Lust in sich spüre, das Fleisch von Kindern zu essen, besonders sei das von jungen Mädchen ein Leckerbissen. Auf die Frage, ob er dergleichen wohl noch esse, wenn er dürfte, sagte er aufrichtig: »Ja!« Auch erzählten die Geistlichen, wie sie ihn im Beginne seines Aufenthaltes im Kloster bisweilen die ausgenommenen Eingeweide der Fische verstohlen hätten verzehren sehen. Er hatte auch damals eine wundersame Fertigkeit, auf allen Vieren zu gehen und gleich den Tieren über Gräben zu springen. De Lancre erinnerte sich dabei eines anderen Knaben von Saint Pa, der so schnell wie ein fliehender Hund gelaufen, sich dabei so geschwind zu kehren wußte, daß man es kaum bemerkte, und wie ein Windspiel über die Gräben sprang. Grenier versicherte ihm auch, wie er eine Wolfshaut gehabt, die der Herr ihm im Walde von Droilha, im Marquisat von Fronsac, gegeben und die er auf dem Dache einer Scheune in seinem Ort verborgen; doch habe er sie ihm nicht allemal gebracht, wenn er ihn habe laufen lassen. Sein Vater habe gleichfalls ihrer sich bedient, und er äußerte deswegen, und weil er ihn so übel hatte aufwachsen lassen, große Abneigung gegen denselben, wollte ihn auch niemals sehen, ob er gleich mehrmals zum Kloster kam. Dagegen hatte er ein ganz besonderes Wohlgefallen, Wölfe zu sehen, und diese Zuneigung mochte wohl gegenseitig sein, da er in seinen Verhören öfters ausgesagt, wie er immer den größeren Teil der Beute mitlaufenden Wölfen überlassen. Seinen Herrn vom Walde verabscheute und verwünschte er übrigens zu der Zeit und sagte von demselben, wie er ihn im Anfange seines Aufenthaltes im Kloster noch zweimal besucht, was ihm großen Schrecken eingejagt. Er habe ihm viel Geld versprochen, wenn er ihm wieder dienen wolle, doch sei er bald wieder abgezogen, weil er zum öfteren das Kreuzeszeichen gegen ihn gemacht, was er auch jetzt noch öfters tue, damit er nicht wiederkehre.

Er starb übrigens noch in demselben Jahre 1610, anfangs November, christlich unter der Obsorge der Klostergeistlichen.

Jakob von Schottland und die Wettermacher

Zu aller Zeit hat man dem zauberhaft erhöhten Leben einen störenden Einfluß auf die Atmosphäre zugeschrieben. Dieser Glauben ist besonders am Ende des 16. Jahrhunderts in einem berühmt gewordenen Prozesse zutage getreten, damals, als der abgeschmackt pedantische Jakob von Schottland (Jakob VI., Sohn der 1587 in Fotheringhay hingerichteten Maria Stuart und ihres zweiten Gatten Darnley, seit 1608 als Jakob I. König von England) von einer Bande ekstatischer Weiber, unter Führung eines Schullehrers, in ein hexenhaftes Drama im bezauberten Walde verwickelt worden und nun persönlich die Untersuchung dieses wundersamen Handels führte.

In einer Anwandlung von Romantik war er mit einer Flotte im Jahre 1590 nach Norwegen hinübergesegelt, um seine Königin selber abzuholen. Auf der Heimfahrt hatte, während die ganze Flotte im günstigen Winde dahinsegelte, sein Schiff allein Gegenwind, daß es nur beschwerlich vorwärts kam; auch ein Boot, das Juwelen für die Königin trug, ging zwischen Leith und Kinghorn im Sturm zugrunde.

Das war nun alles das Werk jener Weiber, wie sich nach der Rückkehr des Königs entdeckte. Geillis Duncane, die beim Bailif Seaton diente, hatte seit einiger Zeit allerlei Heilungen gemacht, die den Verdacht ihres Herrn erregten, daß er zuletzt ihr die Daumschrauben anlegen ließ, wo sie dann gestand, daß die Kuren durch des Teufels Hilfe geschehen, und nun als Mitschuldige und Hexen viele andere angab. So Agnes Sampson, die älteste von allen, Agnes Tompson von Edinburgh, die Frau des Georg Mott, Barbara Naper und die Euphemia Maccalzeane, die Tochter des Lords von Clifftonhall, einem der Beisitzer des Justizkollegiums. Viele andere Frauen wurden gleichfalls von ihr angegeben und auch Männer, darunter besonders Doktor Fian, sonst John Cunningham genannt, Schulmeister von Saltpans in Lowthian, bei den anderen als der Geheimschreiber des Teufels geltend.

Alle wurden verhaftet, Agnes Sampson aber wurde zuerst in Haliriud House vor den König gebracht. Sie leugnete anfangs alles, wurde aber gefoltert und gestand nun so absonderliche und wunderbare Dinge, daß Jakob selbst sie für eine Lügnerin erklärte. Sie antwortete aber, es wäre nicht gut, wenn Se. Majestät ihren Worten nicht glauben wolle; sie sei daher erbötig, ihm Dinge mitzuteilen, die jeden Zweifel bei ihm niederschlagen würden. Nun nahm sie den König etwas beiseite und sagte ihm alle Worte, die zwischen ihm und der Königin zu Upslo in Norwegen in der Hochzeitsnacht gefallen, mit allen Antworten, die eins dem anderen gemacht, so daß Se. Majestät höchlich erstaunt war und beim lebendigen Gotte schwur, alle Teufel der Hölle könnten dergleichen nicht erfunden haben, so sehr sei es in der Wahrheit gegründet. Er glaubte fortan ihren Aussagen.

Sie erzählte nun, wie die ganze Gesellschaft beschlossen, dem König auf jener Reise einen verderblichen Sturm auf dem Meere aufzuregen. Satan wollte zuerst einen Nebel aufziehen lassen, damit sein Schiff an der englischen Küste strande, da das aber nicht sicher schien, schrieb Fian, der Schulmeister, an die Marion Linkop, eine berühmte Hexe, und an die anderen aus der Schwesterschaft und bot sie sämtlich auf, binnen fünf Tagen auf der See mit ihrem Meister zusammenzutreffen, um den König gemeinsam zu verderben.

Am Vorabend von Allerheiligen trafen sie, etwa 200 Personen stark, am bestimmten Orte zusammen und schifften sich jede in einem Siebe ein, lustig und guter Dinge. Nach einigem Kreuzen erschien Satan und gab dem Robert Grierson eine Katze. Mit dem Rufe: »Hola!« sollte die in die See geworfen werden, und der verlangte Sturm werde dann folgen. Früher schon hatten sechs Hexen solche Katze in des Webers Haus getauft. Zwei hatten den Eisenhaken des Herdes gefaßt, man hatte das Tier dann dreimal durch den Ring des Hakens gezogen und dreimal es unter dem Herde durchgetrieben. An die vier Beine hatte man ihr dann Hauptglieder von Menschen gebunden, und als man sie nach Mitternacht in die See geworfen, war der Sturm gekommen, der jenes Boot verschlungen.

Als die Siebfahrer ihr Geschäft vollbracht, landeten sie bei der Kirche von North-Barrick in Lowthian, tranken zuerst Wein aus ihren Sieben und gingen dann, über hundert an der Zahl, paarweise zur Kirche, den Sabbat abzuhalten. Geillis Duncane tanzte voran und sang zur Harfe:

»Commer, goe ye before, commer, goe ye
Gif ye will not goe before, commer, let me.«

Fian machte in der Kirche den Zeremonienmeister, blies die Türen auf und die Lichter an, während Grey Meill den Türsteher machte. Der Dämon erschien als Prediger. Sein Leib war hart wie Eisen, wie es denen schien, die ihn berührten, sein Angesicht furchtbar, seine Nase wie der Schnabel eines Adlers, Krallen an Händen und Füßen wie ein Greif, seine Augen grau und brennend, seine Stimme hohl. Er hielt eine Ermahnung an die Anwesenden, fortan alles Üble auszuführen, worauf dann die Huldigung in der gewohnten Weise folgte.

Der König ließ die Geillis Duncane vorführen; ihre Aussage stimmte aufs Vollkommenste zusammen mit dem, was die Sampson gesagt hatte, die Spottiswood als eine würdige, in ihren Aussagen gesetzte Matrone beschreibt. Sie mußte jenes Lied auf der Harfe ihm vorspielen.

Der König, der bei allen Verhören zugegen war, erstaunte über die Übereinstimmung der Aussagen, die auch in den Bekenntnissen des Fian und aller derer, die zugegen waren, sich gleich blieb und noch jetzt alle englischen Reviewers in Verwunderung setzt, daß sie dieselbe als das schwierigste Problem in der Philosophie der schottischen Geschichte erklären. Man sieht, eine Verschwörung gegen den König hat stattgefunden, der, wie es scheint, auch Bothwell (Mörder Dankeys, dritter Gatte der Maria Stuart), später selbst der Zauberei beschuldigt, nicht ganz fremd geblieben. Aber es war eine mystische Verschwörung, in der zauberhaften Weise der Zeit betrieben, und der

Dämon sollte als Wettermacher die Hauptrolle bei derselben übernehmen.

Die Tragödie Urban Grandiers

Urban Grandier, erster Pfarrer zu St. Peter in Loudun und Kapitular am Stifte zum heiligen Kreuze, war einer der Charaktere, die überall, wo sie sich finden mögen, von der Natur zum Herrschen bestimmt erscheinen. Denn mit großem Talente verband er eine gleiche Energie des Willens, und eine reiche Ader des Lebens war bei ihm einer hohen Gestalt einwohend. Er war ein ausgezeichneter Prediger, wußte im gesellschaftlichen Verkehr mit Gewandtheit und Leichtigkeit sich auszudrücken, und ein fester und eindringlicher Geist gab in allen seinen Äußerungen sich kund. So wurde er bald ein Phänomen in der kleinen Stadt. Aber ihm fehlte der religiöse und ethische Grund, über dem diese Anlagen sich entwickeln konnten. Ein großer Hang zur Wollust war ihm als Zugabe mitgegeben, und er ließ sich bald von ihm bemeistern. Sechzig unbescholtene Zeugen haben in seinem Prozesse über alle Ehebrüche, Inzeste, Sakrilegien und die anderen Gottlosigkeiten, die er in seiner Kirche, in der Nähe des Sakraments, ohne Unterschied der Tageszeit zu jeder Stunde und in jedem Augenblicke verübt, rechtskräftige Zeugnisse abgelegt. Da er diese Lizenz vor seinem Gewissen beschönigen wollte, schrieb er eine Abhandlung gegen den Zölibat, die man neben allerlei obszönen Gedichten bei Untersuchung seiner Papiere fand. Die Eltern, deren Töchter, und die Männer, deren Frauen er entehrte, wurden wütend gegen ihn, und er wendete nun, statt irgend etwas Versöhnliches zu tun, die ganze schneidende Schärfe seines Charakters gegen sie.

Die Klage der Verletzten wurde bei seinem Bischof in Poitiers eingegeben, er im Gefolge derselben verhaftet und in dem Urteile des Offizialates vom 3. Januar 1630 auf fünf

Jahre interdiziert in der Diözese, auf immer aber in Loudun. Er appellierte an den Erzbischof von Bordeaux, der ihn freisprach, jedoch mit dem Rate, seine Benefizien umzutauschen. Er aber statt dessen hielt seinen Einzug in Loudun, mit einem Lorbeerreis in den Händen, trieb sein gewonnenes Recht bis auf den äußersten Punkt hinaus, hielt seinen Feinden überall die kalte Spitze des Hohns entgegen und verwickelte sie nacheinander in Händel und Prozesse aller Art. So wurde er der Tyrann des Ortes, Gegenstand der Furcht und des Schreckens für die Schwachen und eines unversöhnlichen Hasses für die Starken. Während die Katholischen in solcher Weise ihm abgeneigt waren und viele seine Kirche nicht besuchten, hatten die Hugenotten für ihn Partei genommen. Loudun war in seiner Burg in den früheren Kriegen ihr Waffenplatz gewesen, und viele der Calvinisten, die derzeit dort wohnten, urteilten nicht ohne Grund, Grandier gehöre in innerster Überzeugung ihrer Sekte an, und nur der unvermeidlich drohende Verlust seiner Benefizien halte ihn ab, offen zu ihnen überzutreten. Sie nahmen daher ohne Bedenken Partei für ihn, freilich in Zeiten, wo ihre Konfession gänzlich erlegen und Richelieu mit Allgewalt herrschte, gefährliche Bundesgenossen.

So standen die Dinge um ihn her im ordentlichen Laufe der Welt. Sie hatten aber auch noch eine andere Seite. Grandier, trotzend auf seine persönliche Überlegenheit, gesichert gegen die Abneigungen seiner Glaubensgenossen durch die Zuneigung ihrer Gegner, äußerlich wie es schien, unantastbar, sollte doch dem Lose allen Hochmuts nicht entgehen, und die Nemesis harrte seiner auf diesen nachtbedeckten Wegen.

Ein Kloster des damals noch neuen Ordens der Ursulanerinnen war 1626 in Loudun errichtet worden. Vierzehn Mädchen, alle von guten Familien, adelige und unadelige, insgesamt unbescholtenen Lebens, hatten in einem Hause sich zusammengetan und fristeten, unter der Leitung ihres

Direktors, bei ihrer Armut den Bestand ihrer Genossenschaft durch ein Pensionat, das sie angelegt. Die Sachen waren in den gewöhnlichen Geleisen in diesem beginnenden Kloster fortgegangen, als der Direktor starb. Grandier, im Vorschlage zur Nachfolge, wurde von der Oberin verworfen und an seiner Statt Mignon, einer seiner Gegner, von dem Konvent gewählt. Das Kloster war etwas früher durch nächtlichen Spuk, wie die Gegner sagten, durch den Mutwillen einiger Nonnen, beunruhigt worden. Jetzt begannen bedenkliche Zeichen hinzuzutreten, die man im Ursprung für Symptome weiblicher Krankheit hielt und in der Stille zu beseitigen suchte. Die Zeichen mehrten sich und wurden immer unzweideutiger; man mußte die Ärzte entlassen und Exorzisten zu Hilfe nehmen.

Dunkle Gerüchte durchflogen zuerst die Stadt. Bald wurde die ganze Wahrheit bekannt: Vierzehn Nonnen zeigten im Kloster sich besessen. Die Leute nahmen ihre Kinder zurück, und während nun Mangel und Not bei den Nonnen einkehrte, galten sie den einen als solche, die Gott verlassen, den anderen als Närrinnen und hysterische Visionäre. Das Siegel, mit dem die nächtliche Welt geschlossen ist, war ihnen aufgebrochen. Das erste, was sie dort gewahrten, war der Magnet, nach dem seit lange der kleine Ort in Haß und Liebe zu wenden sich gewöhnt. Ihr negativ dämonischer Zustand suchte nach einem Gegenstand umher, an dem er sich ergänzen konnte, und fand ihn an Grandier, den Krapüle, Hochmut und Hypokrisie in engen Rapport mit ihnen gebracht. Monatelang sahen ihn die Nonnen allnächtlich an ihrem Bette, unaufhörlich ihnen Böses zumutend. Ihre Aussagen erhielten Glauben, als man sah, wie sie trotz ihrer bitteren Armut unbescholten blieben und alle Pflichten ihres Standes mit Eifer und Genauigkeit erfüllten. Im Exorzismus nannten ihn die Geister einstimmig, daß er sie in Obsession gebunden. In die Masse der Leidenschaften, die sich in der Stadt angehäuft, war nun der zündende Funken hineingefahren.

Von den Herzen verbreitete sich der Brand schnell in die Köpfe, alles nahm für und gegen Partei. Grandier und seine näheren Anhänger blieben begreiflicherweise nicht müßig, und große Gärung begann sich in der kleinen Stadt zu regen. Als der königliche Rat Laubardemont nach Loudun kam, um den Beschluß, der alle Festungen im Innern zu schleifen gebot, an der dortigen Burg auszuführen, fand er die ganze Stadt in dieser heftigsten Aufregung, die sein Auftrag nur noch gemehrt. Bei der Rückkehr machte er seinen Bericht darüber an den König Ludwig XIII., und dieser trug ihm, unter dem letzten November 1633, auf, aus den Jurisdiktionen der Umgebung dreizehn der redlichsten und geschicktesten Richter auszuwählen, und mit ihnen in der Sache ohne Appell zu entscheiden.

Es geschah, wie der König geboten hatte, und Grandier wurde vorläufig verhaftet. In solchen Ausnahmegerichten soll die Politik gemeinsam mit dem Rechte zu Gerichte sitzen. Das ist aber üble Bundesgenossenschaft, wo der eine der Verbündeten den Beschuldigten zwar vertritt, der andere aber, im Namen des Ganzen sprechend, die Staatsraison in die Schale legt. Grandiers Sache war eine Parteisache geworden, und dies hatte eben die Veranlassung gegeben, im Gerichte zur Gegenwirkung jenes Bündnis eintreten zu lassen. Je mehr nun seine Partei reagierte, um so mehr mußte sie die Macht des politischen Elementes mehren. Das Gewissen der Richter fand seine Beruhigung darin, daß, wie sich bald ergab, Grandiers Sache von Anfang an ethisch eine gänzlich verlorene gewesen und der Prozeß in den gewöhnlichen bürgerlichen Formen geführt, zu seinem Verderben ausgehen mußte. So nahm also die Untersuchung auf Zauber bald eine bedenkliche Wendung für ihn, und es war vorauszusehen, daß es zu bösem Ausgang führen müsse. Wie sehr indessen die unterliegende Partei das Urteil gescholten, die Rechtlichkeit der dreizehn Richter hat sie nicht zu verdächtigen gewagt, sie hat ihnen nur allzu große Leichtgläubigkeit vorgeworfen: Ein Vorwurf, in einem gewissen Sinne, aber anders als er hier gemeint war, nicht ganz unbegründet.

Der Kommissar Labourdemont begann damit, die Depositionen der Zeugen zu vernehmen, darunter auch die, welche man vorher von ihrem Zeugnis weggeschreckt. Die Besessenen wurden in Häusern abgesondert und dann in ihren ruhigen Zeiten verhört. Die Reden, die sie während ihrer Paroxismen, die der Exorzismus, vom Bischof von Poitiers ausgesprochen, jedesmal herbeiführte, vorbrachten, sollten nur als Indizien für die weitere Untersuchung gelten. Ihr ganzes Leben wurde in die schärfste Untersuchung genommen, nie betraf man die Aussagen von zwanzig Individuen auf einem Widerspruch. Dritthalb Monate fortgesetzter Exorzismus hatte mit Evidenz ausgewiesen, daß sie wirklich im Zustande der Obsession sich befanden. In bezug auf das Verständnis der Sprachen stellte Herr de Launay de Razilli, der lange in Amerika gewohnt, das Zeugnis aus, daß er mit den Besessenen in der Sprache einiger eingeborener Stämme dieses Landes geredet, daß sie ganz angemessen darauf geantwortet, ihm auch mehrere Sachen entdeckt, die sich dort begeben. Einige Edelleute aus der Normandie bezeugten, daß sie der Schwester Klara von Sazilly in türkischer, spanischer und italienischer Sprache Fragen gestellt und daß sie ihnen befriedigend geantwortet. Herr v. Nismes, Doktor der Sorbonne, einer der Almosenpfleger des Kardinals von Lyon, hatte seine Fragen in deutscher und griechischer Sprache gestellt, Pater Vignier, Superior der Oratorianer, ebenso, einen ganzen Nachmittag hindurch, in der letzteren Sprache. Beide waren vollkommen befriedigt worden. Der Bischof von Nismes hatte der Schwester Klara auf Griechisch geboten, ihren Schleier zu heben und das Gitter zu küssen. Sie hatte gehorcht und noch vieles andere getan, so daß er sagte, man müsse ein Tor oder ein Atheist sein, um nicht an ihre Besessenheit zu glauben. Die Ärzte befragten sie gleichfalls über griechische, nur den Kundigen bekannte Ausdrücke ihrer Wissenschaft und erhielten deutliche Auskunft. Ebenso befolgten die Ergriffenen Gebote, die nur innerlich ihnen aufgegeben wurden. Der Prior von Maillezais machte einen solchen Versuch. Er sagte dem Kanonikus Fernaison ins Ohr, wie er wolle, daß die Besessene im Missale, das am Gitter lag, den Finger auf den Anfang der Messe der heiligen Jungfrau und die Worte *Salva, sancta parens!* lege. Der Exorzist, Herr v. Morans, der nichts von diesen Worten gehört, gebot nun, der Intention des Priors Folge zu leisten. Sie fiel in starke Zuckungen, sprach Blasphemien, nannte den Prior, den sie nicht kannte, beim Namen und faßte, nach wiederholten Geboten das Missale, sagend: »Ich will beten!« und nun die Augen abwendend, legte sie den Finger auf das große »S« am Eingang der Messe. Als Herr von Milliers kniend beim Exorzismus der Schwester Klara betete, fragte ihn diese, ob er ein de profundis für seine Gattin bete, was allerdings der Fall war. Der Schwester Luise von Nogarez bezeugte der Marquis de la Mothe, daß sie ihm den Zustand seines Gewissens aufgedeckt. Pater Surin, dessen Wahrhaftigkeit die heftigsten Gegner nie zu verdächtigen gewagt, bezeugt, wie Johanna, die Oberin, ihm viel hundertmal die geheimen Dinge enthüllt und wie ein Priester seines Ordens ein inneres Gebot an den Dämon gerichtet, dann es ebenso innerlich durch ein zweites widerrufen, und so bis zum siebenten hin, und nun rief er: »Obediat ad mentem!« Die Besessene wiederholte das Erstgebotene und sagte dann: »Aber der Herr will nicht!« Und so fuhr sie fort mit allen sechsen nacheinander, worauf sie dann beim siebenten endlich sagte: »So laßt uns dann dies ausführen, wobei er stehengeblieben!« Ebenso kamen sie auf die Gebote der Exorzisten aus fernen Räumen herzu. Sie überraschten diese durch die schnellen Antworten, die sie auf die schwersten theologischen Fragen über die Gnade, die Anschauung Gottes, die Engel und die Inkarnation, und zwar in den Ausdrücken der Schule, gaben.

Sie schauten in die Ferne, wie sie ins Innere der Seelen

blickten. Und während die Oberin Johanna dem Pater Surin, nach seinem Zeugnis, die Geheimnisse auch derjenigen, deren Führung er an seinem früheren Aufenthaltsort Marennes im Saintonge übernommen, entdeckte, machte der Parlamentsrat der Bretagne, Kerioles, gleichfalls eine für sein Leben entscheidende Erfahrung von dieser Gabe. Dieser Mensch war versunken in alle Laster, ohne alle Religion und allen Glauben, ein wütender Atheist und so rabiaten Trotzes, daß er, wenn ein Gewitter am Himmel aufstieg, die Mündung der Pistolen gegen ihn richtete und, als einst der Blitz in sein Zimmer schlug, von Feuer und Flammen umgeben, während alle seine Leute um Barmherzigkeit schrien, allein sich in Spott und Hohn ergoß. All sein Sinnen war immerfort nur darauf gerichtet, Böses zu tun und noch Böseres als alle anderen, und er war einmal Willens geworden, unter den Türken ein Mohammedaner zu werden, nur damit er Gelegenheit hätte, den Christen allen erdenklichen Schaden zuzufügen. Wie all sein Sinnen und Trachten nur auf Greuel und Laster gerichtet war, so kam er auch nach Loudun zu solchem Ziel und Ende; kurz, man mochte wohl, nach Surins Ausdrucke, kaum einen verzweifelteren und lasterhafteren Menschen als diesen gesehen haben. Gleich bei seiner Ankunft ergoß er seinen Spott über die Nonnen und erklärte sie samt und sonders für töricht. Aber Gott weiß die Sachen zu seinem Ziele zu führen und rettete diesen Leibeigenen des Satans eben durch ihn selber. Gleich bei der ersten Beschwörung, wo er zugegen war, sagten ihm die Besessenen seine heimlichsten Sachen, die niemand wissen konnte als er selber, so daß er aufs allerhöchste betroffen war. Er kam zum zweitenmale zurück und wurde nun so bewegt und in sich umgekehrt, daß er furchtbare Buße wirkte und fortan ein heiliges Leben führte. Die Geister gestanden, daß es die heilige Jungfrau gewesen, die ihn ihren Händen entrissen. Er verkaufte seine Stelle, wurde später Priester und verwandelte sein Haus in ein Hospital.

Mehr als fünfzig Ärzte nacheinander erklärten in authentischen Verbalprozessen, daß das, was die Besessenen leiblich übten, alle Kräfte der Natur übersteige. Auf das Gebot der Exorzisten gingen sie sogleich, ohne daß ihr Puls sich im geringsten änderte, in die heftigsten Konvulsionen über. Das Gesicht wurde furchtbar anzuschauen, die Zunge trat schwarz, dick, hart und mit Pusteln besetzt, aus dem Munde, ohne daß sie dies am deutlichen Sprechen hinderte. Sie stützten sich allein auf den Bauch, legten die Handflächen an den verdrehten Armen auf die Fußsohlen oder warfen den Kopf an die Fersen zurück und liefen also schnell und viel umher. Sie wachten fortdauernd und fasteten manchmal ununterbrochen fünf bis sechs Tage, ohne daß es ihrer Gesundheit nachteilig war, vielmehr die der Schwächeren nur befestigt schien. Sie schliefen oft plötzlich ein. In der Franziska Filastreau hörte man dann, bei festgeschlossenem Munde, viele Stimmen sich zanken, welche von ihnen reden solle.

Man sah mehrmal die Elisabeth Blanchard in ihren Konvulsionen, die Füße nach oben, den Kopf nach abwärts an einem Stuhle oder Fenster ohne Stütze sich halten. Die Oberin Johanna blieb nach einem Verbalprozesse einmal zwei Fuß über der Erde schwebend. Der Länge nach liegend, wurden sie, ohne die mindeste Bewegung von ihrer Seite, wie Bildsäulen aufgehoben. Viele wurden biegsam wie ein Bleistreifen, daß man sie in jede Form einbeugen konnte, die sie dann behielten.

Die Richter konnten unter diesen Umständen der Wahrheit der Obsession ihren Glauben nicht versagen. Sie bereiteten auch kirchlich sich zu ihrem Richteramte ernstlich vor und prüften vierzig Tage lang den Prozeß. Grandier wurde mit den Zeugen konfrontiert, und diese bestanden auf ihren Aussagen. Er seinerseits leugnete alles: Alle gemachten Anschuldigungen seien Lügen oder Einbildungen und er habe nie mit Zauber sich abgegeben. Er entwickelte dabei die Festigkeit seines Charakters und benahm sich im ganzen Laufe des Handelns mit kaltem Blute und großer Besonnenheit und Geistesgegenwart.

Da er die Wahrheit der Besessenheit der Nonnen leugnete, so forderte man ihn auf, den Exorzismus selbst zu führen. Der Bischof von Poitiers gab ihm die Erlaubnis und Autorität. Er legte die Stola an, die Besessenen wurden in den Chor der Kirche gebracht, und nun begann eine furchtbare Szene. Er fing den Exorzismus mit der Schwester Katharina, der Unwissendsten von allen, an, die er lateinisch beschwor. Alle anderen wurden aber nun zugleich ergriffen und begannen zu heulen und zu schreien. Schwester Klara war die lauteste von allen und ging los auf ihn. Er ließ daher ab von jener und wendete sich gegen sie, die aber, ohne auf ihn zu achten, verkehrtes Zeug durcheinander redete. Die Oberin fuhr dazwischen, er richtete nun wieder die Rede an sie, hatte aber zuvor gesagt, weil sie Latein verstehe, werde er Griechisch zu ihr sprechen. Ihm war damals die Antwort geworden: »Du bist schlau, denn du weißt gar wohl, daß es die erste Bedingung des Paktes ist, nicht Griechisch zu reden.« Er hatte mit Recht erwidert: »O pulchra illusio, egregia evasio!« Jetzt wurde ihm gesagt, er möge griechisch beschwören, doch zuvor aufschreiben, was er zu sagen gedenke. Aber die Besessenen fielen aufs neue in Wut, wüteten und heulten, bekamen Konvulsionen, beschuldigten ihn des Zaubers und erboten sich, ihm den Hals zu brechen. Er selber blieb in all dem Lärmen ruhig und besonnen, sah die Besessenen festen Auges an, sprach von seiner Schuldlosigkeit und bat nur unerschrocken, man möge die Dämonen gewähren lassen, ihm den Hals zu brechen oder nur ein Zeichen an die Stirne zu machen, wenn er wirklich schuldig sei, doch dürfe keine der Besessenen ihn dabei berühren. Die Exorzisten brachten die Wütenden wieder zur Ruhe, und nun ließ man eine Kohlenpfanne herbeibringen, um vier Verschreibungen Grandiers, die die Besessenen eingeliefert, zu verbrennen. Das geschah, nun aber wiederholte sich die vorige Szene in verdoppelter Stärke; die Verwirrung wurde unbeschreiblich, das Geschrei so durchdringend, die Haltung so schreckbar, daß die Versammlung, die Heiligkeit des Ortes in Ehren, für einen wahren Sabbat gelten konnte. Unerschüttert und ohne Verwunderung zu äußern, blieb allein Grandier, ob ihm gleich die Tobenden alle seine Sünden vorhielten, die er hinwiederum leugnete, dabei dem Satan absagend und sprechend, er sei, ihm zum Trotz, doch ein Christ und mehr noch: ein Priester, wobei er mitunter zugleich mit dem anwesenden Volke Hymnen sang. Das ging so fort, die Furie gegen ihn mehrte sich von Zeit zu Zeit, und er wäre zerrissen worden, hätten die Anwesenden es nicht verhindert und ihn aus der Kirche gebracht. Man hatte an dem Tage alle Mühe, die Nonnen wieder zu beruhigen.

Man darf sich nicht wundern über diesen rabiaten Aufruhr und diesen Tumult der Höllenmächte in der menschlichen Natur. Grandier, ein nach außen lebenskräftiger, nach innen dem Tode moralisch verfallener Mensch, unwürdig, wie er als Priester immerhin sein mochte, trat, mit aller Gewalt und Autorität der Kirche ausgerüstet, den Dämonischen entgegen, um sie zu beschwören. Die Nonnen, als solche ihrerseits gleichfalls der Kirche näher angehörig, in ihren freien Zeiten unbescholtenen Lebenswandels, stille, gutartige Naturen, die das volle subjektive Gefühl der wenn auch nüchtern dämonischen Verstrickung des Mannes in sich hatten, vernehmen nun das Wort der Beschwörung aus seinem Munde. Es mußte ergehen, wie wenn ein Tropfen Wasser in glühendrot geschmolzenes Kupfer fällt: Ihr eigenes Dämonisches mußte sich im Grimm erheben und furchtbar explodieren.

So verwirrte sich die Sache bei jedem Schritte vorwärts immer tiefer und tiefer, bis zur Unentwirrbarkeit, und den Richtern war es nicht zuzumuten, allein ins Innere dieser Verwicklungen hineinzuschauen. Sie hatten die Wahl, entweder ein ganzes Kloster samt allen, die an der Handlung teilgenommen, als Mitschuldige eines argen, teuflischen Truges zu erklären oder den einen, dessen üblen Grund sie gar wohl kannten, schuldig zu finden. So sprachen sie ihn einstimmig schuldig.

Vor seiner Hinrichtung sollte er, nach üblicher Weise, auf die Folter gebracht werden, um seine Mitschuldigen zu entdecken. Er leugnete aber völlig, daß er dergleichen habe, auch mitten in harter Pein sagte er nur, er sei kein Zauberer; sonst habe er in Wahrheit größere Verbrechen als dies verschuldet. Als man ihn fragte: Welche Verbrechen? erwiderte er: Solche, die von menschlicher Gebrechlichkeit herrühren, hinzusetzend: Es würde ihn mehr gekostet haben, diese zu bekennen, als jenes, dessen man ihn beschuldige. Als man ihn zum Tode bereiten wollte, versagte er sich jedem Zuspruch und stieß das Kruzifix weg, das man ihm darreichte. So bestieg er den Scheiterhaufen. Man hatte ihm bewilligt, daß er zuvor, ehe die Flammen ihn verzehrten, erwürgt werden solle: Aber diese hatten den Strick ergriffen, ehe der Henker damit zustande kam. So fiel er in die Flammen, die den Unglücklichen erbarmungslos verzehrten: ihn, der nicht den Trost eines reinen Gewissens hatte und die Tröstungen der Religion verschmähte, weil er sich von ihr verlassen glaubte.

Die Zeitgenossen fanden das Urteil der Richter nicht ungerecht. Erst fünfzig Jahre später, nachdem Richter und Zeugen längst gestorben, schrieb Aubin, ein ausgewanderter Hugenotte, nach einem gleichzeitigen Manuskript, wie er sagt, seinen Bericht *Cruels Effects de la vengeance du Cardinal de Richelieu* (1693), wonach, im Gegensatz zu den anderen Darstellungen, Grandier als Opfer des mächtigen Richelieu gefallen war, gegen den er angeblich eine Satire geschrieben. Laubardemont war hier das Werkzeug des Ministers, Mignon und Barré waren die verruchten Gaukler, die die Nonnen zu ihren Künsten abgerichtet, der Bischof von Poitiers und die sonst an der Sache teilgenommen, waren einverstanden, alle anderen, das Gericht an der

Spitze, schwache, leichtgläubige Pinsel. Alles das mit kekkem Mute, ohne weitere Gewähr der Tatsachen hingestellt und räsonierend mit großer geistiger Schärfe durchgefochten. Es war dies die Protestation des regierenden ausschließlichen Verstandes, gegen das ebenso exklusive innere Schauen hingerichtet. Die rationalen Zeiten, die nun folgten, ließen kein anderes Wort aufkommen in dieser Sache, und es hatte für sie sein Bewenden bei der Weise, wie dieser ihr Wortführer sie gestellt.

Mit dem Tode Grandiers war übrigens die Sache mit den Obsessionen im Kloster keineswegs abgetan, sie dauerten noch lange nach dieser Katastrophe fort in all ihrer Heftigkeit. Der Akt war zu sehr tragischer Natur gewesen, als daß die Umgebung, die daran teilgenommen, sich ganz der Teilnahme an diesem Charakter hätte entziehen können. Darum ging ein unheimlicher Geist unter ihnen um, schlagend zur Rechten und zur Linken, was ihm begegnet. Der Leutnant civil Louis Chauvet hatte im Prozeß, vorzüglich im Beginne der Exorzismen, die Partei Grandiers ergriffen, und eine der Besessenen hatte später auch ihn der Zauberei angeklagt. Der Schrecken war nun sein Dämon geworden, und er kam in einen Zustand, daß man seither ihn nie wieder vollkommen bei Sinnen gesehen. Der Chirurg Manouri, der den Angeklagten auf die Stigmatisation hin mit der Sonde untersucht, ging nach seinem Tode einst in der Nacht nach Hause und fuhr mit einem Male zurück: »Ach, Grandier! Was willst du von mir?« Die Phrenesie ließ nicht von ihm bis zu seinem Tode, der nach wenigen Tagen erfolgte. Pater Lactanz, einer der Exorzisten, fühlte, während er mit dem Exorzismus beschäftigt war, vielfache Reaktionen auf sich einwirken, verlor bald das Gesicht, das Gedächtnis, dann wieder die Besinnung, litt nun an Herzweh, dann wieder an Versuchungen im Geiste, erkrankte gleichfalls wenige Tage nach dem Tode Grandiers und starb, nachdem er große dämonische Anfechtungen überstanden. Alle Schrecken der Hölle, die in jenem Streite losgelassen waren, während alle menschlichen Leidenschaften sie umtobten, mußten auf innerliche Gemüter schon an sich eine zerstörende Wirkung üben: Aber der Parteigeist, vergessend, daß Freunde und Feinde diese Einwirkung gleichmäßig erfahren, glaubte, da wie dort, nur das Werk der vergeltenden Nemesis darin zu erkennen.

Benutzte Literatur und Auswahlbibliographie

1. Werkausgaben

Die Christliche Mystik, 4 Bände. Regensburg 1836-1842

Die Christliche Mystik, 5 Bände mit Sach- und Namensregister. 1879

Die Christliche Mystik, 5 Bände. Neudruck Graz 1960

2. Bibliographie

H. Trapp (Hrsg.): Joseph Görres (1776-1848), Festgabe F. Grosse. Koblenz 1976

3. Literatur über die »Christliche Mystik«

Bernhart, Joseph: Joseph von Görres' Mystik. Magie und Dämonie. München 1927 (wichtig für die Quellenforschung)

Bürke, Georg: Von Mythos zur Mystik – Joseph von Görres mystische Lehre und die romantische Naturphilosophie (grundlegende Studie). Einsiedeln 1958
Dazu Rezension von Otto Bauhofer in: Schweizer Rundschau 60 (1960), S. 183

Dempf, Alois: Görres spricht zu unserer Zeit – Der Denker und sein Werk. Freiburg i. Br. 1933

Joseph Görres – Mystiker-Miniaturen. Berlin 1934

Schelling, Baader und Görres – Die Münchener Philosophen der Romantik, in: Geistige Welt, 2. Jahrg. Heft 1

Goetz, W.: Die bayrische Geschichtsforschung im 19. Jahrhundert, in: Historische Zeitschrift 138 (1928), S. 262 ff.

Hashagen, J.: Probleme der Görresforschung, in: Westdeutsche Zeitschr. f. Geschichte u. Kunst 32, Trier 1913

Höcht, Johannes Maria: Joseph Görres Christliche Mystik (Credo Reihe Nr. 14). Wiesbaden 1955

Kaltenbrunner, Gerd Klaus: Wer ist Joseph Görres? In: Basler Volksblatt, 24. Januar 1976

Koppel, Max: Schellings Einfluß auf die Naturphilosophie Görres, in: Philosophisches Jahrbuch d. Görres-Gesellschaft, Bd. 47 (1934), S. 223

Leibbrand, Werner: Romantische Medizin. Hamburg 1937

Müller, Franz: Die Mystik von Görres im Lichte der heutigen Forschung. Hochland VII (1909/10), Bd. 1, S. 82ff.

Pascher, Joseph: Die plastische Kraft im religiösen Gestaltungsvorgang nach Joseph von Görres, in: Abhandlungen zur Philosophie und Psycholgie und Religion, Hrsg. G. Wunderle

Rosenkranz, Karl: Die Christliche Mystik von J. Görres, in: Jahrbücher für wissenschaftliche Kritik Nr. 96/1837, Berlin col. 761ff.

Walter, Viktor: Die »Christliche Mystik« von Joseph Görres in ihrem Zusammenhang mit der wissenschaftlichen Romantik. Diss. München 1956

Wesselin, Mathilde: Biologie und Pathologie in Joseph Görres »Christlicher Mystik« (1836-1842). Diss. Freiburg i.Br. 1923

Zahn, Joseph: Einführung in die christliche Mystik. Paderborn 1908

Herbert Freiherr von Klöckler

Astrologie als Erfahrungswissenschaft

Reihe Symbolon

384 Seiten, Leinen

Neben anderen klassischen Texten aus dem Bereich der Esoterik will die Reihe Symbolon auch astrologisches Quellenmaterial zugänglich machen. Klöcklers Werk ist umfassendes, vergleichendes Grundlagenmaterial, das es jedem Astrologen leicht zu prüfen erlaubt, inwiefern sich dieses alte Wissen mit den heutigen Erfahrungen deckt. Darüberhinaus finden sich wertvolle Anregungen über astrologische Erkenntnismöglichkeiten zu verschiedenen Berufsgruppen wie Maler, Juristen, Lehrer, Priester, außerdem Aufschlüsselungssysteme des Täter-, Opfer- oder Selbstmördertypus. Die Originalität der Klöcklerschen Gedanken stellt eine Fundgrube dar für jeden, der sich mit der Astrologie ernsthaft auseinandersetzen will.

Paracelsus

Mikrokosmos und Makrokosmos

Okkulte Schriften

Reihe Symbolon

336 Seiten, Leinen

Der Universalgelehrte Paracelsus (1493–1541), der zu den großen Gestalten der Renaissance gehört, hinterließ der Nachwelt einen gewaltigen Korpus von Schriften. Jede Anthologie muß deshalb einen Schwerpunkt setzen, um nicht auszuufern. Die vorliegende Auswahl aus den »okkulten Schriften« füllt eine schon lange beklagte Lücke aus, indem sie dem Leser ein Bild von Paracelsus als Okkultisten und Parapsychologen vermittelt.

Die wichtigsten Textstellen über Magie, ihre verschiedenen Arten, Wahrsagekunst, einschließlich der Chiromantie, Kabbala und Alchemie bilden den Hauptteil dieser Anthologie. Die Kapitel über »Geistererscheinung« und »geistlichen Geschichten« stellen dieses Universalgenie als Parapsychologen vor. Die ausführliche Abhandlung über die »Nymfen, Sylphen, Pygmäen und Salamander«, die nach einhelliger Meinung der Fachliteratur zu den schönsten und anmutigsten der Paracelsischen Schriften gehört, fehlt natürlich nicht in dieser Auswahl.

Die Lektüre dieser Schriften wird durch die Übertragung der an sich schwer verständlichen Sprache Paracelsus' in ein modernes und lesbares Neuhochdeutsch unterstützt.